Philosophicum Lech

Band 26

Alles wird gut
Zur Dialektik der Hoffnung

Herausgegeben von Konrad Paul Liessmann

Paul Zsolnay Verlag

1. Auflage 2024

ISBN 978-3-552-07395-1
© Paul Zsolnay Verlag Wien 2024
Typographie und Umschlaggestaltung: Atelier Reinhard Gassner,
Bernd Altenried
Satz: Satz für Satz, Wangen im Allgäu
Copyright Trinité © 1991 by The Enchedé Foundry.
Trinité® is a Registered Trademark of The Enchedé Font Foundry.
Druck und Bindung: Friedrich Pustet, Regensburg
Printed in Germany

Vorwort

Bereits seit mehr als einem Vierteljahrhundert lädt das Philosophicum Lech alljährlich zum anregenden, den Horizont erweiternden Gedankenaustausch über brisante Fragen der Gegenwart. Auch in diesem Jahr durften wir über 600 Teilnehmende aus dem gesamten deutschsprachigen Raum in Lech am Arlberg begrüßen. Die Vielzahl an exzellenten Vorträgen, die damit gegebene Vielfalt an Perspektiven aufs Jahresthema und die zahlreichen Gelegenheiten zur spannenden, fruchtbaren Diskussion zählen zweifellos zum Erfolgsrezept unseres Symposiums. Ebenso kennzeichnen die gepflegte Gastlichkeit in meiner Heimatgemeinde und das unvergleichliche Ambiente unserer alpinen Höhenregion dessen wohl einzigartigen Charakter.
Als Obmann des Vereins Philosophicum Lech freut es mich jedes Jahr von Neuem, den Sammelband in Händen zu halten. Die wertvolle Dokumentation erweitert schließlich den Kreis jener, die an der tiefgehenden Erörterung des Jahresthemas teilhaben können. Unter dem diesjährigen Titel »Alles wird gut. Zur Dialektik der Hoffnung« finden sich all die aufschlussreichen Vorträge der namhaften Expert:innen darin wieder. Zudem wird der Tractatus-Essaypreis des Philosophicum Lech durch die Laudatio von Catherine Newmark und die Dankesrede der Preisträgerin Isolde Charim gewürdigt. Mein besonderer Dank gilt allen, die ihre höchst lesenswerten Beiträge zur Verfügung gestellt haben.
Großer Dank gebührt ebenfalls allen Unterstützern des Philosophicum Lech: angefangen bei unserem langjährigen Hauptsponsor Magna und weiteren Sponsoren, wie ZM3, Baumschlager Eberle und Hilti Foundation, bis hin zu den fördernden Stellen von Bund und Land. Ebenso gedankt sei

der Gemeinde Lech mit Bürgermeister Gerhard Lucian, der Lech Zürs Tourismus GmbH um Geschäftsführer Hermann Fercher sowie dem Team des Philosophicum Lech unter Leitung von Mirjam Fritz.

Nicht zuletzt gilt unserem wissenschaftlichen Leiter Konrad Paul Liessmann größter Dank, der maßgeblich zur beeindruckenden Entwicklung unseres Symposiums beigetragen hat. Ab kommendem Jahr wird er gemeinsam mit der Schweizer Philosophin Barbara Bleisch die Intendanz des Philosophicum Lech bilden. Neu sind auch die »Lechwelten« als künftiger Veranstaltungsort. Atmosphärisch überaus ansprechend, ist das multifunktionale Gebäude für unsere Tagung wie geschaffen. Es würde mich freuen, wenn Sie beim 27. Philosophicum Lech zum Thema »Sand im Getriebe. Eine Philosophie der Störung« vom 17. bis zum 22. September 2024 in Lech am Arlberg mit dabei sind!

Ludwig Muxel
Obmann des Vereins Philosophicum Lech
www.philosophicum.com

Konrad Paul Liessmann

Alles wird gut

Zur Dialektik der Hoffnung

Es gibt Begriffe, die lechzen geradezu danach, sich in einem Kalenderspruch oder Sprichwort wiederzufinden. Zu diesen zählt zweifellos und prominent die Hoffnung. Wer im Internet kurz nach Zitaten zur Hoffnung sucht, wird auf Anhieb mit mehreren hundert Fundstellen beglückt. Auch wir beginnen deshalb mit einer alten Weisheit. *Dum spiro spero – Solange ich atme, hoffe ich*. Diese Sentenz gehört wahrscheinlich zu den meistzitierten Sätzen der Antike, sie wird gemeinhin Marcus Tullius Cicero zugeschrieben. Recherchiert man ein wenig dazu im Internet, wird man darauf verwiesen, dass diese Formel unvollständig sei und im Original laute: *Dum spiro spero / Dum spero amo / Dum amo vivo – Solange ich atme, hoffe ich / Solange ich hoffe, liebe ich / Solange ich liebe, lebe ich*.[1]
Der Leser stutzt. Das klingt eher nach der christlichen Einbettung der Hoffnung in die Liebe, weniger nach einem römischen Staatsmann. Sieht man sich die als Quelle genannten Briefe an Atticus genauer an, bestätigt sich dieser Vorbehalt. Dort schreibt Cicero, bezugnehmend auf eine politisch-militärisch prekäre Lage, ziemlich lakonisch: »Wie man sagt, dass ein Kranker, solange er Atem hat, Hoffnung hat, so habe ich, solange Pompeius noch in Italien stand, nicht zu hoffen aufgehört.«[2] Hier ist nicht von Liebe und Leben, sondern von Krieg und Tod die Rede. Aus dem können wir zweierlei lernen: Traue nie dem Internet, überprüfe alles. Und: Wir denken uns, ohne es uns stets bewusst zu machen, die Hoffnung gerne in einem theologisch angehauchten Kontext. Mittlerweile darf zwar der Glaube fehlen, doch die Liebe ist unverzichtbar!

Diese Assoziation verbindet die Hoffnung mit dem moralisch Guten und Erstrebenswerten. Die Frage, ob sich die Hoffnung mit negativen Gefühlen wie Gier, Neid oder Hass verbinden kann, wird ungern gestellt, obwohl sie auf der Hand liegt. Auch der Kriminelle hofft, dass sein Verbrechen gelingt und unentdeckt bleibt, auch der Terrorist hofft, dass sein Anschlag die gewünschte Wirkung, die Verbreitung von Angst und Schrecken, zeitigt. Ähnliches gilt für weniger drastische Fälle: Wer, der in einem politischen oder ökonomischen Konkurrenzkampf steht, hofft nicht auf einen Fehler des Mitbewerbers, auf Enthüllungen, Skandale, die Aufdeckung von Jugendsünden? Vorab zumindest sollten wir vom Pathos, das den Begriff der Hoffnung gerne umgibt, einmal absehen.

Was tut jemand, der hofft? Das schöne deutsche Wort »hoffen« ist etymologisch nah mit »hüpfen« verwandt. Wer hofft, ist in unruhiger Erwartung in Hinblick auf ein kommendes Ereignis. Wir hoffen, dass der Mensch, mit dem wir uns verabredet haben, auch tatsächlich kommt, und sind, je länger dieser auf sich warten lässt, dementsprechend unruhig. Die innere Bewegtheit der Hoffnung indiziert, dass diese prinzipiell zukunftsgerichtet ist. Hoffnung ist eine Form, sich emotional auf ein positiv gedachtes Zukünftiges einzustellen. Das Gegenteil ist die Furcht. Diese erwartet von der Zukunft das Schlimme. In beiden Emotionen verschränken sich Gegenwart und Zukunft: Ich hoffe oder fürchte mich jetzt, aber erst die Zukunft wird zeigen, ob sich das Hoffen erfüllt oder das Befürchtete eintritt. In den Akten des Hoffens und Fürchtens erfahren wir uns als Wesen, denen etwas bevorsteht. Lebten wir in reiner Unmittelbarkeit – wie man sie lange den Tieren zugeschrieben hat –, gäbe es für uns im strengen Sinn nichts zu hoffen – aber auch nichts zu befürchten. Aus dieser Perspektive ist die These zu verstehen, dass der Mensch das einzige Wesen ist, das hoffen kann.

Hoffen hat zudem eine soziale Komponente. Ich kann für

mich etwas erhoffen; und ich kann hoffen, dass einem anderen Menschen eine gute Zeit bevorsteht, sein Unternehmen gelingt, seine Wünsche sich erfüllen. Für jemanden etwas zu erhoffen ist ein selten beachteter Aspekt von Beziehungen und Bindungen. In diesem Akt eines Ich-hoffe-für-dich-das-Beste wird der andere nicht nur in seinem Dasein, als unmittelbares Gegenüber, Adressat unserer Anteilnahme, sondern auch in seiner Zukünftigkeit, in seinen Entwicklungsmöglichkeiten anerkannt. Indem die Hoffnung immer über die Gegenwart hinausgreift, öffnen sich soziale und damit politische Horizonte. Der Kampf um die Zukunft des Planeten ist deshalb mit hoffnungsfrohen Botschaften ebenso gespickt wie mit apokalyptischen Befürchtungen. Die Eingängigkeit der Parole, nach der unsere exzessive Lebensform den jungen Menschen die Zukunft stiehlt, erklärt sich daraus: Ohne Zukunft wären sie zur Hoffnungslosigkeit verurteilt. Allerdings ist die Zukunft nichts, was jemandem gehört. Man kann sie deshalb auch niemandem entwenden.

In welches Verhältnis zur Zukunft setzen wir uns durch den Modus des Hoffens? Und lassen sich dabei verschiedene Formen und Intensitäten unterscheiden? Solange ich atme, hoffe ich. Dieses Sprichwort trifft einen entscheidenden Punkt: Wir können uns die Hoffnung und das aktive Hoffen aus unserem Leben kaum wegdenken, und selbst alltägliche und wenig dramatische Verrichtungen werden davon begleitet. Wir hoffen, dass ein Ansuchen korrekt ausgefüllt wurde, eine Urlaubsreise erholsam sein möge, ein Kind seine Prüfung besteht, die Partei, der wir unsere Stimme gegeben haben, auch die Wahl gewinnt. Dieses ubiquitäre Hoffen bezeichne ich als »kleinere Hoffnung«. Sie geht uns leicht über die Lippen, ist oft nicht mehr als eine Höflichkeitsformel, eine Floskel, und enthält doch eine entscheidende Einsicht: dass wir nie vollständig über die Zukunft verfügen können. Wer die Erwartung des Zukünftigen im Modus der Hoffnung beschreibt, signalisiert anderes als derjenige, der vorgibt, über die Zukunft uneingeschränkt verfügen zu können. Angesichts einer politisch schwierigen Situation zu sagen »Wir schaffen das« ist etwas anderes als ein »Ich kann nur hoffen, dass wir das schaffen«. Einem auftrumpfenden Allmachtsgefühl steht eine Haltung gegenüber, die weiß, dass wohl manches, beileibe aber nicht alles in unserer Macht steht – wie schon der spätantike Stoiker Epiktet lehrte. Doch stoizistische Selbsterkenntnis gehört nicht zu den Tugenden aktueller Politik.

Darauf zu hoffen, dass es Auswege aus persönlichen und gesellschaftlichen Krisen geben möge, darf nicht mit dem Ausstrahlen routinierter Zuversicht verwechselt werden. Es geht um einen Umgang mit Zukunft, der uns existentiell betrifft und den ich in Anlehnung an den Titel eines einstmals berühmten Romans von Ilse Aichinger die »größere Hoffnung« nennen möchte. Diese ist von dem Wissen grundiert, dass wir der Zukunft gegenüber bestenfalls mit Wahrscheinlichkeiten rechnen können. Da die Zukunft offen ist, beschreiben alle Prognosen und Modellrechnungen nur Möglichkeiten, aber keine Notwendigkeiten, nur mehr oder weniger gut argumentierbare Plausibilitäten, aber keine Gewissheiten. Erführen wir unser Leben als vollständig determiniert, ohne Freiheit und ohne Zufall, erübrigte sich ebenfalls jedes Hoffen. Hoffen bedeutet, daran zu glauben, dass das Unwahrscheinliche gegen alle empirischen und vernünftigen Gründe dennoch eintreten könnte. Oder umgekehrt: Wie oft hoffen wir, dass Ereignisse, die allen Beobachtungen und Berechnungen nach wahrscheinlich eintreten werden, dann doch ausbleiben. Diese Hoffnungen speisen sich aus jenen Erzählungen, die davon berichten, dass es das Unvorhersehbare gibt: den schwarzen Schwan, die Spontanheilung einer unheilbaren Krankheit, das Wunder des Überlebens in einem verschütteten Stollen.

In einer prekären oder ausweglosen Situation zu hoffen kommt dem Eingeständnis gleich, dass die Abwendung des

Unabwendbaren außerhalb des Horizonts unserer berechtigten Erwartungen und möglichen Handlungen liegt. Das heißt nicht, dass Hoffen – wie oft behauptet – zur Passivität verleitet, das heißt nur, dass es für unsere Anstrengungen und Versuche keinerlei Erfolgsgarantie gibt. Wer die kleinste Chance erkennt, wird nicht hoffen, sondern diese ergreifen. Zu hoffen bedeutet hingegen, dass wir nicht wissen, wie es weitergehen soll. Wir hoffen auf einen Ausweg, obwohl sich keiner zeigt. Wir hoffen auf die Tatkraft anderer Menschen, auf den Zufall, auf einen Gott, der uns retten möge. Das kann bedeuten: Wir leisten Widerstand. Lassen uns nicht einschüchtern. Kämpfen weiter. Harren aus. Warten. Und dennoch: Konfrontiert mit einer katastrophalen Entwicklung, kann diese Hoffnung als falsches Einverständnis mit den Weltläuften interpretiert werden: Wer in Bezug auf den Klimawandel seiner Hoffnung Ausdruck verleiht, dass z. B. dank des Erfindungsreichtums und der Anpassungsfähigkeit des Menschen sich alles zum Guten wenden werde, sieht sich rascher ins Lager der Klimaleugner verstoßen, als ihm lieb sein kann.

Die Dialektik der Hoffnung zeigt sich nicht zuletzt darin, dass Hoffnung auch, ja vor allem dort ansetzen kann, wo bei Abwägung der Umstände alles verloren scheint. Kalkulierbare Erfolgsaussichten gehören nicht zur Logik der Hoffnung. Im Roman *Wilderer* des österreichischen Autors Reinhard Kaiser-Mühlecker heißt es einmal über die Einstellung der Hauptfigur zum Leben: »Entsprach nicht genau das seiner Vorstellung von Hoffnung? Nicht etwas zu tun, weil man gewiss war, es werde gut ausgehen, sondern weil es Sinn ergab?«[3] Der Protagonist dieser Erzählung paraphrasiert damit einen berühmten Satz des tschechischen Dichters und Politikers Václav Havel: »Hoffnung ist nicht die Überzeugung, dass etwas gut ausgeht, sondern die Gewissheit, dass etwas Sinn hat, egal wie es ausgeht.«[4] Wer hofft, glaubt nicht, dass alles gut wird; wer hofft, hält es für sinnvoll, an das Gute zu glauben, auch wenn alles böse enden könnte. Das macht die Hoffnung nicht nur stark, das macht sie auch gefährlich – wenn der Sinn zur Ideologie wird, dem die Wirklichkeit geopfert wird.

Wir können nicht nur uns, wir können auch anderen Menschen Hoffnungen machen. Diese reichen von vagen Andeutungen bis hin zu Versprechungen, deren Einlösung immer wieder hinausgezögert wird. Womöglich wird unterschätzt, welche konstitutive, mitunter auch fatale Rolle das Erwecken von Hoffnungen für die Beziehungen und das Zusammenleben von Menschen spielt. Solange jemand auf einen anderen hoffen kann oder hoffen muss, bleibt er in dessen Bann und wird in den Modus des Wartens versetzt. Hoffenden wird Geduld abverlangt. Das gilt in Partnerschaften ebenso wie zum Beispiel für das Verhältnis zwischen einem Patienten und seinem Arzt. Das Aufrechterhalten von Hoffnungen kann deshalb auch zu einer politischen Strategie werden, auch und gerade dann, wenn vollmundig etwas für die Zukunft garantiert wird. Garantien, die niemand garantieren kann, sind die politische Erscheinungsform der Hoffnung. Erfüllen sich solche Hoffnungen nicht, sind wir mit dem höchst interessanten und paradoxen Phänomen der enttäuschten Hoffnung konfrontiert. Wie kann man, so müsste man sich fragen, von einer Hoffnung enttäuscht sein, wenn das Wesen der Hoffnung im Wissen besteht, dass es weder moralische noch rechtliche, weder sachlich gerechtfertigte noch vernünftig argumentierte Ansprüche auf etwas Erhofftes gibt? Egomanisch, wie wir nun einmal sind, behandeln wir die Hoffnung als eine Erwartung, von der wir glauben, dass ihre Erfüllung uns einfach zusteht. Menschen Hoffnungen zu machen ist deshalb ein höchst riskantes Spiel: Wir können dafür zur Rechenschaft gezogen werden, wenn wir diese Hoffnungen nicht erfüllen. Das ist die prekäre Situation all jener Hoffnungsträger in der Politik, auf denen die Hoffnungen der Menschen ruhen, weil sie es verstehen, ihnen Hoffnungen zu machen.

Auch wenn Hoffnungen mit dem Unwahrscheinlichen konfrontiert sind, finden sich in der Regel Gründe, Hinweise, wenigstens zarte Andeutungen, die unserem Hoffen eine gewisse Berechtigung geben. Wir sind deshalb offen für alle Anzeichen in unserem Leben und in der Welt, die uns zuversichtlich stimmen. Vom Licht am Ende des Tunnels bis zum Silberstreif am Horizont reicht das Arsenal der Metaphern, mit denen wir uns an die Zukunft anschmiegen. Was aber, wenn wir hoffen, und alles bleibt im Dunkeln, im Reich der Schatten? Es gibt eine dritte Form der Hoffnung, die an die »radikale Hoffnung« Jonathan Lears erinnert: »Diese Hoffnung ist genau deswegen radikal, weil sie sich auf eine Güte richtet, die das gegenwärtige Vermögen übersteigt, einzusehen, worin sie besteht.«[5] Es ist die Hoffnung, die sich nicht nur auf das Reich des Möglichen und Unwahrscheinlichen bezieht, sondern auf eine absolute Ungewissheit, auf eine Situation, in der wir von uns, von dieser Welt und ihren Bewohnern nichts mehr zu erhoffen haben. Es ist jene Hoffnung, von der Walter Benjamin mit einer kryptischen Formulierung am Ende seines Essays über Goethes *Wahlverwandtschaften* sagte, sie sei uns nur um der Hoffnungslosen willen gegeben.[6] Und es ist jene Hoffnung, auf die sich Immanuel Kant in seinen berühmte Fragen, die das weite Feld unseres Denkens und Handelns abgrenzen, bezieht: »Was kann ich wissen? Was soll ich tun? Was darf ich hoffen? Was ist der Mensch?«[7] Die Beantwortung der dritten Frage überantwortete Kant der Religion, und das gibt dieser Frage ihren radikalen Sinn: Was dürfen wir angesichts unserer Endlichkeit, unserer Sterblichkeit, unseres Leidens, was dürfen wir über den Tod hinaus hoffen? Etwas nüchterner heißt es an einer anderen Stelle bei Kant sinngemäß: Gesetzt den Fall, ich tue, was ich tun soll, ich lebe also nach den Prinzipien des Sittengesetzes, »was darf ich alsdenn hoffen?«[8] Im Klartext: Dürfen gute Menschen auf eine Glückseligkeit hoffen, die in letzter Konsequenz nicht durch Bedingtheiten des irdischen Daseins beschränkt ist, dürfen sie also auf ein ewiges Leben, eine göttliche Gerechtigkeit hoffen?

Diese radikale Hoffnung wird absolut, wenn sie sich dem Absoluten aussetzt, ohne jede Gewähr. Wir hoffen gegen alle Vernunft, gegen alle Erfahrung, gegen alle Wahrscheinlichkeit. Es gibt selbst für gläubige Menschen keine Mechanik, die eine Seele, die sich redlich um das Gute bemüht hat, mit Notwendigkeit ins Paradies katapultiert – der Ablasshandel hat nur in seinen irdischen Dimensionen einigermaßen funktioniert. Die Pointe bei Kant: Wenn wir uns der Glückseligkeit durch unsere moralische Integrität würdig erweisen, dürfen wir auf sie hoffen. Der Akzent liegt auf dem Dürfen. Dass uns das Hoffen erlaubt ist, garantiert keinen Erlösungsanspruch. Böse Menschen haben hingegen nicht einmal das Recht zu hoffen. Deshalb steht über Dantes Inferno, in das alle Übeltäter verbannt werden, der Satz: »Die ihr hereinkommt: Lasst alle Hoffnung fahren.«[9]

An eine göttliche Gerechtigkeit und die Unsterblichkeit der Seele glauben wir nicht mehr. Aber die absolute Hoffnung ist geblieben. Nur wurde sie aus der Transzendenz in die Immanenz, aus dem Jenseits in das Diesseits geholt. Wenn wir heute in diesem absoluten Sinn hoffen, dann hoffen wir auf eine staatlich garantierte Glückseligkeit, eine planetarische Gerechtigkeit und eine medizinisch-technisch indizierte Unsterblichkeit. Die Hoffnungsdiskurse unserer Tage können zumindest zum Teil als säkularisierte Variante jener absoluten Hoffnung, die von Christen als göttliche Tugend aufgefasst wurde, gedeutet werden.

Lasst alle Hoffnung fahren! Gilt dies nur für die Hölle? Oder wäre es ob ihres theologischen Hintergrundes nicht vernünftiger, zumindest der radikalen Hoffnung im irdischen Leben eine Absage zu erteilen? Kommt in der Hoffnung nicht eine Blindheit zum Ausdruck, die einen nüchternen Blick auf sich selbst, auf den Menschen und die Welt nicht mehr zulässt? Kann Hoffnung nicht auch eine Trotzreaktion sein, die sich allen unangenehmen Einsichten verweigert? Erwarten wir uns von jeder Hoffnung nicht zu viel? Und gibt sie uns nicht immer zu wenig? Läuft nicht jede Hoffnung Gefahr, in einem Warten zu erstarren, das uns der Zukunft gegenüber nicht zuversichtlich, sondern unsicher und verzagt erscheinen lässt? Baruch Spinoza beschrieb die Hoffnung wie auch ihre Schwester, die Furcht, als Affekte, die man nach Möglichkeit vermeiden sollte, denn »sie können nicht an und für sich gut sein«.[10] Je mehr wir danach streben, nach der Leitung der Vernunft zu leben, umso unabhängiger müssen wir uns von der Hoffnung machen. Hoffnung trägt ein Moment des Irrationalen in sich. Dieses ist übrigens auch in der antiken Mythologie aufbewahrt. Elpis, die Personifikation der Hoffnung, war vermutlich ein Kind von Nyx, der Göttin der Nacht, und Mutter von Pheme, der Göttin des Gerüchts. Die Hoffnung ist dunkel, und sie raunt. Die Vernunft hält sich zumindest bei Spinoza von ihr fern. Nicht so bei Ernst Bloch, um dessen Hauptwerk *Das Prinzip Hoffnung* es umso stiller geworden ist, je mehr wieder von Hoffnungen aller Art die Rede ist. Immerhin: Bloch beschwor geradezu die dunkle, die nächtliche Seite der Hoffnung, sie ist für ihn eine »Dämmerung nach Vorwärts ins Neue«.[11] Diese träumende und tagträumende Hoffnung wird zur konkreten Utopie, wenn sie sich von der Vernunft belehren lässt und zu einer »docta spes«, einer »begriffenen Hoffnung«, wird.[12] Das Scheitern aller großen Utopien, die diese Versöhnung von rationaler Weltdurchdringung und vorrationaler Hoffnung versuchten, wirft jedoch ein schräges Licht auf diese *docta spes*.

Noch schärfer ging der dänische Philosoph und Theologe Sören Kierkegaard mit der Hoffnung ins Gericht. Schon diese innere Unruhe sei doch höchst unangenehm, und der hoffende Zugriff auf die Zukunft passt nicht, und dies im

Wortsinn. Die Hoffnung ist für Kierkegaard wie »ein neues Kleid, steif und stramm und glänzend, man hat es jedoch niemals angehabt, und weiß darum nicht, wie es einen kleiden wird oder wie es sitzt«. Im Gegensatz zu konkreten Plänen, präzisen Vorstellungen, erfahrungsgesättigten Handlungen bleibt die Hoffnung ihrem Wesen nach vage. Man hofft, weiß aber im Grunde nicht, auf was. Aber gut soll es werden. Die Hoffnung, so Kierkegaard, »ist eine lockende Frucht, die nicht satt macht«. Der Hoffende lebt im Ungefähren, entbindet sich von der Verantwortung des Tuns. Deshalb kann Kierkegaard ein vernichtendes Urteil über die Hoffnung fällen: »Wer nichts als hoffen will, ist feige.«[13]

Wiederum anders setzt Friedrich Nietzsche seine Kritik an der Hoffnung an. Natürlich, es gibt bei Nietzsche alles, so auch gerne zitierte Verklärungen der Hoffnung. In einem Fragment findet sich die poetische Formulierung: »Die Hoffnung ist der Regenbogen über den herabstürzenden jähen Bach des Lebens, hundertmal vom Gischt verschlungen und sich immer von neuem zusammensetzend, und mit zarter schöner Kühnheit ihn überspringend, dort wo er am wildesten und gefährlichsten braust.«[14] Das Bild des Regenbogens verweist aber schon auf den illusionären Charakter der Hoffnung, den Nietzsche später scharf konturierte. Als Altphilologe kennt er den Mythos von der Büchse der Pandora und deutet diesen folgendermaßen: »Zeus wollte nämlich, dass der Mensch, auch noch so sehr durch die anderen Übel gequält, doch das Leben nicht wegwerfe, sondern fortfahre, sich immer von Neuem quälen zu lassen. Dazu gibt er dem Menschen die Hoffnung: sie ist in Wahrheit das übelste der Übel, weil sie die Qual der Menschen verlängert.«

Nietzsche wusste um die Fallstricke der Hoffnung, vor allem, wenn wir in großem Stil auf ein besseres Leben, eine menschenfreundlichere Zukunft, einen geretteten Planeten hoffen. In *Menschliches, Allzumenschliches* findet sich ein hellsichtiger Aphorismus, der eines der verborgenen Motive unserer politischen Hoffnungen freilegt: »Unsere gesellschaftliche Ordnung wird langsam wegschmelzen, wie es alle früheren Ordnungen getan haben, sobald die Sonnen neuer Meinungen mit neuer Gluth über die Menschen hinleuchteten. Wünschen kann man dies Wegschmelzen nur, indem man hofft: und hoffen darf man vernünftigerweise nur, wenn man sich und seinesgleichen mehr Kraft in Herz und Kopf zutraut, als den Vertretern des Bestehenden. Gewöhnlich also wird diese Hoffnung eine Anmaassung, eine Ueberschätzung sein.«[15] Wir können nur hoffen, bei all unseren Hoffnungen dieser Anmaßung, dieser Überschätzung zu entgehen. Aber auch diese Hoffnung hofft auf das Unwahrscheinliche.

Anmerkungen

1 https://www.prüfung-ratgeber.de/2019/01/was-bedeutet-dum-spiro-spero-erklaerung/ (abgerufen am 9.11.2023)
2 Zit. nach: Klaus Bartels (Hg.): Veni, vidi, vici. Geflügelte Worte aus dem Griechischen und Lateinischen, Darmstadt 1992, S. 68
3 Reinhard Kaiser-Mühlecker: Wilderer. Roman, Frankfurt a. M. 2022, S. 70 (E-Book-Ausgabe)
4 Zit. nach Hubert Gehring: Menschenrechtler, Dramaturg, Politiker – Václav Havel wird Tschechien fehlen (https://www.kas.de/de/web/tschechien/laenderberichte/detail/-/content/menschenrechtler-dramaturg-politiker-vaclav-havel-wird-tschechien-fehlen; abgerufen am 9.22.2023)
5 Jonathan Lear: Radikale Hoffnung. Ethik im Angesicht kultureller Zerstörung. Berlin 2020, S. 155 (E-Book-Ausgabe)
6 Walter Benjamin: Goethes Wahlverwandtschaften. W. B.: Gesammelte Schriften I-1, Frankfurt a. M. 1980, S. 201
7 Immanuel Kant: Schriften zur Metaphysik und Logik 2, Werkausgabe Bd. VI, Frankfurt a. M. 1981, S. 448
8 Immanuel Kant: Kritik der reinen Vernunft 2, Werkausgabe Bd. 7. S. 677 (B833,834/A 806, 806)
9 Dante: Commedia. In deutscher Prosa von Kurt Flasch. Frankfurt a. M. 2011, S. 17
10 Benedictus de Spinoza: Die Ethik. Stuttgart 1977, S. 541 (IV, Lehrsatz 47)
11 Ernst Bloch: Das Prinzip Hoffnung. Werkausgabe Bd.5/1, S. 86
12 Bloch, Prinzip Hoffnung, Bd.5/1, S. 5

13 Sören Kierkegaard: Die Wiederholung. Gütersloh 1980, S. 4
14 Friedrich Nietzsche: Nachgelassene Fragmente (Sommer 1877), Kritische Studienausgabe (KSA), München 1980, Bd. 8, S. 445
15 Friedrich Nietzsche: Menschliches, Allzumenschliches I, § 443; KSA Bd. 2, S. 288 f.

Hartmut von Sass

Außer sich sein

Über Hoffnung und Ekstase

Hinführung

»Nun aber bleiben Glaube, Hoffnung, Liebe, diese drei; aber die Hoffnung ist die Kleinste unter ihnen.« Selbst diejenigen unter uns, die das Neue Testament kaum mehr in die Hand nehmen – was ein großer Fehler ist –, werden bemerken, dass hier etwas nicht stimmt. Hatte der viel gescholtene Apostel Paulus nicht davon gesprochen, dass die Liebe die größte der drei Tugenden sei? Ganz genau so ist es – aber das bestätigt ja gerade die winzige Umformulierung jenes berühmten Satzes aus dem Ersten Brief an die Gemeinde in Korinth. Von Glauben und vor allem Liebe (im Sinne der charitativen *agape*, nicht des leidenschaftlichen *eros*) ist allerorten und ausführlich die Rede; nicht nur bei Paulus, der einmal der Saulus gewesen war, sondern auch in der philosophischen Literatur. Die Hoffnung scheint jedoch eher ein marginalisierter Klassiker zu sein. Oder vielleicht eher eine klassische Marginalie? In jedem Fall haben wir es hier mit einem überaus erstaunlichen Missverhältnis zu tun: Einerseits ist doch die Hoffnung eines der wesentlichen Kapitel unserer Existenz; andererseits hat dieses Thema kaum ein intellektuelles Interesse geweckt, das jener Prominenz und Relevanz auch nur von Ferne entsprechen würde.
Das ist einmal ganz anders gewesen. Man denke an den Boom der Hoffnungsliteratur vor allem der Nachkriegszeit. Die Titel jener Jahre mögen manchen immer noch geläufig sein: etwa Ernst Blochs monumentales, aber auch ornamentales *Prinzip Hoffnung*; oder die davon stark beeinflusste *Theologie der*

Hoffnung von Jürgen Moltmann – das vielleicht weltweit bestverkaufte Buch des gesamten Faches im 20. Jahrhundert; oder das all dem vorangehende Plädoyer für eine »absolute« Hoffnung im Hauptwerk des französischen Existentialisten Gabriel Marcel, *Homo Viator*. Die Liste ließe sich leicht fortsetzen.

Doch schnell nahm jenes wohl überaus zeitbedingte Interesse ab – ein Interesse, das ja gerade der katastrophischen Phase unserer Geschichte folgte. Die Gründe dafür sind vielfältig; historische: Es mag in den 1960er Jahren vielleicht eher ums Machen, nicht mehr ums Hoffen gegangen sein; politische: Die Konsolidierung der Verhältnisse ist nun einmal kein gutes Pflaster für die Hoffnung und ihr kritisches Engagement; sozial-gesellschaftliche: Das Versprechen des kollektiven Aufstiegs dominierte und eben nicht die Hoffnungen, die stets mit der drohenden Nicht-Erfüllung konfrontieren; aber auch intellektuelle, mithin philosophische: Die Spanne der Aufmerksamkeit ist bemessen, und schnell gelangten andere Themen – vor allem sprachphilosophische – auf die Tagesordnung, um die alte Agenda abzulösen: *linguistic turn* statt Vermessung der zukünftigen Welt.

Hatte noch im 19. Jahrhundert der Historismus die mitteleuropäische Szene dominiert – keine Zukunft ohne Vergewisserung der eigenen Vergangenheit und Tradition –, wird es für kurze Zeit die Zukunftsfrage, die die Gemüter erhitzte; nicht nur politisch, sondern auch technisch: von der Futurologie bis zur Einsicht, dass die Menschheit an einen Punkt gelangt ist, an dem erstmals die atomare Selbstvernichtung die Frage nach der Zukunft und der Hoffnung auf sie obsolet werden lässt. Der für einen Blockbuster erstaunlich subtile Film *Oppenheimer* von Christopher Nolan erinnerte diesen Kino-Sommer (2023) nochmals an das Dilemmatische jener neuen Potenzen absoluter Zerstörung.

Die Hoffnung hatte also nicht mehr an die alte Prominenz anknüpfen können. Nach der Vergangenheitsbewältigung des Historismus und der Zukunftsorientierung zwischen Chance und Farce rückten abgeklärtere, weitaus nüchternere Haltungen an ihre Stelle. Paradigmatisch dafür ist der politische Pragmatismus der letzten Jahrzehnte, für den die zahllosen Kabinette unter der Kanzlerin Angela Merkel (wenn hier ein deutsches Beispiel gestattet ist) Pate oder Patin stehen. Programmatisch visionslos wurde hier vorgegangen, dabei die Erfüllung der einst sozialdemokratischen Devise stets im Blick, nach der gilt: Wer Visionen habe, gehöre in die Therapie! So hielt es der lange ungeliebte Kanzler Helmut Schmidt fest, der in seinen letzten Jahren ein fast skurriles Comeback feierte. Doch auf diesem Hintergrund lassen sich keine Hoffnungen – verstanden als »Sinn für die Möglichkeit des Guten« – formulieren.[1] Die Gegebenheiten, der angebliche Realismus, das Klein-Klein, oder – nochmal Merkel – das »Fahren auf Sicht«, wahlweise auch die »Politik der kleinen Schritte« (und Leute) sind dann die Standards, an denen alles Weitere ausgerichtet wurde und noch wird.

Erst in letzter Zeit ist ein vermehrtes Interesse an der Frage der Zukunft – und der Zukunft als Frage – zu verzeichnen. Und dafür gibt es offensichtlich einschlägige Gründe. Die Themen sind so unbeliebt wie bekannt: der Abstieg der Mittelschicht und ihre Polarisierung nach oben und meist unten; die damit verbundene Dekadenz gerade als Resultat des ungeahnten Aufstiegs, der nun bedroht und längst erlahmt ist; die Heraufkunft eines neuen Prekariats, das sich nicht selten den neoliberalen Experimenten der 1990er Jahre verdankte: von der Deregulierung bis zur Privatisierung ganzer Branchen, die schon immer dem Marktversagen unterlagen; zudem die nicht mehr heimliche, sondern ganz unheimliche Klimakrise, die als bloßer »Wandel« des Klimas nur verharmlost würde; der Aufstieg von neuen Mächten, die den alten Zusammenhang von Demokratie und Wachstum einfach dadurch dementieren, dass sie undemokratisch, ja gerade diktatorisch wachsen; und im Ergebnis die Heerscharen von

Unzufriedenen, die den meist rechten Populisten aufsitzen, von denen sie wissen müssten, dass genau sie es sein werden, die den Besitzstand, um den sie selbst so sehr fürchten, in noch größere Gefahr bringen.[2] Sicher, die postdemokratische Simulation der Volksherrschaft ist ein Problem, aber ein womöglich größeres ist die Simulation, ein umsichtiger Wähler zu sein.

Ließe sich angesichts dieser nicht ganz unpolemischen Skizze noch hoffen und das Hoffen überhaupt rechtfertigen? Zukunftsfragen verpflichten offenbar nicht sogleich auf die Hoffnung als diejenige Haltung, die in Bezug auf die zunehmend bedrohliche Zukunft einzunehmen wäre. Im Gegenteil, die Hoffnung mag ihrerseits ganz fragwürdig geworden sein, zumal die Einwände gegen sie nicht einfach von der Hand zu weisen sind: Die Hoffnung könnte kontraproduktiv wirken, indem sie die Aktivität abgibt und auf externe Kräfte hoffen lässt. Das mag verantwortungslos sein, wenn es bessere Alternativen gibt, die mit Umsicht und Engagement an die Probleme herangehen lassen. Dementsprechend müsste man den stets drohenden Realitätsverlust aufgeben, indem man der Hoffnung entsagt, um endlich klar sehen zu können. Da haben wir ihn wieder: den vermeintlichen Realismus.

Doch die Hoffnung – ich komme jetzt langsam zu meinem Thema – muss nicht das Problem sein, sondern könnte zum Teil der Lösung werden. Eine Kritik der Hoffnung lässt sich in beide Richtungen lesen: einmal als Gegenstand der Kritik, mit der die Hoffnung beurteilt wird; ein anderes Mal als Ausgangspunkt der Kritik unserer Zeit, die sich der Hoffnung auf ein mögliches Gut verdankt. Könnte es nicht sein, dass das Problem der Verlust einer Hoffnung ist, die die Imagination einer guten und wünschenswerten, zugleich nicht unwirklichen, sondern unbedingt möglichen Zukunft enthält? Benötigten wir nicht gerade ein derartig leitendes Bild, eine konkrete Vorstellung davon, wo wir überhaupt hinwollen, um sagen zu können, wie es heute um uns steht? Nehmen wir uns selbst nicht erst eigentlich und wirklich ernst, wenn wir Hoffnungen ausbilden und versuchen, nach ihnen und mit ihnen gemeinsam zu leben?

Alle drei Fragen würde ich mit JA! beantworten. Den Konjunktiv benutze ich, weil im Folgenden kein philosophisches Plädoyer der guten Stimmung abgegeben werden wird, zumal Hoffnung etwas völlig anderes ist als ein schaler Optimismus. Das Vorgehen fällt weit vorsichtiger, ja tentativer aus; denn an die Stelle des stark normativen Problems, ob wir noch hoffen *dürfen* oder gar *sollen*, tritt die Frage, was wir bereits tun, wenn wir hoffen. Dahinter steckt die kostspielige Vermutung, dass wir schon immer *irgendwie* hoffen und ein Leben, in dem Hoffnungen keinen Platz haben, kaputt gemacht werden, erodiert sind, auch ein gelingendes Leben im Ganzen fragwürdig werden lassen.

Bevor es nun endlich richtig losgeht, sei ein knapper Überblick zum Gang der fünfteiligen Argumentation vorgeschaltet. Ich werde dafür eintreten, zwei unterschiedliche Konzeptionen der Hoffnung zu unterscheiden – eine delikate Differenz, die die Beweislasten also damit beträchtlich erhöht. Im ersten Abschnitt werde ich etwas zum ersten Begriff sagen, im zweiten Abschnitt, kaum überraschend, aber mit einigen Überraschungen, zum anderen Begriff. Nach der Analyse kommt die Synthese, sodass das Zusammenspiel beider Begriffe zu bedenken ist. Es folgen Überlegungen zum Verhältnis von Hoffnung und Wirklichkeit, was Auswirkungen auf die Wahrheit der Hoffnung mit sich führt. Daraus ergeben sich Motive für eine Hoffnung, die gerade nicht passiv werden lässt, sondern zu einem Engagement zugunsten des Erhofften führt. Das gibt endlich die Gelegenheit, den gewollt doppeldeutigen Titel – »Außer sich sein« – zu umspielen. Los geht's!

1. Auf etwas hoffen

Es gibt in der Philosophie Problemstellungen, die eigentlich keine sind, weil das Problem längst gelöst zu sein scheint. Und plötzlich taucht jemand auf und bricht mit einem kleinen Text den eigentlich schon erzielten Konsens auf. Das bekannteste Beispiel dafür ist die seit Platon bestehende Definition des Wissens (als gerechtfertigter wahrer Meinung), die nach 2500 Jahren Geltung durch einen dreiseitigen Text einer Revision unterzogen worden war. Ganz so spektakulär ging es im Diskurs über die Hoffnung zwar nicht zu. Aber der Form nach liefen die Dinge doch recht ähnlich ab.

Die langlebige Übereinkunft, wie sie bereits bei Thomas von Aquin oder auch den Hauptvertretern der frühneuzeitlichen Philosophie zu finden ist, besagt, dass das Hoffen aus zwei wesentlichen Bestandteilen zusammengesetzt sei.[3] Demnach gelte, dass das Hoffen auf X (oder dass X der Fall sei) einen entsprechenden Wunsch nach X enthalte, sowie die Annahme, dass dieses X möglich sei. Dabei lässt sich für X ganz Unterschiedliches einsetzen: von Trivialitäten wie dem Wetter bis hin zu existentiellen Inhalten wie der Partner- und Berufswahl. Worauf es hingegen ankommt, ist einerseits, dass jedes Hoffen einen Wunsch impliziere; ohne dieses Begehren folglich kein Hoffen. Damit ist also nicht behauptet, dass Hoffen und Wünschen identisch seien, zumal sich Wünsche auch auf Unmögliches beziehen können. So kann ich mir wünschen, doch Architekt geworden zu sein oder Profi-Fußballer; doch für beides ist es in meinem Fall zu spät. Dennoch spricht nichts dagegen – außer vielleicht eine gewisse Melancholie –, diesen Wunsch zu hegen. Dies wird das *konative* Element der Hoffnung genannt.

Hinzu tritt nun die zweite Eigenschaft. Sie betrifft modale Annahmen, die der hoffende Mensch im Blick auf das Erhoffte X unterhält. Das ist deshalb etwas umständlich formuliert, weil es nicht unbedingt darum geht, dass dieses X diese Eigenschaft tatsächlich hat, sondern darum, dass die hoffende Person annimmt, dass es so sei. Worum geht's genau? Es geht um den sehr einfachen Umstand, dass X für möglich gehalten wird. Damit ist negativ gesagt, dass etwas, das unmöglich ist, kein Gegenstand der Hoffnung sein kann. So kann ich mir wünschen, nicht aber hoffen, genau jetzt ganz woanders zu sein. Zudem ist damit ebenso ausgesagt, dass das Erhoffte nicht feststehen darf, sondern wesentlich unsicher bleibt. Ich kann also nicht darauf hoffen, jetzt beim Philosophicum Lech zu sein oder dass Dreiecke keine vier Ecken haben oder dass Berlin wieder die Hauptstadt des nördlichen Nachbarlands Österreichs wird; denn all das ist längst der Fall (obgleich es Unterschiede zwischen diesen drei Beispielen gibt). Also: weder unmöglich noch notwendig oder schon feststehend. Damit bleibt als Spektrum der Hoffnung das, was man Kontingenz nennt: Das Erhoffte ist notwendig kontingent; und diese Annahme kann man die *kognitive* nennen.

Gegen diese Begriffsbestimmung gibt es mindestens zwei Einwände. Der eine besagt, dass damit nur ein Begriff der Hoffnung analysiert ist; beließe man es dabei, überginge man ein zweites Konzept, das vom ersten ganz unabhängig funktioniert. Zu diesem Einwand und jenem zweiten Begriff kommen wir im folgenden Abschnitt. Zuvor geht es um den anderen Einwand, der besagt, dass die bisher gelieferte Bestimmung unvollständig ist. Der Wunsch, dass X der Fall sei, und die Annahme, dass X möglich sei, genügten demnach nicht, die Hoffnung hinreichend klar einzugrenzen.

Das können wir uns an einem Beispiel klarmachen, das in der Debatte um die Hoffnung und ihren Begriff einen schon fast legendären Status genießt. Vielleicht kennen einige von Ihnen den Film *Shawshank Redemption*, der im deutschsprachigen Raum unter dem Titel *Die Verurteilten* 1994 in die Kinos kam. Zunächst floppte der mit Tim Robbins und Morgan Freeman realisierte Film, um dann doch nach und nach zu einem gefeierten Klassiker zu avancieren. Wer den Film noch nicht gesehen hat, möge das schnell ändern, sodass ich jetzt zu vermeiden versuche, zu viel zu verraten. Für unser Thema ist die Geschichte deshalb interessant (und in der analytischen Philosophie der Hoffnung *das* Beispiel), weil es um zwei Gefängnisinsassen – den weißen Ex-Banker Andy und den schwarzen Ex-Ganoven Red – geht, die beide den Wunsch haben, aus dem Gefängnis zu fliehen, es auch für möglich halten – und doch hofft Andy, während Red zunächst der Resignation nahe ist.

Die Standardauffassung, nach der der Wunsch nach X (also hier: dem Ausbruch aus dem Gefängnis) sowie die Annahme, X sei möglich (also: der Ausbruch sei nicht gänzlich unmöglich und weise damit eine gewisse Wahrscheinlichkeit auf), vorliegen müssten, reicht also nicht aus. Denn was unterscheidet den hoffenden Andy und den resignierenden Red? Um diese Frage zu beantworten, ist eine überaus verzweigte Debatte um das dritte Element neben dem konativen und dem kognitiven Bestandteil entbrannt. Mit den Details möchte ich hier niemanden langweilen, sondern nur andeuten, dass alle bislang unterbreiteten Vorschläge darauf hinauslaufen, dass der Hoffende sich auf eine bestimmte Weise – imaginativ, emotional, praktisch – auf das Erhoffte einstellen müsse. Andy also sei auf den Ausbruch aus dem Gefängnis positiv fokussiert, während Red dieser Fokus abgehe. Man kann also bilanzieren, dass das Hoffen auf X aus drei Elementen besteht: einem Wunsch, einer Möglichkeitsannahme und einem Fokus – oder: aus einem konativen, kognitiven und attentativen Element.[4]

Der gegenwärtige, lebhaft geführte Diskurs zum Begriff der Hoffnung wird von der begrifflichen Analyse der Hoffnung bestimmt, wie er typisch für die analytische Philosophie ist. Das hat seine Vorzüge, aber auch seine blinden Flecken. So kommt es gar nicht mehr wirklich zur Geltung, wie es eigentlich um die konkreten Lebensumstände der beiden Protagonisten bestellt ist. Ich hatte ganz bewusst betont, dass der eine weiß, der andere schwarz ist; zahlreiche Details kommen hinzu. Shawshank Redemption spielt in den 1950er Jahren und kann als fundamentale Kritik der damaligen (und heutigen?) Gefängnispraxis gesehen werden, die nun ihrerseits einen rassistischen Vektor mit sich führt. Überdies ist in beiden Fällen zunächst nicht klar, wie es eigentlich um ihre Schuld steht, ob sie beide also zu Recht oder zu Unrecht in ihrer Zelle sitzen.

Doch auch in Bezug auf die Hoffnung selbst besteht keine Einigkeit zwischen Andy and Red. In einer Szene, in der Kantine sitzend, sagt Andy, umgeben von all den anderen Mithäftlingen, an seinen Freund gerichtet, dass man die Musik und ihre Wirkung und Macht den Menschen nicht nehmen könne. Sie vermittle Freude und Sinn. Red aber entgegnet, Musik sei im Gefängnis ganz sinnlos geworden, worauf Andy antwortet, dass sie gerade hier die größte Bedeutung gewinne, weil sie daran erinnere, »that there's something inside, they can't get to; they can't touch; it's yours.« Red schaut ihn an: »What you're talking about?«:

Andy: »Hope!«
Red: »Hope? – Let me tell you something, my friend. Hope is a dangerous thing. Hope can drive a man insane. [...] You'd better get used to that idea.«

Warum nach der sehr präzisen, eher technisch gehaltenen Begriffsanalyse nun diese ganzen narrativen Details? Warum die biographischen Einsprengsel, die ablenken vom größeren Bild und den allgemeineren Ansprüchen der Erklärung? Vielleicht sind es gerade diese Einzelheiten, die uns überhaupt verstehen lassen, was es mit Andys Hoffnung und Reds Zögern, ja seiner ambivalent bleibenden Kritik der Hoffnung auf sich hat. Es gab nicht nur einen Konsens in der Definition der Hoffnung, sondern auch im Blick auf die Methode, wie dieser Konsens zu erzielen sei. Das eine hat sich als falsch erwiesen, während man im Methodischen kaum etwas änderte. Meine Skizze ist als Einladung zu verstehen, es dabei nicht zu belassen – und also über alternative, auch sensiblere Wege nachzudenken, die zu klären helfen, wie die Hoffnung und die Praxis des Hoffens »im Leben liegen«.

2. Hoffnungsvoll leben

Bislang haben wir nur den einen Begriff der Hoffnung betrachtet. Dieser ist in dem Sinn ganz traditionell, als mit ihm versucht wird, unser Alltagsverständnis der Hoffnung begrifflich zu ordnen und einzufangen. Wer hofft, dass X der Fall sei, wünscht sich, dass X, hält X für möglich und fokussiert sich in bestimmter Weise auf X. Gefängnisinsassen haben es also manchmal an sich, aus der Zelle zu fliehen, das sogar als Option nicht einmal auszuschließen und entsprechende Pläne zu schmieden – und diesen zuweilen nachzugehen.

Was diese Definition mindestens leisten muss, ist, die Hoffnung von ihren Gegenbegriffen halbwegs sauber abgrenzen zu können. Mögliche Gegenbegriffe gibt es viele. Genannt werden zumeist Verzweiflung, Angst und Pessimismus, manchmal aber auch Zynismus. Als klassisches Pendant hingegen fungiert die Verzweiflung. Für sie müsste nun also gelten, sich X zu wünschen, X aber entweder für unmöglich oder ganz unwahrscheinlich zu halten bzw. sich auf X nicht fokussieren zu können. Der Unterschied zwischen Hoffnung und Resignation liegt also nicht im Wunsch, sondern entweder in der Annahme der Möglichkeit von X oder in der konkreten Beziehung, die zu diesem X eingenommen wird. Oder nochmals anders gewendet: Die gesuchte Differenz liegt nicht im konativen Kennzeichen, sondern im kognitiven oder im attentativen Element.

So weit, so gut oder ungut; denn der erste Einwand gegen das Vertrauen darauf, für alle möglichen Vorkommen der Hoffnung notwendige und zusammen hinreichende Bedingungen zu formulieren, lautete schlicht, dass dieses Vertrauen fehl am Platz ist. Und dies in doppeltem Sinn: dass es wohl immer Fälle geben wird, die sich dieser – immerhin heuristisch hilfreichen – Definition entziehen; und – weit wichtiger – dass uns durch dieses etwas rigide Vorgehen wichtige Details aus dem Kontext des Hoffens als menschlicher Praxis entgehen (wie am Beispiel des Films und seinen beiden Protagonisten zumindest skizziert). Überhaupt mit einem konkreten Beispiel zu arbeiten – sei es Literatur oder bewegte Bilder (*by the way: Shawshank Redeption* geht auf eine Kurzgeschichte von Stephen King zurück, der sich wiederum bei Tolstoi bedient hat) –, steht für eine andere Herangehensweise. Sie ergänzt, bisweilen korrigiert sie auch das, was durch die klassische Definition und Begriffsklärung zu erreichen ist.

Bevor wir zum zweiten Einwand (und damit: zum zweiten Begriff der Hoffnung) kommen, möchte ich einen kleinen Zwischenschritt einlegen. Dieser betrifft den für unsere Existenz als Menschen derart zentralen Status der Hoffnung, ihr Gewicht und ihre Signifikanz. Damit ist die anthropologische Dimension der Hoffnung angesprochen, die sich auch in Kants berühmter Frage »Was darf ich hoffen?« ausspricht. Bei ihr verbleibt Kant im Gegensatz zur erkenntnistheoretischen (»Was kann ich wissen?«) und moralischen (»Was soll ich tun?) Fragestellung am längsten. Gemeinsam sollen sie die Frage beantworten, was denn der Mensch sei.[5] Es ist interessant zu sehen, dass Kant also die Hoffnung und die Erlaubnis zum Hoffen als Bestandteil der ganz allgemeinen Frage nach dem Menschsein betrachtet. Der Wunsch nach X, das Sich-Ausrichten auf ein mögliches X und der Fokus darauf werden demnach zu Grundbestimmungen des Menschen promoviert. Man kann den Gedanken also auch umdrehen: Wer nicht mehr hoffen kann oder darf, wem also das kognitive, konative und attentative Element abgeht, dessen Menschsein ist in Gefahr.

Es sei hier nur als Frage festgehalten, inwiefern von einem wahrhaft menschlichen Leben die Rede sein kann, wenn alle Hoffnungen verflogen sind, wenn alle Hoffnungen genommen werden, wenn alle hoffnungsvollen Projekte kaputt gemacht worden sind. Ist ein Leben ohne Hoffnung überhaupt möglich? Und wenn ja, ist es ein gelingendes, überhaupt lebenswertes Leben? So fragten wir bereits eingangs. Abstrakt lassen sich diese prekären Probleme nicht adressieren. Aber schon sie deuten auf zweierlei hin: erstens, dass der beliebte Ruf, alle Hoffnung fahren zu lassen, um endlich einen realistischen Blick auf die Lage zu gewinnen, diese fundamentale Dimension aus dem Blick zu verlieren droht; und zweitens, dass sich daraus der politische Imperativ ergibt, an einer Gesellschaft zu arbeiten, die die Hoffnung gerade der Marginalisierten ermöglicht und schützt, um zu vermeiden, dass Wut und Bitternis die angemesseneren Reaktionen auf eine Welt werden, die für ihre Hoffnungen keinen Platz hat.[6]

Nun aber endlich zum erwähnten zweiten Einwand gegen die herkömmliche Analyse. Mit dem Konzept der Hoffnung, das sich auf einen bestimmten Inhalt (ein X) bezieht, ist die Geschichte nun einmal nicht zu Ende erzählt. Was viel zu häufig übersehen oder unterschlagen wird, ist der Umstand, dass es ein zweites, vom ersten Begriff unabhängiges Konzept der Hoffnung gibt. Dann aber geht es nicht um eine Haltung, die sich auf künftige Sachverhalte und Materialien bezieht, sondern um eine Einstellung, die sich auf den gesamten Lebensvollzug – auf Vergangenheit, Gegenwart und Zukunft – bezieht. Es handelt sich demnach um einen umfassenden Modus, in dem man lebt und der nicht einfach eine zusätzliche Tätigkeit zu allen anderen bildet, sondern wie eine Qualifikation all dieser Tätigkeiten funktioniert.

Den Unterschied zwischen den beiden Hoffnungsbegriffen kann man sich auch grammatisch klarmachen. Der herkömmliche Begriff kann der *materiale* genannt werden, weil er sich auf einen konkreten Inhalt richtet (hoffen, dass X). Der Zukunftsbezug dieses Begriffs ist wesentlich, sofern dieses X (gewöhnlicherweise) in der Zukunft liegt (wie der geplante Ausbruch aus dem Gefängnis). Hier bildet, rein grammatisch betrachtet, das Hoffen ein Verb. Dies verhält sich nun ganz anders, wenn wir auf den anderen Begriff schauen, den ich den *modalen* nennen möchte; denn es handelt sich um einen Modus, in dem das gesamte Leben geführt wird, und zwar ohne, dass ein konkreter Inhalt im Blick wäre; nicht einmal ein Zukunftsbezug ist hier mitgesetzt. Wiederum grammatisch betrachtet, handelt es sich nicht um ein Verb bzw. ein Tätigkeitswort; vielmehr haben wir es mit einer adverbialen Bestimmung zu tun. Solche Bestimmungen haben wir dazu, konkreter zu beschreiben, wie andere Tätigkeiten ausgeführt werden: witzig schreiben, zu laut sprechen, selbstvergessen durch die Stadt spazieren, sich angeregt unterhalten. Hier haben wir es jeweils mit einer Tätigkeit zu tun (einer Verbform), die adverbial konkretisiert wird (einem Ad-Verb). Nicht, was wir tun, wird dann beschrieben, sondern die Weise, in der wir alles tun, wird konkretisiert.

Was heißt das für die Hoffnung? Nun geht es nicht mehr primär darum, auf etwas zu hoffen, sondern es geht darum, alles in Hoffnung oder hoffnungsvoll zu vollziehen. Diese Art der Hoffnung gibt an, wie oder in welchem Modus andere Tätigkeiten zu führen sind. Die Hoffnung stellt dann keine weitere Aktion in der Reihe unserer Tätigkeiten dar, sondern funktioniert wie ein Operator vor der Klammer, deren Inhalt er bestimmt.

Nur, was könnte das konkret und ohne diese technischen Umschreibungen heißen? Wer in der skizzierten Weise hofft, besitzt einen Möglichkeitssinn; nicht auf das Unmögliche oder einfach Feststehende im Leben liegt dann der Fokus, sondern der hoffnungsvolle Mensch gibt dem Möglichen die Priorität: solchen Möglichkeiten, die sich eigenem Handeln verdanken, mehr noch aber solchen, die einem zugespielt werden. Dabei geht es nicht um dieses oder jenes, sondern stets um etwas, das man für gut hält. Das muss nicht in Egozentrik münden, wenn zugleich kollektive Formen des Hoffens bedacht werden. In ihnen geht es nicht nur darum, mit anderen zu hoffen, sondern auch für sie oder gar durch sie zu hoffen. Vielleicht ist ein derart hoffender und also hoffnungsvoll lebender Mensch zugleich gefeiter gegen Rückschläge. Ohne dass diese Hoffnung in Blindheit oder Naivität abgleiten müsste, könnte sich diese Hoffnung als Quelle von Resilienz erweisen.

Wer so hofft, lebt anders; genau wie ein glücklicher Mensch – wie Wittgenstein einmal sagte – in einer anderen Welt lebt als der Unglückliche.[7] Auch hier sind keine Gegenstände im Blick, sondern wie beim modalen Begriff der Hoffnung eine Weise, die das gesamte Leben bestimmt. Und es ist zu vermuten, dass auch der hoffnungsvolle Mensch glücklicher sein wird als derjenige, der ohne Hoffnung durchs Leben geht oder gehen muss. Und so ließe sich das Wittgensteinsche Diktum recht umweglos auf die Hoffnung übertragen: Der hoffende Mensch lebt womöglich in einer anderen Welt, als es der Hoffnungslose tut; oder: Für ihn ist diese eine Welt eine andere, die wiederum aus Sicht der Resignation ganz verändert aussieht.

3. Hoffnung und Identität

Nun sieht unsere Analyse der Hoffnung und ihrer (Pro-)Grammatik schon etwas komplexer aus. Wie zu erkennen ist, sind zwei Begriffe unbedingt zu differenzieren, die nicht aufeinander reduzierbar sind; d. h. der eine (der modale) ergibt sich nicht aus dem anderen (dem materialen) und umgekehrt. Wird diese Unterscheidung unterschlagen, hat das einige unangenehme Auswirkungen. Die Hoffnung – im Verbund mit anderen Einstellungen und Haltungen, die ebenso doppelt kodiert sein können – wird dann darauf beschränkt, eine Tätigkeit zu sein, der immer schon ein Zukunftsbezug eingeschrieben ist. Sie richtet sich auf Künftiges, und sie hat einen partikularen Inhalt. Das ist nicht falsch, wie wir sehen konnten, aber eben nicht alles. Die Rückgewinnung jener skizzierten Unterscheidung, vor allem der Blick für die Hoffnung als einer modalen Bestimmung, die weder sogleich zukunftsträchtig oder gegenstandsbezogen ist, erweitert unser Verständnis für das Phänomen, um das es hier geht.

Nach der Analyse und also dem Auseinandernehmen folgt nun die Synthese und also das Zusammensetzen. Wenn differenziert wird, ist daher anschließend zu fragen, wie das Unterschiedene denn aufeinander bezogen werden kann. Auch für die Hoffnung verhält es sich ja so, dass beide Begriffe – die Materialität und Modalität des Hoffens – nicht einfach unverbunden nebeneinanderstehen.

Zunächst jedoch ist mit dem Einwand umzugehen, in Wirklichkeit hätten wir es nicht mit zwei Begriffen zu tun, sondern nur mit einem. Der Grund liege darin, dass das, was hier als Modalität bezeichnet wurde, nichts anderes sei als ein materialer Begriff mit lediglich unklarem Inhalt. Das hieße, dass auch derjenige, der hoffnungsvoll lebe, auf etwas Konkretes, wenn auch Vages bezogen sei, etwa die Besserung der Verhältnisse, individuelles Glück oder dergleichen.

Darauf lässt sich unterschiedlich reagieren. Nennen möchte ich nur eine Replik, die die Differenz zwischen beiden Begriffen zu verteidigen hilft: das sog. Verlust-Argument.[8] Dies besagt, dass man alle konkreten Hoffnungen verlieren könnte, ohne jedoch des Hoffens verlustig zu gehen. Selbst der, der keine materialen Hoffnungen unterhält, könnte demnach in einem modalen Sinn hoffen.

Ich halte diese Replik für zutreffend, solange ein paar Einschränkungen gemacht werden. Denn es wäre ganz seltsam, wollte man behaupten, man sei ein hoffnungsvoller Mensch, ohne aber überhaupt irgendwelche Einzelhoffnungen zu irgendeinem Zeitpunkt zu haben. Umgekehrt formuliert heißt das, dass es sehr wohl unmöglich bleibt, allein modal zu hoffen, ohne dass sich dieser Modus jemals in einzelnen Hoffnungen niederschlagen würde.

Ein weiteres Problem sei hier nur angerissen. Es ließe sich fragen, welchem der beiden Begriffe eigentlich die Priorität zukommt. Geht der Modus, das Leben grundsätzlich in Hoffnung zu vollziehen, der Möglichkeit, auf Einzelnes zu hoffen, voraus? Oder ist es umgekehrt so, dass sich aus dem Fassen von separaten Hoffnungen so etwas wie eine fundamentale Disposition der Hoffnung als Modus ergibt? Für unsere Zwecke genügt es, diese Fragen festzuhalten, weil wir uns hier nicht entscheiden müssen. Das Prioritätsproblem kann offengelassen werden, wenn man die Unterschiedenheit von Material und Modus einmal geklärt hat.

Für die Frage der Identität des hoffenden Menschen ist nicht nur der Zusammenhang beider Konzepte von Belang, sondern auch der Umstand, dass wir nie nur hoffen, sondern unser Leben von zahlreichen weiteren Vollzügen bestimmt ist. Diese können offenbar in Spannung zur Hoffnung stehen, oder sie können sich ergänzen. Man denke an Dankbarkeit, Freude, Bescheidenheit, Klugheit, Umsicht und vieles mehr. Was sich hier andeutet, ist der *Netzwerk*-Charakter dieser Vollzüge, der ein fein gesponnenes Gewebe von Eigenschaften umfasst, dem philosophisch sorgsam nachzugehen ist. Worauf es in unserem Zusammenhang ankommt, ist zu sehen, dass die alte Regel aus der Tugendlehre – und jene genannten Vollzüge sind ja zumeist Tugenden – Geltung besitzt: Hast du eine Tugend, hast du zugleich mehr als eine! Wer klug ist, ist nie nur klug, sondern wird weitere Tugenden haben. Dies ist eine ihrerseits kluge Mittelposition zwischen der platonischen Vorstellung von der Einheit der Tugenden (Hast du eine, hast du alle!) und dem tugendethischen Separatismus (Hast du eine Tugend, hast du genau eine Tugend!).

Diese Netzwerk-These trifft auch auf die Hoffnung zu. Ob diese nun selbst als Tugend oder Emotion, Disposition, Stimmung und Gestimmtheit oder einfach als Haltung und Einstellung charakterisiert wird (oder alles zugleich) – jenseits dieser Statusfrage und in jedem Fall trifft zu, dass man hofft und dabei stets mehr als hofft. Diese Beobachtung ist nur dann nicht trivial, wenn Berücksichtigung findet, worum es mir hier geht: dass unsere Identität wesentlich von der Beschaffenheit dieses Netzwerkes abhängig ist, wobei die Hoffnung einen ihrer zentralen Knotenpunkte bildet.

Was sich hier abzeichnet, ist eine eigenständige philosophische Disziplin. Denn was hier abgehandelt wird, geht weder in Ethik, auch nicht in der Erkenntnistheorie auf, sondern liegt dem am nächsten, was philosophische Anthropologie zu nennen wäre. Vielleicht ist es aber auch angebracht, erneut auf einen Existentialismus zu setzen, der die alten, damit verbundenen Programme nicht wiederholt, aber doch die Vollzüge des Existierens – oder: die Existenz als diesen Vollzug – in den Mittelpunkt stellt.

Die Frage der Identität kann nun gemäß unserer Grundunterscheidung entsprechend zweifach beantwortet werden. Gehen wir vom materialen Hoffen aus, ist es zentral, auf die konkreten Gegenstände dieser Hoffnung zu schauen.

Sieht man von trivialen Hoffnungsgütern ab und konzentriert man sich auf existentielle Inhalte, ist sofort zu sehen, dass diese identitätsformierend wirken: Sag mir, worauf du hoffst, und ich sage dir, wer du bist! Das muss nichts Gutes heißen, zumal auch Mafia-Clans hoffen. Doch die Frage der Identität darf eben nicht sogleich moralistisch verengt werden. Sehr salopp formuliert: Auch Idioten haben eine Identität. Und wie politisch zu sehen ist, finden viele Menschen dieses Identitäre sogar sympathisch, was uns wiederum über sie etwas sagen wird.

Auch aus dem modalen Pendant lässt sich im Blick auf die hoffende Person Wesentliches ableiten. Wir konnten schon sehen, dass der hoffnungsvolle Mensch in einer anderen Welt lebt als sein resigniertes Gegenüber; oder sanfter gewendet: dass für diesen Menschen die eine, gemeinsam geteilte Welt eine andere sein wird als für den, der nicht hoffen kann. Offenheit für das Mögliche, die latente, vielleicht gar explizite oder antizipative Bezogenheit auf dieses Mögliche und Gute, aber auch die Geduld angesichts des Nicht-Eintretens des Erhofften bei allem Engagement für dieses Gut mögen Kennzeichen dieser Hoffnung sein.

Sollten diese letzten Wendungen danach klingen, die Skizze eines *wellness-* oder *well-being*-Programms vorzuführen, enttäusche ich diese Erwartung sofort und sehr gern; denn die Frage ist doch, ob und inwiefern Hoffnung überhaupt eine Sache eigener Wahl ist. Sind wir es, die sich dazu entscheiden können, zu hoffenden Menschen zu werden? Kommt uns diese Souveränität, individuell oder kollektiv, überhaupt zu? Dieser Frage reserviert gegenüberzutreten, sie vielleicht in dieser Allgemeinheit gar zu verneinen, bedeutet eben auch das Gegenteil, nämlich zu behaupten, dass Menschen nicht umweglos in der Lage sind, die Hoffnung einfach fahren zu lassen, ihr zu entsagen. Imperative, die Hoffnung zu verabschieden, um endlich klar sehen zu können, müssten dann verpuffen.

Damit ist nicht gesagt, Hoffnungen seien immun gegen Kritik. Dies betrifft vor allen Dingen die materialen Einzelhoffnungen, deren konative, kognitive oder attentative Komponente offen für Einwände bleiben muss. Sehr wohl ist aber damit gesagt, dass wir immer schon auf etwas aus sind und dass wir wünschen, dass dieses Etwas tatsächlich etwas Gutes sei. Von dieser allgemeinen Bestimmung, die eine Absicht und also Intentionalität meint, ist es kein weiter Weg mehr zur Institution des Hoffens. Es ist nicht optional, sich zur Zukunft zu verhalten; es ist aber auch nicht optional, in dieser Zukunft etwas Gutes zu sehen – bei allen Befürchtungen, Ängsten, Hiobsbotschaften. Wer nur noch Schlechtes zu erkennen meint, lebt nicht nur ein anderes Leben, sondern womöglich gar keines, das seinen Namen verdient. Auch hier muss sogleich hinzugefügt werden, dass sich daraus die sozialpolitische Maxime ergibt, die Umstände gesellschaftlicher Existenz stets so zu gestalten, dass hoffnungsvolle Projekte immer möglich sind.

Was ergibt sich aus all dem für eine Philosophie der Hoffnung? Vielleicht die methodische Umstellung im Fragen nach der Hoffnung: Statt danach zu fahnden, ob wir noch hoffen können und dürfen, könnten wir uns die Frage vorlegen, was Menschen schon immer tun, wenn sie hoffen. Dann aber erscheint die Hoffnung nicht als Option, sondern als eine Weise, sich selbst ernst zu nehmen.

4. Wahrheit und Hoffnung

Hoffnung als Form des Sich-selbst-ernst-Nehmens – was könnte das genau heißen? Die Grundbeobachtung geht auf Martin Heidegger zurück, der meinte, der Mensch als Dasein besäße bestimmte, ihm wesentlich zukommende Eigenschaften; diese nannte Heidegger Existenzialien. Zu ihnen zählte auch die Sorge, die allerdings keineswegs negativ oder überhaupt wertend gemeint war, sondern einen Strukturbegriff bildete.[9] Menschen sorgen sich – um sich. Das ist keine Option, die man auch ausschlagen könnte, sondern mit der Existenz gleichsam mitgesetzt. In der Sorge ist der Mensch bereits sich voraus und also auf gewisse oder gar ungewisse Weise *ekstatisch*: im Hier und Jetzt notwendig woanders. Deshalb müssten Menschen als »Dasein« stets besorgt sein, was Heidegger noch recht individualistisch fasste. Demgegenüber ist zu betonen, dass diese Sorge nicht allein um sich selbst kreisen muss, sondern auch eine gemeinschaftliche, solidarische, kollektive Sorge sein könnte.

Sich selbst ernst nehmen kann beides sein: eine Relektüre jenes überkommenen Sorge-Begriffs oder seine Korrektur. Was über das von Heidegger Bekannte hinausgeht, wird deutlich, wenn es mit der Gegenposition konfrontiert wird, dem Sich-nicht-ernst-Nehmen. Dafür gibt es zahlreiche literarische Beispiele, denken wir etwa an Camus' *Der Fremde* (1942). Er ist ein Parade-Exemplar eines Menschen, der sich nicht ernst nimmt, auch nicht sorgt und also nicht zur Hoffnung fähig ist – und sich deshalb selbst abhandenkommt. Die Figur, die Camus zeichnet, bleibt unberührt von jeglichen Ereignissen; vom Tod der eigenen Mutter; vom Verlassenwerden durch die Freundin; auch vom eigenen Schicksal, das in der Gefängniszelle – schon wieder ist also vom Gefängnis die Rede – enden wird. Ein Priester kommt ihn dort besuchen, und das stockende Zwiegespräch mit dem Mann Gottes bringt die ganz unambivalente Leere des Protagonisten nur noch bedrückender zum Vorschein.

Sich ernst zu nehmen würde bedeuten, die eigene Person (und auch andere Mit-Personen) in einer Weise wichtig zu nehmen, dass Projekte ernsthaft verfolgt werden und man dies authentisch, nicht-entfremdet tun kann. Damit sind nun weitere klärungsbedürftige Begriffe angesprochen, denen nachzugehen uns vom eigentlichen Gang der Argumentation ablenken würde. So viel aber ist zu sagen, dass hier

kein reiner Instrumentalismus von Mittel und Zwecken im Blick ist, sondern ein überlegtes, auch empfundenes Wollen, das sich zum unmittelbaren, kaum reflektierten Wollen nochmals verhält. Entsprechend haben wir ein Wollen erster Ordnung, das sich auf einen Gegenstand richtet, und ein Wollen zweiter Ordnung, das fragen lässt, ob der primäre Wille eigentlich wirklich zu uns passt. Wer Eis essen gehen will, sich aber mit etwas Abstand fragt, ob das eine gute Idee ist, wenn man gesund leben möchte, wird vom Eis wieder Abstand nehmen. Derart selbstbestimmt zu leben hieße, sich (um sich) zu sorgen und also sich ernst zu nehmen.[10]
Und es heißt zugleich – damit kommen wir nun zur Wahrheit –, zu versuchen, richtig zu liegen. Es muss damit keine mysteriöse innere Wahrheit aufgerufen sein, weil von so etwas wie einem unveränderlichen und eigentlichen Kern der Persönlichkeit kaum auszugehen ist. Dennoch machen wir die Erfahrung, dass Dinge, Personen, Empfindungen und vieles andere mehr zu uns passen oder dies nicht tun. Es gibt also eine näher zu bestimmende Normativität, an der sich auszurichten konkretisieren hilft, was das eigentlich heißt: sich ernst zu nehmen und zu versuchen, richtig zu liegen und sich also nicht selbst zu verfehlen.
Hoffnung als Ernstnehmen der eigenen Person im Blick auf Mögliches und Ausstehendes ist, wie ich denke, eine prominente Form dieses Ernstes. Nicht mehr zu hoffen oder nicht hoffen zu können wäre als Erosion dieses Ernstes zu verstehen.
Das Verhältnis von Hoffnung zur Wahrheit ist also prekär. Und das ist es noch in einer zweiten Hinsicht. Für gewöhnlich versteht man Wahrheit als eine Figur der Übereinstimmung. Eine Aussage ist wahr, wenn sie auf den Sachverhalt, auf den sich diese Aussagen bezieht, zutrifft. Wahrheit wird hier also als ein Entsprechungsverhältnis von zwei sehr unterschiedlichen Größen gedacht, nämlich etwas Sprachlichem (ein Satz, eine Aussage) und etwas Nicht-Sprachlichem

(ein Ereignis, eine Tatsache). Das Sich-nicht-Entsprechende solle sich entsprechen – darin bestünde die Wahrheit.

Das ist im Fall der Hoffnung ganz anders. Einer der Kritikpunkte lautet immer wieder, die Hoffnung führe von der Wahrheit weg oder verdunkele sie sogar. Da ist sogar etwas dran, wenn man das skizzierte Wahrheitsverständnis heranzieht. Denn die Hoffnung kann offenbar gerade nicht den Dingen, wie sie sind, entsprechen. Sie richtet sich auf Mögliches, nicht auf Wirkliches oder schon Verwirklichtes, denn darauf lässt sich – wie eingangs zu sehen war – nicht hoffen. Es gibt also zwei Möglichkeiten: entweder das angebliche Band zwischen Hoffnung und Wahrheit zerschneiden und es also bei der Auskunft belassen, beide hätten einfach nichts miteinander zu tun; oder aber Wahrheit im Reich der Hoffnung wäre etwas anders zu bestimmen.

Die Alternative so auszudrücken heißt, sich für die zweite Option zu entscheiden. Thetisch ließe sich also sagen: Die Wahrheit der Hoffnung liegt gerade nicht darin, dem, was der Fall ist, zu entsprechen, sondern gerade darin, dass eine Nichtübereinstimmung mit dem, was ist, vorliegt. Wer hofft, hofft auf etwas, das jetzt nicht ist. Das Inadäquate der Hoffnung ist im Blick auf die Realitäten gerade und schon immer mitgesetzt. Daraus ergibt sich der interessante Umstand, dass die traditionelle Definition der Wahrheit – als *adaequatio intellectus ad rem* – völlig auf den Kopf gestellt wird. Zur Wahrheit der Hoffnung gehört gerade die Nichtentsprechung.

Daraus aber ergibt sich eine für die Hoffnung charakteristische Spannung, die sich auf unterschiedliche Ebenen verteilt. Wer hofft, spannt einen Horizont zwischen Gegenwart und Zukunft auf oder findet sich in dieser Spannung vor; was jetzt ist, wird trivialerweise gleich nicht mehr sein und vom noch Ausstehenden abgelöst. Was also jetzt noch zu den Möglichkeiten zählt (als eine von ihnen), harrt seiner Realisierung. Zugleich aber wird auf etwas Gutes oder gar Besseres gehofft – und damit ist eine Norm gesetzt, die einerseits das, was ist, einer Kritik unterzieht, andererseits aber auch dazu verhilft, sich auszumalen, was man überhaupt will und – siehe oben – wirklich will zu wollen. Damit ergeben sich vier Zwischen-Bestimmungen:

- zwischen *Jetzt und Dann* (*temporal*);
- zwischen *Sein und Noch-nicht-Sein* (*ontologisch*);
- zwischen *Sein und Möglich-Sein* (*modal*);
- zwischen *Sein und Sollen* (*normativ*).

Die Wahrheit besteht also, so sagten wir, in der Nicht-Übereinstimmung, wie diese vier Exemplare verdeutlichen. Bevor wir uns gegen Ende diese letzte Spannung, jene zwischen Sein und Sollen, genauer ansehen werden, muss im Sinne der Wahrheit über die Wahrheit ein Einwand zumindest genannt werden. Denn offenbar reicht es nicht, schlicht festzuhalten, die Wahrheit der Hoffnung bestehe in der Nicht-Übereinstimmung mit den Realitäten. Damit ist lediglich ein notwendiges Merkmal bezeichnet, keine hinreichende Bestimmung, weil sonst *inadaequatio* alles Mögliche, auch Unwahres, umfassen könnte. Wie ist das Problem zu lösen? Weiter oben hielten wir schon fest, wer hoffe oder gar über die Tugend der Hoffnung verfüge, tue immer schon mehr, als nur zu hoffen. Hoffnung gehöre stets in ein Netzwerk anderer Bestimmungen. Und so lässt sich vermuten, dass es diese Bestimmungen sein könnten – Umsicht, Klugheit, intellektuelle Bescheidenheit, Besonnenheit –, die als Knotenpunkte in jenem Netz fungieren. Sie haben das Potenzial, sich gegenseitig zu korrigieren – in beide Richtungen: eine Berichtigung *der* Hoffnung und eine *durch* sie.

5. Außer sich sein

Die Absicht der vorangehenden Überlegungen bestand darin, die Architektur des Hoffnungsbegriffs zu entfalten – mit dem Hinter- oder Vordergedanken, die Frage danach, ob wir noch hoffen *sollten* und *können*, mit der Frage zu vertiefen, was Menschen immer schon tun, wenn sie sich in jener Architektur wiederfinden. Dabei wurden einige Thesen vertreten, die womöglich kontraintuitiv klingen:

- nämlich, dass Hoffnung zunächst nichts allein mit Zukunft zu tun haben muss, weil sie in ihrer modalen Variante eine Weise beschreibt, das gesamte Leben – hinsichtlich seiner Vergangenheit, Präsenz und Zukunft – zu führen;
- dass demnach der herkömmliche Begriff, auf etwas zu hoffen, gegenüber diesem Modus sekundär ist, sodass wir es mit zwei voneinander unabhängigen Konzeptionen zu tun haben;
- dass die Existenz, individuell und kollektiv, näher bestimmt werden kann, indem neben diese Relation zwischen beiden Begriffen ein komplexes Netzwerk anderer Bestimmungen hinzutritt, das identitätsstiftend wirkt;
- und dass durch die Hoffnung eine mehrfach kodierte Spannung zwischen der Gegenwart und Zukunft gesetzt wird, die in Bewegung bringt und motivierende Kraft haben kann.

Das oft zu hörende Bedenken, Hoffnung lasse den Menschen passiv werden, ist vor diesem Hintergrund nicht mehr ganz so leicht vorzubringen. Ähnliches gilt für den Einwand, die Hoffnung bringe in Konflikt mit den Realitäten. Was hinter diesem ernstzunehmenden Kommentar womöglich steht, ist eine unzureichende Differenzierung *zwischen Hoffnung und*

Optimismus. Doch auch hier gilt, was ein theologischer Autor einmal sagte: »Wer unterscheidet, hat mehr vom Leben.«
Optimisten machen handfeste Annahmen, was zukünftige Ereignisse betrifft. Zwar gibt es unterschiedliche Weisen, Optimist zu sein. Grundsätzlich jedoch lässt sich sagen, dass die Wahrscheinlichkeit jenes Ereignisses positiv bewertet wird, sodass die optimistische Haltung als rational erscheint. Das Eintreten von X sei wahrscheinlicher als Nicht-X. Die Hoffnung hingegen beruht nicht auf derartigen Prognosen. Auch sie, das war zu sehen, muss zwar davon ausgehen, dass X nicht unmöglich ist und also eine Wahrscheinlichkeit aufweist. Weitere Berechnungen und Annahmen aber müssen mit der Hoffnung nicht verbunden sein. So wäre es seltsam, wollte man einer Umweltaktivistin sagen, sie solle von ihren Hoffnungen ablassen, denn die Erreichung der Klimaziele bliebe unter 0,5. Jenes Engagement ist mit dem Leben dieser Person womöglich ganz anders verbunden als rationalistische Erwägungen – und dies wandelt dieses Engagement gerade nicht zu etwas Irrationalem.[11] Sie wird bei Einschätzung der Lage und also einem klaren, vielleicht gar kalten Blick für die Umstände keine Optimistin sein; im Gegenteil. Aber ihr Pessimismus ist bestens verträglich mit ihrer Hoffnung. Es ist gerade die Pessimistin, die die Hoffnung brauchen könnte!
In der Spannung also, die sich aus der skizzierten Architektur ergibt, bezieht die Hoffnung ihre bewegende Kraft; denn die Spannung zwischen Jetzt und Dann, zwischen Sein und Sollen ist keine nur beschreibende, sondern »dichte Differenz«: Sie gibt nicht nur wieder, wie die Dinge liegen, sondern nutzt diesen Unterschied, die Gegenwart gerade im Blick auf eine für gut und besser gehaltene Zukunft einer Kritik zu unterziehen – und entsprechend zu handeln. Ebendeshalb lebt der hoffende Mensch ekstatisch, im Jetzt außer sich.
Dabei ist der Titel *Außer sich sein* ganz gewollt doppeldeutig. Einerseits geht es darum, dass der hoffende Mensch durch

seine Hoffnung reloziert wird. Der Vollzug der Existenz und damit der Mensch selbst ändern sich, wenn das Leben im Horizont der Hoffnung geführt wird. Es findet eine Dezentrierung statt, sofern an die Stelle der Gegenwartsfixierung eine Aufmerksamkeit für das Mögliche und Ausstehende tritt, die alle drei Zeitmodi betrifft; oder weniger als Gegensatz formuliert: Außer sich und also schon jetzt bei der Zukunft seiend, ist der Mensch sich selbst präsent und in Präsenz.

Andererseits schwingt im Titel auch Empörung mit. Diese zweite Seite der Ambivalenz hat selbst nochmals zwei Momente; denn empört (oder gar wütend) zu sein hat einen dezidiert kritischen Ton angesichts einer Lage, die als nicht hinnehmbar wahrgenommen wird. Ob jene Empörung auch im Recht ist, bleibt die Frage, die an diese Haltung immer wieder neu herangetragen werden muss; denn Empörung ist nicht selbstevident. Neben dieser negativ-kritischen Bedeutung kommt ihr aber auch eine Kraft zu, die zu bewegen vermag, weil Empörung nicht einfach bei sich bleibt. Mit dem Außer-sich-Sein wird zumeist ein Interesse, vielleicht gar die ausgesprochene Freude an der Änderung einhergehen, sodass die gegenwärtige Lage nicht zum Dauerzustand wird; dies ist die positiv-engagierende Facette der Empörung.

Schon 1987 sangen die Hauptvertreter des amerikanischen *alternative rock*, R.E.M.: »It's the end of the world as we know it.« Das ist eine recht gute Beschreibung der Lage, wie wir sie auch heute vorfinden – auch in ihrer Leerstelle. Denn das Wissen, was diesem Ende folgt, behaupten vor allem Optimisten zu haben, nicht aber hoffende Menschen. Begonnen hatte ich mit ein paar wenigen Einsprengseln zur pragmatischen Politikkultur, die Hoffnung und die ihr eigene Imagination nicht nur nicht gebrauchen kann, sondern programmatisch ausschließt. Das ist nicht ratsam, weil so jeder Aufruf, zu verzichten, das Leben zu ändern, sich neu zu sortieren, ohne irgendeine positive, konstruktive, ja auch freu-

dige, offene und zugleich (er)öffnende Alternative auskommen muss.
Die Lage ist ernst, aber nicht aussichtslos. Wir brauchen drei Dinge:

- Tatendrang als den Willen zu gestalten, gleichsam eine produktive Unzufriedenheit, die sich bewegen lässt und selbst bewegt;
- eine *coolness* als diejenige Haltung, die diesen Drang einerseits erhält, andererseits korrigiert;
- und zuletzt: eine Vision, die eben nicht pathologisch bleibt, sondern Ausdruck eines Ernstes ist, der uns auf Möglichkeiten – eine gewollte Zukunft – ausrichtet.

Dies lässt sich in einer Formel zusammenfassen: Hoffnung als der *Sinn für die Möglichkeit des Guten* – also: (1) einen Sinn, semantisch wie perzeptiv, der sich (2) nicht nur auf schon Mögliches richtet, sondern dieses sucht und entdeckt, vielleicht gar selbst stiftet, sodass (3) Gutes oder gar Besseres in den Blick gerät und hervorgebracht werden könnte.

»It's the end of the world as we know it.« Bei R.E.M. folgt dann allerdings die nächste Zeile: »And I feel fine.« Das kann man als zynisch-abgeklärten Kommentar des Einwilligens in den Untergang hören; oder aber als verabschiedenden Blick zurück, der Neues bereits erwartet. Ein gutes Gefühl kann man im ersten Fall gar nicht haben. Es bleibt also die zweite Version, die wahrlich nicht ohne Ambivalenzen ist. Doch es gibt Einstellungen, die wegen ihrer Zweideutigkeit einfach aufzugeben weit mehr kostet, als ihnen treu zu bleiben. Zu diesen Haltungen gehört auch, ja gerade die Hoffnung.

Anmerkungen

1. Diese Formel geht auf Sören Kierkegaard zurück; zum Hintergrund siehe Roe Fremstedal, »Kierkegaard on the Metaphysics of Hope«, in: *The Heythrop Journal* 53:1 (2012), 51–60.
2. Zu diesen Dimensionen vgl. Oliver Nachtwey, *Die Abstiegsgesellschaft. Über das Aufbegehren in der regressiven Moderne*, Berlin: Suhrkamp, (2016)⁷2017, bes. Kap. 4.
3. Dazu bes. John P. Day, »Hope«, in: *American Philosophical Quarterly* 6:2 (1969), 89–102, vor allem 89 f.
4. Siehe Andrew Chignell, »The Focus Theory of Hope«, in: *Philosophical Quarterly* 73:1 (2023), 44–63.
5. Dazu Immanuel Kant, *Kritik der reinen Vernunft* A 805 / B 833.
6. Vgl. Katie Stockdale, *Hope Under Oppression*, Oxford: Oxford University Press, 2021, Kap. 4: »Losing Hope, Becoming Embittered«.
7. So im *Tractatus* 6.43.
8. Es stammt von Matthew Ratcliffe; siehe »What it is like to lose hope«, in: *Phenomenology and the Cognitive Sciences* 12:4 (2011), 597–614, bes. 604.
9. Dazu Martin Heidegger, *Sein und Zeit* (1927), Tübingen: Niemeyer, ¹⁸2001, Kap. 6: »Sorge als Sein des Daseins«.
10. Dazu Harry G. Frankfurt, *Sich selbst ernst nehmen*, Frankfurt a. M.: Suhrkamp, 2007, erste Vorlesung.
11. Vgl. Claudia Blöser and Titus Stahl, »Fundamental Hope and Practical Identity«, in: *Philosophical Papers* 46:3 (2017), 345–371, bes. 347.

Christine Abbt

Offene Horizonte

Das Gestaltungspotential nicht-idealer Bedingungen

Der vorliegende Tagungsband des 26. Philosophicum Lech hat einen Haupttitel und einen Untertitel. Die nachfolgenden Ausführungen zielen auf den Haupttitel »Alles wird gut« und davon ausgehend auf Interpretationen des Idealen.
Konzeptionen des Idealen sind gegen Veränderungen abgedichtet. Denn was ideal ist, kann nicht verbessert werden. Obwohl Konzeptionen des Idealen also von Ausweglosigkeit und Enge gekennzeichnet sind, erscheinen sie häufig als erstrebenswert. Das Nicht-Ideale hingegen wird als problematisch wahrgenommen und negativ eingeschätzt. In den folgenden Ausführungen rücke ich das bemerkenswerte Gestaltungspotential nicht-idealer Bedingungen in den Blick. Es geht um offene Horizonte, welche im Nicht-Idealen gründen. Dabei beschäftigt mich vor allem die Frage: Warum ist es menschen- und lebensfreundlich und aus demokratischer Sicht unverzichtbar, die nicht-idealen Bedingungen zu fokussieren, um konkrete sozialpolitische Verbesserungen für alle zu erreichen? Meine Ausführungen zur Beantwortung dieser Frage sind in fünf Teile gegliedert:

1. Ideale und nicht-ideale Bedingungen
2. Kritik an idealen Theorien
3. »Theorizing the Non-Ideal«: Die Forderung
4. »Theorizing the Non-Ideal«: Mögliche Folgen
5. Gestaltungspotentiale nicht-idealer Bedingungen

Ich beginne also mit der Klärung, was unter idealen Bedingungen bzw. unter nicht-idealen Bedingungen zu verstehen ist.

Ideale und nicht-ideale Bedingungen

Um zu verdeutlichen, was als ideale Bedingungen in der Philosophie bezeichnet wird, hilft ein Blick auf ATHENE, die Göttin der Vernunft. Lorraine Daston, Wissenschaftstheoretikerin und Philosophin, schreibt in ihrem Buch *Wunder, Beweise und Tatsachen*: »Einem alten griechischen Mythos zufolge entsteigt Athene, die Göttin der Vernunft, ausgewachsen und in voller Rüstung dem Haupte ihres Vaters Zeus. Obwohl sie kein Waisenkind ist – ihre Eltern sind Zeus, der Blitzeschleuderer und Herrscher über die Götter, und Metis, die Göttin der praktischen Weisheit –, wird sie nicht aufgezogen; sie ist vollendet und autark von dem Moment an, wo sie mit einem Kriegsschrei in die Welt tritt.«[1] Athene hatte also keine Kindheit, keine Erziehung, keine Phasen der Entwicklung, sie wurde fix und fertig geboren. Ihre Geburt erscheint als ein ruhiger Akt des Entsteigens. Sie ist eine Göttin und entsprechend unsterblich. Werden und Vergehen sind Athene fremd. Sie bleibt aus eigenem Willen zudem der Sexualität gegenüber verschlossen. Sie war nicht Kind, nicht Gemahlin, nicht Mutter und auch nicht sinnlich Liebende. Daston schreibt: »Seit ihrer wundersamen Geburt aus dem Haupte des Zeus ist die Göttin der Vernunft vollständig, eine Erwachsene, ausgestattet mit all ihren Attributen.«[2]

Die philosophische Vorstellung von Vernunft ist in weiten Teilen der Philosophiegeschichte beeinflusst von diesem Mythos. Ebenso ist es das Bild vom Menschen, der in dieser Art vernunftfähig dargestellt wird. Es wird so getan, als ob die Vernunft ihrerseits ohne Geschichte und Biographie wäre, und es wird davon ausgegangen, dass Menschen Verkörperungen der Vernunft werden können oder es zu sein scheinen, so wie es der Erzählung über Athene entspricht. Menschen, die unabhängig und vollständig sind, ohne Geschichte, ohne Schmerz, Glück, Sehnsucht, Leidenschaften und Erfahrungen, ohne Vorlieben und Abneigungen, treffen dann in philosophischen Texten Entscheidungen, von denen angenommen wird, dass sie eine hohe Rationalität und Vernünftigkeit ausweisen, und vermutlich weisen diese Entscheidungen abstrakt besehen solche tatsächlich aus. Solange dabei nicht ausgeblendet wird, dass es sich um *ideale* und also *nicht* um konkrete, lebenswirkliche Situationen, Menschen und Entscheidungen handelt, ist das nicht problematisch. Solange vergegenwärtigt bleibt, dass zwischen Athene und – sagen wir – Matilda ein großer Unterschied besteht, könnten wir gelassen sein.

MATILDA ist 57, geschieden, kinderlos, sie kümmert sich seit mehreren Jahren um einen schwerkranken Freund, hat selbst Rückenschmerzen, bezieht Sozialversicherungsbeiträge, hat Angst, selbst einmal von niemandem gepflegt zu werden, wählt eine Partei rechts der Mitte, da diese ihr Sicherheit verspricht, obwohl sie ebendiesen Parteipolitikern keine Führungsqualifikation zuspricht. Wir könnten auch von Liridona, David, Sabine oder von Pete sprechen. Bleiben wir jetzt aber einmal bei Matilda.

Matilda ist keine Göttin, sie hat eine Geschichte, ein konkretes Leben an einem bestimmten Ort in der Welt. Sie verfügt über Erfahrungen, Bindungen, Möglichkeiten und Engpässe, und sie macht sich Gedanken über die eigene Zukunft. Matilda steht hier stellvertretend für eine konkrete Person. Es gibt Matilda zwar so nicht, sie ist entworfen ebenso wie Athene, aber Matilda scheint doch näher an konkreten Personen unserer Zeit. Wenn ich im Folgenden zwischen idealen und nicht-idealen Bedingungen unterscheide, dann habe ich grob gesprochen diese zwei Frauenfiguren im Blick.

Ideale Bedingungen sind verkörpert in Athene: keine Geschichte, keine Biographie, keine Situiertheit, hingegen Unsterblichkeit, Unabhängigkeit, bindungslos und frei von Verantwortlichkeiten, stets offen für Rationalität und Vernunft, für Fairness und Langfristigkeit, für Gedankenexperimente, gute Argumente und neue Erfahrungen im Gespräch. Nicht-ideale Bedingungen zeigen sich an Matilda: Sie hat eine Geschichte, eine Biographie, sie ist sterblich und verletzlich und hat ab und zu Angst vor dem Tod, sie ist vielfältig abhängig, hat Verantwortlichkeiten und Gewohnheiten, ist teilweise offen für Rationalität und Vernunft, teilweise offen für Fairness und Langfristigkeit und teilweise offen für Gedankenexperimente, gute Argumente und neue Erfahrungen im Gespräch. Manchmal ist sie auch eifersüchtig, depressiv, narzisstisch, machthungrig, wütend, maßlos liebend, fürsorglich, widersprüchlich, müde, erschöpft, überfordert und vieles mehr.

Lorraine Daston weist in ihrer Untersuchung nach, inwiefern auch Athene durchaus eine Geschichte hat, inwiefern die Vernunft ihrerseits historische Auftakte aufweist und Entwicklungen unterliegt. Daston schreibt Athene mit ihren genauen Studien eine *Biographie*. Ich mache mich im Unterschied dazu daran, das Potential des Nicht-Idealen als Ausgangspunkt der Theoriebildung zu erkunden, und rücke also Matilda statt Athene ins Zentrum. Ich frage, was durch diese Verschiebung passiert oder passieren kann, was sich verändert oder möglich wird.

Das Ideal der Vernunft nach Athene wird nicht verabschiedet, aber Anfälligkeiten oder Fehlinterpretationen im Zusammenhang damit sollen reflektiert werden. Durch die Gegenüberstellung von Athene und Matilda und die Verschiebung des Augenmerks hin zu Matilda wird zweierlei problematisiert: erstens die Behauptung einer Identität zwischen ideal und konkret/tatsächlich, und zweitens die Behauptung, das angestrebte Ideal sei allen gleichermaßen zugänglich und zuträglich. Den Blick auf die nicht-idealen

Bedingungen zu richten bedeutet dagegen, eine Differenz zwischen idealisierter und tatsächlicher Lebenswirklichkeit anzuerkennen und auf dieser Differenz zu beharren. In der Gewichtung dieser Unterscheidung, in der Vergegenwärtigung der Nicht-Identität, wird sodann ein Gestaltungspotential verortet. Wo das Vorgefundene als vollkommen ausgegeben wird, kann Verbesserung weder gedacht noch umgesetzt werden. Erst die Vertiefung der Differenz zwischen Ideal und konkreter Lebenssituation ermöglicht eine gemeinsame Suche nach konstruktiven Veränderungen. Die gesellschaftlichen Horizonte und demokratischen Spielräume profilieren und öffnen sich nicht im Kontext des Idealen, sondern auf dem Boden des Nicht-Idealen.

Kritik an idealen Theorien

Die Geschichte der Demokratie gründet in ihren ersten Ausprägungen in ebendieser Unterscheidung zwischen konkreter Lebenswirklichkeit auf der einen Seite und dem Hinweis auf unausgeschöpfte Möglichkeiten andererseits. Es war *Solon*, der diese Unterscheidung markierte und damit noch vor den ersten demokratischen Ordnungen im antiken Griechenland ein Denken einführte, das überhaupt erst den Weg für das demokratische Selbstverständnis ebnete.
Die Person Solon war für diese Entwicklung wichtig.[3] Solon machte einflussreich darauf aufmerksam, dass es wohl eine rechte Ordnung gebe, dass aber die vorgefundene Ordnung jener nicht gleiche. Solon deutete mit dieser Einschätzung also an, dass die bestehende Ordnung nicht der bestmöglichen Ordnung entsprach, und damit auch, dass es verschiedene Ordnungen geben kann – etwas, was vorher nicht verbreitet und vermutlich nicht denkbar gewesen war. Denn lange galt das, was war, als notwendige Ordnung, als gegebene und einzig mögliche, richtige, sogar als die beste. Mit

Solon änderte sich das. Zwischen vorgefundener Ordnung und möglicher Ordnung markierte Solon eine *Differenz*: Das, was ist, ist nicht das Beste! Es kann und soll anders werden, die Probleme, nämlich damals der drohende Bürgerkrieg, sollten angegangen werden, und zwar von den Menschen selbst. Diese neue Sicht ebnete dem demokratischen Gedanken einer gemeinsamen Suche nach der gerechten und guten Ordnung und der Vorstellung von Mitbestimmung den Weg. Dass das Vorgefundene nicht das Bestmögliche sei, dass es besser werden könne, sind Sichtweisen, die einerseits in einem Spannungsverhältnis zu Vorstellungen einer gottgegebenen, unveränderlichen Ordnung stehen und zudem andererseits auch in einem Spannungsverhältnis zu totalitären Staatsordnungen, in denen Kritik am Bestehenden als Verrat bezichtigt wird. Solange das Vorgefundene als unveränderlich, als nicht gestaltbar oder als das einzig Richtige und in jedem Fall nicht Befragbare und Bestmögliche aufgefasst wird, kommen demokratische Prozesse nicht oder nur schwierig in Gang. Auch heute, jetzt, in diesem Moment, wird an Orten der Welt Solons frühe Perspektive abgelehnt, und es hat brutale Konsequenzen für jene, die darauf hinweisen, dass das, was ist, nicht das Bestmögliche umfasst. Unter verabsolutierender Perspektive muss das, was ist, das Beste sein. Notwendigkeit und Möglichkeit müssen um jeden Preis zusammenfallen. Kritik gilt in totalitären Ordnungen nicht als Ansporn und Chance, sondern als Apostasie. Offene Horizonte erscheinen unter vermeintlich idealen Bedingungen als Bedrohung statt als Ermöglichung. Der Wille zur Verbesserung und die Hoffnung darauf, dass Verbesserung in der Welt gelingen kann, erscheint bei Solon als eine neue Sichtweise und Praxis, mit der soziale Möglichkeiten kenntlich wurden. Erst später in demokratischen Kontexten wurde fassbar, wie viel Anstrengung, Umsicht und Pflege es bedarf, um diese Möglichkeiten zur Verbesserung stets von Neuem offenzuhalten.

In der zweiten Hälfte des 20. Jahrhunderts gibt es prominente Kritiker:innen, die sich mit solcherart geschärftem Blick auf die in weiten Teilen der westlichen Gesellschaft vorherrschende Idee der *Vertragstheorie* beziehen. Virginia Held[4], Carole Pateman[5] oder Charles W. Mills[6] heben in den achtziger und neunziger Jahren hervor, dass es sich bei der Vertragstheorie um eine ideale Theoriebildung mit fatalen Folgen in Bezug auf Gerechtigkeit handelt. Die drei Denker:innen argumentieren, dass Vertragstheorien den Blick für soziale Wirklichkeiten verstellen, weil dabei so getan werde, 1. als ob das Vertragsmodell identisch sei mit der konkreten gesellschaftlichen Wirklichkeit, und zudem 2. als ob das darin vorgestellte Ideal allen gleichermaßen zugänglich und gleichermaßen zuträglich sei.

Die Vertragstheorien schließen an die Haltung von Solon an. Im Vertragsgedanken wird der handelnde Mensch zum sozialpolitischen Akteur. Durch Deliberation und Einsicht, durch Anstrengung und Annäherung schafft es der Einzelne im Zusammenschluss mit anderen, sich aus dem Naturzustand in einen Gesellschaftszustand zu befördern. Die Vertragstheorien gehen stets von einer starken Gestaltungsmöglichkeit der Menschen aus. Worauf also richtet sich die Kritik von Virginia Held, Carol Pateman und Charles W. Mills?

Held, Pateman und Mills kritisieren nicht die Handlungsspielräume von Menschen, sondern weisen verfälschende Idealisierungen zurück. Kritisiert werden:

- Das in den Vertragstheorien gezeichnete idealisierte Menschenbild. (Der Mensch erscheine ausschließlich als ein *homo oeconomicus*, unabhängig, gleichberechtigt, ohne existentielle Nöte, ohne Verantwortlichkeiten.)
- Das in den Vertragstheorien gezeichnete Verständnis von Beziehungen. (Beziehungen existierten bereits, sie würden nicht neu gestiftet. Beziehungen seien zudem häufig oder sogar meistens nicht symmetrisch.)

- Das allgemeine Vertrauen in den Vertrag als Instrument der Legitimation. (Verträge perpetuierten Herrschaftsverhältnisse, statt solche zu verändern. Der Vertrag diene statt zur Befreiung zur Verschleierung von Unterdrückung.)
- Die idealisierte Inklusionswirkung des Vertrags. (Die Vertragsschlüsse umfassten exakt betrachtet eine Exklusionswirkung. Nicht alle seien bei der Festlegung eines Vertrags dabei, nicht alle seien mitgemeint, mitbedacht. Manche würden sogar gezielt ausgeklammert.)
- Der selektive Blick auf nur einzelne und nur bestimmte Verträge. (Manche Verträge, die eindeutig Ungleichheitsverhältnisse bekräftigten, würden einfach übersehen, so belassen und verstetigt. Etwa der Ehevertrag oder auch der Arbeitsvertrag blieben unbeachtet und stifteten weiterhin grundlegende Ungleichheitsverhältnisse.)

Diese Kritikpunkte zielen auf eine fehlerhafte Darstellung der Bedingungen für eine Vertragsbildung in dem Sinne, dass hier in den Vertragstheorien vorwiegend Athene und also ideale Bedingungen angenommen werden anstatt Matilda und mit ihr nicht-ideale.

Eine andere Kritik richtet ihren Fokus darauf, dass jene, die mit den Vertragstheorien arbeiten und argumentieren, die Idealität von Vertragstheorien nicht offenlegen, sondern sie als Modell für die Wirklichkeit einsetzen. Insbesondere Pateman und Mills fordern demgegenüber einen *Sexual* bzw. einen *Racial Contract*, mit denen keine soziale Wirklichkeit *geschaffen*, sondern die konkrete soziale und politische Ungleichheit *sichtbar* gemacht werden kann.

Eine dritte Stoßrichtung der Kritik zielt allgemein auf ideale Theorien als Ausgangspunkt für eine Theoriebildung. (Mills hat hier vor allem die Theoriebildungen von John Locke und John Rawls vor Augen). Held, Pateman und Mills lokalisieren das Problem idealer Theorien unter dieser Perspektive nicht in den Theorien, sondern bei der Rolle und Funktion, die ihnen zugesprochen wird. Die Annahme, dass die beste Möglichkeit, sich einem Ideal zu nähern, bedeute, das Ideal selbst als Ausgangspunkt zu nehmen, lehnen sie ab. »Ideal theory claims that starting from the ideal is at least the best way of realizing it.«[7] Demgegenüber schlagen Held, Pateman und Mills eine Theoretisierung des Nicht-Idealen vor und fordern, die nicht-idealen Bedingungen als Ausgangspunkt zu wählen. »..., the best way of realizing the ideal is through the recognition of the importance of theorizing the non-ideal.«[8] Der Ausgangspunkt für eine tatsächliche Verbesserung der Gleichheitsbedingungen aller Menschen bietet in den Augen der Kritiker:innen keine ideale Theorie, sondern eine Theoretisierung des Nicht-Idealen.

»Theorizing the Non-Ideal«: Die Forderung

Mills beginnt seinen Vorschlag einer Theoretisierung des Nicht-Idealen zuerst mit einer weiteren Verdeutlichung seiner Kritik an idealen Theorien. Ideale Theorien, so Mills' Vorwurf, gründen, wie wir bereits gesehen haben, auf vielfachen Idealisierungen, die Blindheit voraussetzen und Verfälschungen beinhalten. Mills nennt zur Verdeutlichung folgende:

- *idealized social ontology* (Das Menschenbild ist abstrahiert von allen Herrschaftsverhältnissen. Alle Menschen werden als gleich frei und fähig imaginiert.)
- *idealized capacities* (Sogar Privilegierte sind von den imaginierten Anforderungen überfordert.)
- *silence on oppression* (Ideale Theorien überdecken nicht-ideale Bedingungen. Exklusion, Unterdrückung und Diskriminierung werden systematisch ausgeblendet.)

- *ideal social institutions* (Institutionen wie Familie, der Markt, das Steuer-, Gesundheits-, Bildungs- oder Rechtssystem werden als *neutral* beschrieben, obwohl sie es nicht sind; negative Folgen dieser Neutralisierung werden nicht angesprochen.)
- *idealized cognitive sphere* (Die spezifischen Folgen von ökonomischen Nachteilen und Unterdrückung von Leid und Gewalt auf die kognitiven Fähigkeiten von Personen werden ausgeklammert und totgeschwiegen.)
- *strict compliance* (Es wird von einer immerwährenden Bereitschaft zum Mitmachen ausgegangen. Formen des Widerstands werden damit bereits als eine nicht integrierbare Störung taxiert, die in der Folge kriminalisiert oder pathologisiert werden.)

Mills endet seine Auflistung mit folgender Ansprache an die Leserschaft: »Now look at this list, and try to see it with the eyes of somebody coming to formal academic ethical theory and political philosophy for the first time. Forget, in other words, all the articles and monographs and introductory texts you have read over the years that may have socialized you into thinking that this is how normative theory should be done. Perform an operation of Brechtian defamiliarization, estrangement, on your cognition. Wouldn't your spontaneous reaction be: How in God's name could anybody think that this is the appropriate way to do ethics (or political philosophy)?«[9] Nach Mills ist diese Reaktion richtig und wünschenswert. Sie wird als Beginn der Bemühung um einen nicht-idealen Ansatz vorgestellt, mit dem Verbesserungen überhaupt erst zur Diskussion kommen und im besten Falle eingeleitet werden können.

Die Theoretisierung des Nicht-Idealen gründet bei Mills in der Anerkennung der Fehleranfälligkeit idealer Theorien und im ernsthaften Bemühen um Nicht-Idealisierungen. Vier Kriterien bzw. Merkmale sind dabei nach Mills im Blick zu behalten, damit das Gestaltungspotential nicht-idealer Bedingungen tatsächlich freigelegt werden kann:

- Verzicht auf Idealisierung ist nicht gleichzusetzen mit Fatalismus. (Dazu ist die Unterscheidung zu vergegenwärtigen zwischen einem Ideal nachstreben und eine ideale Theorie machen (»appeal to an ideal does not mean doing ideal theory«). Eine nicht-ideale Theoriebildung orientiert sich durchaus an Idealen, etwa an jenen von Gleichheit und Freiheit aller. »Nonideal theory can and does also appeal to an ideal.«[10])
- Verzicht auf fehlerhafte Abstraktionen ist nicht gleichzusetzen mit dem generellen Verzicht auf philosophische Abstraktion. (Nicht-ideale Theoriebildung bedient sich der philosophischen Sprache und verzichtet nicht auf allgemeine Begriffe. Nicht-ideale Theorien sind ihrerseits Theorien, allerdings solche, die um das Risiko von Abstraktionen wissen und dieses Wissen kritisch in die Theorien miteinbeziehen.)
- Darum kann sich eine Theorie des Nicht-Idealen keineswegs nur an der Empirie, an empirischen Ergebnissen, orientieren. Das wäre zu kurz gegriffen. Vielmehr muss eine Theoretisierung des Nicht-Idealen als ein fortlaufender Prozess gedacht werden, als ein Blick, der selbstreflexiv stets auch auf das eigene Sehen und Wahrnehmen gerichtet bleibt und diese fortlaufend einer Kritik unterzieht, in dem Sinne, dass gefragt wird: Was wird in Bezug auf Unterdrückung und Ausschluss, in Bezug auf Abwertung nicht gesehen, sondern fortlaufend vielleicht sogar unbemerkt und ungewollt ignoriert? Welche Untersuchungen werden gemacht, welche Fragen gar nicht erst gestellt, welche Fragen erhalten keine Unterstützung, etc.? Eine Theoretisierung des Nicht-Idealen fragt also auch noch und unbedingt bei den Sozialwissenschaften nach deren *epistemischer* Blindheit.

- Und zuletzt, aber grundlegend: Nicht-ideale Theorieansätze unterscheiden zwischen normativen und modellartigen Idealen (»ideal as normative« vs. »ideal as model«). Mills hebt hervor, dass nicht-ideale Ansätze nicht auf Ideale als normative verzichten, dass sie aber Ideale verstanden als Modelle zurückweisen. Ideale bieten normative Orientierungen, aber sie sind keine fertigen Modelle, denen die soziale Wirklichkeit gleichgemacht werden soll.

Die Unterscheidung zwischen »ideal as normative« und »ideal as model« ist zentral und hat weitreichende Konsequenzen. An einer Errungenschaft in der demokratischen Ideengeschichte kann aufgezeigt werden, wie gravierend es ist, ob ein Ideal als normative Orientierung verteidigt wird oder als Modell. Bei der Errungenschaft denke ich an das wichtige, politische Instrument der Gewaltenteilung, wie es von John Locke und von Montesquieu grundgelegt und vorgeschlagen wurde. Ich möchte zeigen, warum wir zur Verteidigung dieser Errungenschaft auf Montesquieus Konzeption referieren sollten und nicht auf jene von Locke. Montesquieu werde ich dabei in Absetzung zu Locke als einen Theoretiker des Nicht-Idealen vorstellen.

»Theorizing the Non-Ideal«: Mögliche Folgen

Die Forderungen nach Gewaltenteilung bei Locke und Montesquieu entsprechen sich nur teilweise. Mit der Unterscheidung, die Mills einführt, kann darüber hinaus eine entscheidende Divergenz kenntlich gemacht werden. Während nämlich Locke Gewaltenteilung als *ideal as model* versteht und begründet, finden wir bei Montesquieu Gewaltenteilung als *ideal as normative* ausgearbeitet. Was das bedeutet und was daraus resultiert, werde ich nun weiter erläutern.

Wenn wir heute von Gewaltenteilung sprechen, dann zielt das allgemeine Begriffsverständnis auf die Aufteilung und Trennung der Staatsfunktionen von Rechtsetzung, Vollzug und Rechtsprechung. Das allgemeine Ziel dabei ist die Beschränkung und Kontrolle staatlicher Macht. Als theoretische Begründer werden gemeinhin Locke[11] und Montesquieu[12] genannt. Beide Philosophen unterstreichen gutbegründet die Notwendigkeit institutioneller Gewaltenteilung und also der Unabhängigkeit von Legislative und Exekutive. Während bei Locke mit dieser Trennung die Forderung der Gewaltenteilungslehre allerdings abgeschlossen ist, bildet diese bei Montesquieu erst den Ausgangspunkt für noch viel weiter gefasste Forderungen. Bei Montesquieu wird ein Verständnis entworfen und bestimmt, welches es ermöglicht, Gewaltenteilung sowohl als institutionellen Zustand als auch als kritische und transformative soziale Praxis zu denken. Das Ideal der Gewaltenteilung wird anders als bei Locke bei Montesquieu nicht eingelöst, sondern es bleibt als normative Forderung unablässig bestehen.

Der Begriff der Gewaltenteilung bei Montesquieu bleibt defizitär ausgelegt, wenn er nicht in einen engen Zusammenhang mit Montesquieus Machttheorie gerückt wird, und diese wiederum findet insbesondere auch in *Lettres Persanes* vollumfänglichen Ausdruck.

Im Briefroman wird Montesquieus tiefe Skepsis gegenüber jeder Form ungehemmter Machtentfaltung sichtbar und plausibel. Auf vielfältige Weise wird literarisch vermittelt, dass ein großes Machtgefälle stets dazu verleitet, missbraucht zu werden. Dabei gibt es für Montesquieu keinen machtfreien Raum. Macht, verstanden als wirksame Wechselwirkungen zwischen Menschen, ist stets gegeben. Das Problem entsteht, wo sich Macht massiert und monopolisiert. Wenn das Gleichgewicht massiv außer Kraft gesetzt wird, sind Willkür und Despotismus die Folgen. Mit Ausrufezeichen wird bei Montesquieu der abstrakte Imperativ erhoben, gegen jede Machtentfaltung misstrauisch zu sein, unabhängig davon, von wem die Macht ausgehe oder wofür die Macht eingesetzt werde. Denn die Analyse der historischen Beispiele und jene der eigenen Zeit lassen nach Montesquieu nur einen Schluss zu: Es gibt, und zwar ohne jede Ausnahme, keine gute Alleinherrschaft, keine rechtfertigbaren unbeschränkten Befugnisse – von niemandem über niemanden. Der machtkritische Imperativ von Montesquieu, stets auf der Hut gegen Machtmonopolisierung zu sein, mutet pessimistisch an. Gleichzeitig bildet er die Grundlage für die konstruktive Forderung nach Gewaltenteilung. Allerdings, und auch da setzt sich Montesquieu dezidiert von John Locke ab, auch die Gewaltenteilung hebt das Problem der nicht zu erreichenden Gerechtigkeit nicht auf.

Gewaltenteilung ist bei Montesquieu keine Einrichtung, die eine ideale Situation einleitet und eindeutig festlegt, sondern sie umfasst eine allgemeine Aufforderung und Praxis, stets aufmerksam zu sein und zu bleiben gegen jede extreme Machtasymmetrie. Anders als bei Locke, bei dem die Gewaltenteilung institutionell vollständig eingelöst werden kann, bleibt bei Montesquieu der Imperativ unerfüllt. Gewalten sind fortlaufend zu teilen! Zu viel Machtballung gereicht nicht zum Wohle möglichst aller. Dabei kann es ändern, wo, wie oder bei wem sich die Macht konzentriert ansammelt, wo ein Machtmonopol entsteht.

Gewaltenteilung bei Montesquieu umfasst also zum einen und unbedingt gefordert die Trennung und Unabhängig von Legislative, Exekutive und Judikative, und zum anderen und darüber hinaus stets auch die Forderung an alle, machtsensibel zu bleiben und Ausgleiche und Instrumente der Gewaltbalance zu erfinden, anzustreben und durchzusetzen. Etwa die Amtszeitbeschränkung kann als ein Instrument genannt werden, das im Sinne von Montesquieu eine Machtbalance bewirken soll. Amtszeitbeschränkungen legen fest, dass nach vier oder fünf oder acht Jahren, je nach Regelung, eine Person ihr Amt ablegen muss, und zwar in jedem Fall, ohne Ausnahme und unabhängig von der Qualität der Machtausübung.

Montesquieu macht zum Ausgangspunkt seiner Ausarbeitung weder die Vernunft noch eine ideale Welt oder einen idealen Gott. Der Briefroman ist daher exakt betrachtet auch die genau richtige Form für die Rechtfertigung der normativen Forderung. Es gibt darin keinen auktorialen Erzähler, keine neutrale, wissende Instanz, sondern nur konkrete Stimmen in Briefen, persönliche Berichte, allesamt mit Namen, Ort und Zeitpunkt des Verfassens der Texte versehen. Beim Lesen ist stets überdeutlich, wer aus welcher Perspektive schreibt. Die Erkundung der politischen und kulturellen Zustände beginnt im Roman zudem auch nicht bei der Beschreibung eines früheren oder möglichen Naturzustandes, sondern die Machtanalyse setzt mit dem Aufbruch zur Reise ein. Die beiden reisenden Hauptfiguren kommen aus einer klar definierten Ordnung, jener des Serails, und finden durch die Konfrontation mit anderem und Neuem zu einer Reflexion über Gesellschaftsordnungen, deren Besonderheiten, Vor- und Nachteile. Die Letzte, die im Roman übrigens ihre Stimme erhebt, ist eine Frau. Roxane, die Ehefrau der Hauptfigur, rechnet im allerletzten Brief mit der Ordnung, in der sie leben muss, ab. Sie kritisiert die krasse Ungleichheit zwischen sich und ihrem Mann und bezichtigt den Ehevertrag als Unterwerfungsvertrag. Roxanes Brief formuliert lange vor Carol Patemans Text *The Sexual Contract*, inwiefern Verträge nicht in jedem Fall Wechselseitigkeit und Gleichheit garantieren, sondern wie daraus im Gegenteil ebenso Unterdrückung und Unterwerfung resultieren können.

In Montesquieus Texten wird deutlich, was es bedeutet, nicht-ideale Bedingungen als Ausgangspunkt zu wählen und, davon ausgehend, Verbesserungen vorzuschlagen, die normative Orientierung bieten, ohne ihrerseits wieder Unterdrückungsverhältnisse festzuschreiben. Während sich mit Locke die Frage der Gewaltenteilung nicht auch auf Fragen etwa der Medien oder des Markts beziehen lässt, weil Locke das Ideal der Gewaltenteilung modellhaft verteidigt, zielt Montesquieus Verständnis eines normativen Ideals direkt auch auf all diese Bereiche und Fragen, eben weil hier das Ideal als normative Orientierung konzipiert ist, das anzustreben bleibt, aber nicht vollständig einzuholen ist. Mit Rekurs auf die Forderung nach Gewaltenteilung bei Montesquieu können und müssen wir uns darum etwa auch fragen, wie wir zu unseren Informationen kommen, welche Medien wem gehören, wem zugänglich sind, oder nach welchen Kriterien Informationen beurteilt werden. Wir können und müssen uns mit Blick auf Montesquieus Konzeption von Gewaltenteilung auch fragen, wie der Markt wirkt, welche destruktiven Auswirkungen er auf wen hat, warum es keine internationale Vermögenssteuer gibt und wie dagegen angegangen werden kann. Und dieses Fragen darf zu keinem Stillstand kommen, denn die Machtverhältnisse können sich ändern und mit ihnen die Fragen. Heute etwa muss sich eine Machtanalyse zwingend auch auf Fragen von Digitalisierung oder KI beziehen oder auf Ressourcen in einer geteilten Welt. Eine Machtbalance ist ebenso möglich wie eine Despotie. Starke Demokratien sind auf das gemeinsame Bemühen um die Prinzipien von Freiheit und Gleichheit und auf den fortgesetzten gemeinsamen Willen zum Machtausgleich angewiesen.

Gestaltungspotentiale nicht-idealer Bedingungen

Damit komme ich zum Schluss. Montesquieu und Mills fordern, den Blick zu schärfen für das Unvollkommene, das Nicht-Ideale, das, was nicht gut ist und allenfalls auch anfällig und korrumpierbar bleibt. Erst davon ausgehend sehen sie echte sozialpolitische Verbesserungen als mögliche an. In keiner Weise sind sie dabei fatalistisch, im Gegenteil zielen beide auf einen angemessenen Umgang mit der sozialen Lebenswirklichkeit und halten an Idealen fest wie etwa Freiheit, Gleichheit, Gewaltenteilung, Gleichheit vor dem Gesetz, Machtbalance oder Angemessenheit, um nur einige zu nennen. Beide Denker vertiefen in ihren Überlegungen die Differenz zwischen konkreter Lebenswirklichkeit und Vorstellungen des Idealen. Gesellschaftliche Horizonte und demokratischer Spielraum weiten sich, so legen beide Denker nahe, wo diese Differenz vergegenwärtigt bleibt. Wer hingegen so tut, als sei das Ideal eingelöst oder alles perfekt, unterliegt einerseits einer Täuschung und schwächt andererseits die demokratischen Möglichkeiten ebenso wie jene, die die Apokalypse beschwören. In diesen Fällen wird eine Auseinandersetzung über die konkreten Probleme aus dem demokratischen Raum gedrängt und das Streben nach Verbesserung gelähmt oder ausgeschaltet, sowohl auf individueller als auch auf sozialer und politischer Ebene.

Die zärtliche Verheißung der Tagung lautet: Alles wird gut. Wird Matilda also eines Tages Athene? Ich denke nicht. Sollte Matilda dazu gezwungen werden, sich als Athene zu begreifen? Das wäre philosophisch und politisch verfehlt, wie ich zu zeigen versuchte. Das Gestaltungspotential von Demokratien gründet in der Anerkennung nicht-idealer Bedingungen und orientiert sich normativ an den Prinzipien von Freiheit und Gleichheit aller und am gemeinsamen Willen, dahingehende Verbesserungen anzustreben und zu realisieren. Das geschieht aus demokratischer Perspektive im Wissen darum, dass dieser Prozess des Suchens einer Machtbalance zu keinem Abschluss kommen kann, sondern unablässig zusammen fortgesetzt werden muss.

Anmerkungen

1 Lorraine Daston: *Wunder, Beweise und Tatsachen. Zur Geschichte der Rationalität*, Frankfurt a. M. 2001, 7.
2 Ebd.
3 Auf die Rolle von Solon gehe ich ausführlicher ein in: C. Abbt: »Demokratisches Selbstverständnis. Historische Entwicklungen und systematische Grundlagen«, in: Jahrbuch Politisches Denken, hg. v. H. Kraus, F. Kroll, P. Nitschke, E. Odzuck, M. Schwarz, Berlin 2023, 171–189.
4 Virginia Held: »Non-Contractual Society: A Feminist View«, in: M. P. Hanen and K. Nielsen (eds.): *Science, Morality, and Feminist Theory*, Calgary 1987.
5 Carole Pateman: *The Sexual Contract*, Stanford 1988.
6 Charles W. Mills: *The Racial Contract*, Ithaca/NY 2022.
7 Charles W. Mills: »›Ideal Theory‹ as Ideology«, in: Hypatia, Summer 2005, Vol. 20, No. 3, 165–184, hier: 168.
8 Ebd., 166.
9 Ebd., 169.
10 Ebd., 171.
11 Vgl. John Locke: *Zweite Abhandlung über die Regierung*, Leipzig 2010. Ders.: *Two Treatises of Government*, London 1823.
12 Vgl. Montesquieu: *Persische Briefe*, Leipzig 2017. Ders.: *Lettres Persanes*, Paris 1875. Ders.: *Vom Geist der Gesetze*, Berlin 1950. Ders.: *De l'esprit des lois*, Paris 1995.

Francesca Vidal

Vom Tagtraum zur Utopie oder Über die Notwendigkeit, utopisch zu denken

1. Optimismus mit Trauerflor

Wer würde nicht angesichts der gegenwärtigen Lage unserer Welt spontan vermuten, dass die Vorstellung »Alles wird gut« nur ironischem oder utopistischem Denken entsprungen sein kann? Müssten wir nicht eher, wie Bert Brecht es den Nachgeborenen mitgab, auch heute sagen:

> Wirklich, ich lebe in finsteren Zeiten!
> Das arglose Wort ist töricht. Eine glatte Stirn
> Deutet auf Unempfindlichkeit hin. Der Lachende
> Hat die furchtbare Nachricht
> Nur noch nicht empfangen.[1]

Oder brauchen wir – so formulierte es Ernst Bloch – einen Optimismus mit Trauerflor, einen Optimismus, der auf die Ungleichzeitigkeiten in der Geschichte blickt, also auf die Gleichzeitigkeit verschiedener Zeiten in einer Zeit achtet? Gibt es nicht immer gesellschaftliche Kräfte, die der Zeit hinterherhinken, andere, die ihr vorausgehen, und wenige, die mit der Zeit, ihren Problemen und Figurationen in Einklang sind? Wo stehen wir, vor allem aber, wo wollen wir stehen? Brauchen wir, mit Bloch gefragt, im Grunde einen militanten Optimismus, nachgerade einen, der Geschichte nicht als einlinigen Prozess missversteht, sondern sich bemüht, ihre Vielschichtigkeit und Widersprüchlichkeit anzuerkennen und deshalb die Bedeutung der Utopie nicht in Frage stellt? Einen Optimismus, der jedoch auf keinen Fall Illusionen nähren will, sondern sich immer auch bewusst bleibt, dass es eines kritischen Blicks auf die gegenwärtigen Figurationen und damit einhergehenden Möglichkeiten bedarf. Es geht damit um ein utopisches Erkenntnisinteresse, eines, das nicht harmonisieren will, sondern sich beständig der Utopie als einer geschichtstreibenden Kraft versichert. Der Hoffnungsphilosoph Ernst Bloch hat unnachgiebige geschichtlich-gesellschaftliche Kritik betrieben, denn ihm war es immer um die entscheidende Wechselbeziehung zu tun: »kritische Beachtung der Gegenwart, dadurch produktiv ermöglichter Erbantritt der Vergangenheit«.[2]

Deshalb hat gerade Ernst Bloch, der Philosoph der Hoffnung, jeglichem Utopismus eine klare Absage erteilt, denn utopisches Denken hat für ihn nichts damit zu tun, Phantastereien zu entwickeln, sondern den Traum vom Besseren zu verbinden mit dem, was sich als reale Möglichkeiten in der Gegenwart zu erkennen gibt. Aber es lohnt sich, den Blick auf die Bedeutung von Utopie zu richten, insbesondere sich dem utopischen Denken eines Philosophen zu widmen, dessen Leben immer wieder geprägt war von der Flucht vor den Kräften, die jegliches utopische Denken zerschlagen wollten. Blochs *Geist der Utopie*[3], die Schrift des Expressionismus, wurde vor allem im Schweizer Exil zur Zeit des Ersten Weltkrieges verfasst, die »dreams of a better life«, Grundlage des Hauptwerkes *Das Prinzip Hoffnung*[4], in den Jahren des Exils auf der Flucht vor den Nationalsozialisten, Vorlesungen über die Bedeutung des notwendigen Erbantritts der in der Geschichte entwickelten Ideale[5] in der DDR, die dies als Kritik am Sozialismus interpretierte. Niemals hätte dieser Philosoph gesagt: »Alles wird gut«, denn seine Hoffnung ist alles andere als Zuversicht, und sie ist nie Voraussage, wie die Zukunft aussehen könnte, denn sie malt nicht aus, bleibt also offen.

1961 pointierte er dies in seinem Eröffnungsvortrag an der Universität Tübingen, an der er im hohen Alter eine Professur antrat, als er die DDR verlassen hatte und damit zugleich seine Hoffnungen, dass dort ein besseres Deutschland hätte Wirklichkeit werden können, aufgeben musste. Bloch betonte:

> »So muß Hoffnung schlechterdings enttäuschbar sein können, erstens, weil sie nach vorhin offen ist, in Künftiges hin, und nicht bereits Vorhandenes meint. [...] Zweitens aber, damit eng zusammenhängend, muß Hoffnung enttäuschbar sein, weil sie auch als konkret vermittelte nie mit festen Tatsachen vermittelt sein kann. Diese sind ihrer Kundigkeit allemal nur subjektiv verdinglichte Momente oder objektiv verdinglichte Stockungen eines geschichtlichen Ganges der Dinge. [...] Hoffnung hat eo ipso das Prekäre der Vereitelung in sich: sie ist keine Zuversicht.«[6]

Dass Hoffnung keine Zuversicht ist, spricht keineswegs gegen sie, es spricht auch nicht gegen den Traum, dass am Ende des Prozesses der Geschichte nicht auch alles gut werden kann. Aber wir müssen heute skeptisch fragen, was denn »alles« überhaupt heißen soll und was wir nicht schon verhindert haben, etwa im Blick auf unser Verhältnis zur Natur. Trotzdem die Offenheit des Geschichtsprozesses zu propagieren erklärt sich bei Bloch durch dessen Vorstellung von Möglichkeiten, die immer der handelnden Menschen bedürfen, damit sie Wirklichkeit werden können, weshalb seine Rede mit den Worten endete:

> »Item, die Hoffnung der Zukunft verlangt ein Studium, das die Not nicht vergißt und den Exodus erst recht nicht. Das Überschreiten hat viele Formen, die Philosophie sammelt und denkt – ni humani alienum – alle.«[7]

Ganz im Sinne seines Diktums, dass Denken Überschreiten heißt, werden wir demnach aufgefordert, utopisch zu denken, mithin offen für konkrete Möglichkeiten zu bleiben.

2. Apokalypse und Utopie

Freilich bleibt nicht zu leugnen, dass die gegenwärtige Weltlage, seien es Kriege, Naturkatastrophen oder die Abkehr von demokratischen Strukturen, es uns schwer macht, sich einem Möglichen zuzuwenden, noch dazu einem, das seine Gestalt und seinen Inhalt noch nicht gefunden hat, da wir nicht sagen können, was »alles wird gut« konkret heißen soll, und es zudem in aller Offenheit mehr als fraglich ist, was denn noch möglich ist.

So wird verständlich, dass im gegenwärtigen Diskurs sehr oft der Begriff der Apokalypse fällt. Aber, darauf weist der Theologe Beat Dietschy hin, in einem areligiösen Sinn, das heißt: ohne jegliche Hoffnung auf Erlösung.[8] Denn von der Apokalypse reden wir im Duktus des drohenden Weltuntergangs, mithin so, als handle es sich um »eine Apokalypse ohne Apokalypse (... was meint), eine Apokalypse ohne Vision, ohne Wahrheit, ohne Offenbarung«[9], wobei Dietschy sich hier auf Jacques Derrida bezieht. Beständig scheint unser Gefühl der Daseinsangst, mithin der Vorstellung, in einer Zeit zu leben, deren katastrophales Ende unabwendbar ist. Wie wollen wir dann etwas Neues überhaupt schaffen? Und wollen wir es überhaupt noch schaffen?

Gerade aber vom religiösen Begriff der Apokalypse her gewinnt die Bloch'sche Utopie ihre Dynamik, denn nur die

> »Apokalypse als das Bild einer endzeitlich-kosmischen Krise, Katastrophe und Wendepunkt in einem, taugt vorzüglich zur Zielbestimmung sowohl der Geschichte als eines prinzipiell offenen Geschehens als auch unseres

Zeitbewusstseins als eines transitorischen, auf Zukunft orientierten Schwebeverhältnisses«,

wie Gert Ueding nicht müde wird zu betonen[10], denn

»die Utopie hat noch nie anderes als schlechte, dürftige Zeiten erlebt, ohne sie wäre Latenz ja gar keine und der siebte Tag (nach dem Wort Augustinus, das Bloch gerne zitierte: dies septimus non ipsi erimus), dieser siebte Tag wäre offenbares oder sichtbarlich bevorstehendes Ereignis.«[11]

Ich verweile noch kurz beim Begriff der Stockungen, die Bloch in seinem Werk deutlich im Geschichtsprozess benennt und in seiner eigenen Biografie beständig erfahren musste. Aber immer steht für ihn fest, dass zeitweilige Stockungen, selbst wenn sie lange Zeiträume einnehmen, nicht über die objektiv-realen Möglichkeiten des Prozesses entscheiden. Das objektiv-real Mögliche ist ihm das entscheidend Mögliche, denn nur dieses enthält eine zukunftstragende Bestimmung, geht über das Kann-Sein hinaus:

»So ist der Mensch die reale Möglichkeit alles dessen, was in seiner Geschichte aus ihm geworden ist und vor allem mit ungesperrtem Fortschritt noch werden kann.«[12]

Der Mensch selber befindet sich demnach in einem Entwicklungszustand, so heißt es schon im ersten Band seiner Gesamtausgabe *Spuren*: »Wie nun? Ich bin. Aber ich habe mich nicht. Darum werden wir erst.«[13]

Und Bloch fordert uns auf, den Spuren, die auf Möglichkeiten verweisen, nachzugehen, folglich wie ein Detektiv zum Spurenlesenden zu werden und auf die Widersprüche zu achten, die uns dazu aufrufen, dem scheinbar Selbstverständlichen zu misstrauen. Insofern lassen Spuren das fragende Staunen zum Anlass der Reflexion geraten. Es ist dies als Erstes ein Denken vom Objekt her, objektive Hermeneutik, wenn man so will, aber eines, das dann doch auf das Subjekt als Leserin und Leser der Zeichen setzt, im Sinne der Bedeutung von Methode als mit dem Weg der Sache gehen. Der Mensch selbst steht also für den Prozessgedanken und für das Streben nach einem Werden:

> »Der Mensch selber fühlt sich in solchen Zeiten deutlich als nicht festgestelltes Wesen, als eines, das zusammen mit seiner Umwelt eine Aufgabe ist und ein riesiger Behälter voll Zukunft.«[14]

Auch wenn Bloch nirgendwo davon ausgeht, dass es ein absolutes Ziel der Geschichte gibt, meint er doch, dass es dem Menschen eigen ist, das Bestehende immer wieder überschreiten zu müssen, und er dies zielgerichtet, auf das Bessere hin, tun will, was selbstverständlich nicht bedeutet, dass ihm dies auch gelingt.

Trotzdem sollten wir uns gewahr werden, was Bloch in seinem letzten Band *Tendenz – Latenz – Utopie* eindringlich betonte: »Die Welt ist ja ein einziges Experiment ihrer selbst, ein Experiment, das weder gelungen noch aber vereitelt ist.«[15]

Gerade weil er davon ausgeht, dass der Mensch sowohl Teil eines unausgegorenen Prozesses ist als auch selbst im Prozess, stellt sich für ihn die Frage, »wie der Mensch zu dem geworden ist, was er jetzt ist, und was aus ihm noch werden kann«[16], was immer auch heißt, dass wir Menschen in Verantwortung gegenüber dem Prozess von Mensch und Welt stehen.

Für den Zweifel, dass das Bessere überhaupt möglich sein kann, steht in der Tradition der Bibel exemplarisch Hiob. Der Darstellung dieser Geschichte sagt Bloch nach, dass sie bereinigt wurde, denn »Hiob sollte die Zweifler wieder in den Stall zurückbringen«.[17] Er selbst aber bezieht sich auf Hiobs Rebellion gegen einen ungerechten Gott, die er keineswegs dahingehend deutet, dass das Unrecht in der Welt nun ein Beleg dafür sei, dass es keinen Gott gäbe, sondern vielmehr,

> »daß es in der Welt immer wieder einen Auszug gibt, der aus dem jeweiligen Status herausführt, und eine Hoffnung, die sich mit Empörung verbindet, ja die in den konkret gegebenen Möglichkeiten eines neuen Seins fundiert ist«.[18]

Auf das Weltliche übertragen heißt dies ganz einfach, dass das Unrecht und das Leid in der Welt kein Beleg gegen die Bedeutung der Utopie sind, denn woran hier nicht gezweifelt wird, ist die Bedeutung des immer wieder notwendigen Exodus, nachgerade also eine Deutung des geschichtlichen Prozesses als auch des Menschen selbst als ein messianisches Geschehen, freilich eines sehr säkularen Messianismus, eben eines ohne Messias.

Wenn aber alles offen ist, woher kommt der Stoff der Utopie, oder anders gefragt: Warum nimmt der Philosoph die menschlichen Träume als Vorboten einer besseren Welt ernst?

Beginnen wir mit der Verantwortung, in der der Mensch in Blochs Philosophie steht. Dies erläutert er im Rekurs auf den im Märchen oft betonten Hinweis: Vergiss das Beste nicht! Diese Sentenz steht für die Art und Weise, auf die Spuren der Zukunft in der Vergangenheit zu blicken, nachgerade zu fragen, welche Bedeutung Vergangenes für die Zukunft hat. Das Beste wäre dann das, dessen Erfüllung noch aussteht. Anders ausgedrückt: Welcher Überschuss ist im Objekt enthalten, und wie gelingt es, dass dieses dem Subjekt nicht äußerlich bleibt? Wo finden wir ein noch unabgegoltenes Potential, das kenntlich wird in unseren Träumen, vor allem

in den materialisierten, wie etwa in der Kunst, aber auch in Architektur, Technik, Medizin etc.?
Genau dies ist die Frage, die er den Menschen in der Gegenwart stellt; seien die Zeiten auch noch so finster, müssen wir uns beständig bewusst werden, was wir von der Zukunft erwarten wollen: Geben wir uns fatalistisch einer Weltuntergangsstimmung hin, oder erinnern wir uns unserer Verantwortung und damit immer unseren Träumen nach vorwärts? Ist Hoffnung insofern nichts anderes als Verantwortungsbewusstsein für eine bessere Welt als die gegebene?
Deshalb fordert Bloch nicht schwärmerisches Denken, Hoffnung um der Hoffnung willen, sondern konkrete Utopie als Produkt unserer Träume nach vorwärts.

3. Vom Tagtraum zur Utopie

Träume sind für Bloch Aktivität eines antizipierenden Bewusstseins, um die Gegebenheiten der Welt zu überschreiten und Veränderungen zu imaginieren.

> »Doch eben« – so Bloch – »die Menschen träumen nicht nur nachts, durchaus nicht. Auch der Tag hat dämmernde Ränder, auch dort sättigen sich Wünsche.«[19]

Gerade diese Tagträume sind Bloch eine Vorstufe utopischen Denkens, denn, so Heiko Hartmann im *Bloch-Wörterbuch*:

> »Nacht- und Tagträume gestalten Wunschbilder, die die als defizitär erlebte Wirklichkeit überschreiten und Projektionen eines besseren Lebens enthalten, die zum Ausgangspunkt für gesellschaftliche Veränderungsprozesse werden können. Besonders Wachträume bergen nach Bloch ein hohes sozial-utopisches Potential.«[20]

Träume sind demnach nicht allein Flucht vor der Realität, sondern Mittel, den Menschen im Willen zur Veränderung zu stärken. Im Tagtraum wird mit der Realität experimentiert, den Gegebenheiten wird mittels Phantasie etwas entgegengesetzt, der Mensch handelt schöpferisch.

> »Der Tagtraum kann Einfälle liefern, die nicht nach Deutung, sondern nach Verarbeitung verlangen, er baut Luftschlösser auch als Planbilder und nicht immer nur fiktive.«[21]

Wunscherfüllungsphantasien verlegt der Mensch zunächst in seine Träume, diese sind quasi die erste Stufe, etwas Besseres oder einfach anderes als das Gegebene zu denken. Wie wir wissen, nennt Freud die Umwandlung des tief Unbewussten in den manifesten, symbolisierten Trauminhalt Traumarbeit, die ihren Ort im Nachttraum hat. Er speist sich aus vergangenem, infantilem Triebleben und ist deshalb laut Bloch regressiv. Wunscherfüllungsphantasien sind jedoch auch im Nachttraum möglich, da das menschliche Ich, durch den Schlaf geschwächt, keine Zensur ausüben und sich nur noch auf die sogenannten Tagesreste, »das heißt assoziativ stark gelockerten Vorstellungen«[22], beziehen kann und die praktischen Zweckinhalte der Außenwelt blockiert sind.

Entscheidend aber ist, dass Bloch von diesen regressiven Träumen in Abgrenzung zu Freud die Tagträume hervorhebt, die er als Vorgriffe der Einbildungskraft tituliert. Sie rezipieren nicht verdrängte Wünsche und Erfahrungen, sondern greifen produktiv auf mögliche Veränderungen vor. Das produktive Vermögen des Tagtraums erklärt sich durch vier zu unterscheidende Charakteristika: freie Fahrt, erhaltenes Ego, Weltverbesserung und Fahrt ans Ende.

Erstens untersteht der Tagtraum im Gegensatz zum Nachttraum bei aller ausschweifenden Freiheit der Lenkung des bewussten Ichs, romantisierend spricht er von der Fahrt ins Blaue. Zweitens fällt zwar auch beim Tagtraum die Zensur weg, das Ego aber bleibt erhalten, es ist in erwachsener Kraft, meint Bloch contra Freud. Das Ich macht sich selbst zum Mittelpunkt der Wunscherfüllung. Drittens wird der Tagtraum kommunizierbar, drängt geradezu zur Mitteilung, da sein Anliegen Weltverbesserung ist und somit den Mitmenschen einbezieht in die Wunschträume, denn »so will sein Tagtraum öffentlich verbessern«.[23]

Es ist gerade diese Kommunizierbarkeit, die den Tagtraum zur Vorstufe jeglichen künstlerischen, philosophischen und wissenschaftlichen Denkens macht. Der Tagtraum hat quasi die Funktion der Antriebskraft, denken Sie nur an den berühmten Marx'schen »Traum von einer Sache«[24], immer geht es um die Wirkmächtigkeit des Erträumten.

Was Menschen hier jedoch brauchen, ist Phantasie. Phantasie verstanden als die Fähigkeit, subjektive Sehnsüchte über das Gegebene hinaus mit Bildern zu verbinden, die auf eine zukünftige Realisierung verweisen. Dann ist Phantasie das Rohmaterial für alle Wunschbilder. Und weil der Tagtraum diese Möglichkeiten besitzt, intendiert er im besonderen Maße Weltverbesserung. Im Tagtraum richtet sich der Blick immer auf Zukünftiges, was nicht heißt, dass hier nicht auch bloße Spinnerei blühen kann. Gerade deswegen muss Phantasie konkret bleiben, das heißt, sie soll in den Dingen etwas wahrnehmen, was erst latent erkennbar ist. Bloch benennt dies mit der der antiken Philosophie entnommenen Vorstellung der objektiven Phantasie. Phantasie also als ein Erkenntnisvermögen, das ganz im Sinne des Aristoteles sich etwas vorstellen kann, was im Moment der Vorstellung nur in Umrissen deutlich wird, also mehr erahnt als gewusst werden kann. Für Bloch heißt dies, dass auch die Phantasie eines Korrelates in der Welt bedarf. Gerade weil es nicht um eine Flucht aus den Gegebenheiten der Welt ins Phantastische geht, garantiert erst das Konkrete oder Objektive die

Chance auf zukünftige Verwirklichung, wobei – dies sei immer wieder betont – auch dies nur als Chance, eine Chance, die genutzt werden muss, wenn sie Wirklichkeit werden soll. Vierter Charakter ist die »Fahrt ans Ende«, denn der Tagtraum zielt nicht auf fiktive Wunscherfüllung, sondern auf reelle, eben als Entwurf von Alternativen zur Wirklichkeit, sie sind

> »ein implizites ›Nein zum Mangel‹, und sie gehören für Bloch untrennbar zum Wesen des suchenden, unzufrieden strebenden Menschen, der in seiner Imagination ein Noch-Nicht entwirft, das real werden soll, und dadurch den Weltprozess vorantreibt«.[25]

Tagträume braucht der Mensch, sie sind ihm eine konkrete Lebenshilfe, denn es gibt, so Bloch,

> »keinen Menschen, der ohne die wohltätigen Folgen des Träumens auch nur einen Schritt gehen könnte oder gar imstande wäre, sich zu seiner Tagesarbeit zu erheben«.[26]

Tagträume entwickelt der Mensch in einer Stimmung »zwischen Trübe und Heiterkeit«[27], die eben die Phantasie anregen kann.

> »Der Stimmung ist es wesentlich, nur als diffuse total zu scheinen; sie besteht nirgends aus einem herrschend-überwältigenden Affekt, sondern aus einer selber weiten Mischung vieler, noch nicht zum Austrag gelangter Affektgefühle.«[28]

Die Stimmung wird zum Ausgang für das Tagträumen, da der Mensch sich der Entspannung und nicht dem Schlaf hingibt, und hier entwickelt er den Drang zum »Ausreißen«. Dies zeigt sich vor allem durch den Hang zum Besseren, der allen Erwartungsaffekten anhaftet und somit zum Mittel wird, gedrückte Stimmung zu erleichtern oder ihr zu entfliehen, indem man Wunschphantasien entwickelt und sich diese bildlich vorstellt. Der Inhalt der Tagträume wird bestimmt durch die Konkretheit der Phantasie, mit der die Erwartungsaffekte gefüllt werden.

Derart geben die antizipierenden, entmischten Erwartungsaffekte, vorzüglich die positiven, dem wachen Traum seine Richtung nach vorwärts. Und die Hoffnung ist der absolute dominierende Erwartungsaffekt, als einziger »fähig zu logisch-konkreter Berichtigung und Schärfung«[29]; sie ist eben nicht nur ein Affekt, sondern auch ein kognitiver Akt; sie überwindet sowohl Angst als auch bloße Erinnerung.

Aber auch bei Bloch gibt es die Unterscheidung von Tagtraum und *wishful thinking*. Bei der bloßen Entwicklung von Wünschen geht es einzig um die Befriedigung der Bedürfnisse, die die kapitalistische Gesellschaft projiziert, mithin um rein private Glückssuche. Ein Glück, das eintreffen soll, wenn sich vom Markt gelenkte Wünsche erfüllen, obwohl diese doch nur das Bestehen des Marktes garantieren sollen. Es sind auf Äußerlichkeiten und auf Sich-Einrichten in den bestehenden Strukturen orientierte Wunschbilder, solche, die – so Bloch – den von der Gesellschaft ausgelegten »Leimruten für die angelockten Traumvögel«[30] entspringen. Hier entwickelt sich eine diffuse Bindung an das Bestehende, eine, die Wunscherfüllung im Konsument-Sein sucht und daher unfähig wird, über das Bestehende hinauszudenken, gerade weil solche Anstrengung als wenig erfolgversprechend denunziert wird. Hier haben wir dann eine Absage an das Utopische, eine, an der sich zeigen lässt, wie schnell sich dann solch denkerische Trägheit von Irrationalismen vereinnahmen lässt. Solange genügend Waren zur Verfügung stehen, richten sich die Wünsche nur auf diese, und die dann folgende Enttäuschung führt nicht zur Entwicklung utopischen Denkens, sondern lässt Geschichtsabwendung und Selbstbezogenheit erstarken.

Daher sind nur Tagträume, die aus produktiver Phantasie schöpfen, ein Medium der Utopie, die dann aber mehr sein muss als bloß Erträumtes, nämlich konkret. Dieser Anspruch, konkret sein zu müssen, ergibt sich aus der kritischen Funktion der Utopie, mithin aus ihrer subversiven Kraft, den Prozess gesellschaftlicher Veränderungen in Gang zu halten.

4. Konkrete Utopie oder, in den Worten Rolf Schwendters: An der Utopie führt kein Weg vorbei

Mit Ernst Bloch gesehen ist die Geschichte noch lange nicht an ihrem Ende angelangt und der »Prozess von Mensch und Welt« offen. Wenn der Prozess aber offen und unbestimmt bleibt, dann liegt seine Entwicklung in der Verantwortung der Menschen. Keineswegs kommt das Bessere von allein oder lässt sich erträumen, es erfordert verantwortungsbewusstes Handeln. Diesen Gedanken explizierend, zeigt Bloch in seinem Werk *Das Prinzip Hoffnung*, dass viele »mögliche Gesichter« der Utopie geschichtlich-sozial bereits erschienen sind und neue Bestimmungen noch in der Zukunft liegen.[31]

Vom Erlernten Gebrauch zu machen, wie es schon Kant forderte, hieße dann, beständig darauf zu blicken, was in der Geschichte erreicht wurde, was misslungen ist und was als Forderung an uns Heutige offengeblieben ist. Es sind die Handlungen in der Geschichte, die zum Blick auf die Zukunft herausfordern, denn diese dort aufscheinenden »Gesichter, Bilder, Möglichkeiten« sind unabgegolten. Mit dem Begriff »unabgegolten« meint der Philosoph, dass in ihnen die Verpflichtung virulent bleibt, sie noch werden zu lassen. Er verwendet daher auch den Begriff »fortverpflichtend«. Entscheidend ist somit nicht das Vergangene an sich, sondern seine Bedeutung für die Zukunft, deshalb sollte unser Blick auf die Welt einer sein, der

> »seine Sache auch überholen kann, in ihrer Schwimmrichtung, versteht sich. Und das den tätigen, nicht wie bisher belassenden, Anteil hinter sich hat, den Anteil am Heraufkommenden in der Sache, dem die erkennende Treue vor allem gehalten wird. Ein Auge kommt hier durchaus wieder, doch keinesfalls mehr als nur betrachtendes. Es sieht vielmehr, wie schlecht die Dinge sind, wie gut sie sein könnten, und leitet so an, sie mitbildend zu verändern.«[32]

Am Vergangenen und am Gegebenen interessiert so grundsätzlich, welche Möglichkeiten auf Zukunft hin erkennbar sind. Was uns der Philosoph hier erklärt, ist im Grunde der Appell, die Welt aus einem utopischen Blickwinkel heraus zu sehen. Dann wird auch deutlich, warum die begriffene, reflektierende Hoffnung für ihn ein Prinzip darstellt, denn aus dieser Blickrichtung wird der Mensch als beständig Hoffender erkennbar, im Prozess der Welt kommt es dann darauf an, die Latenz zur Erfüllung der Hoffnungsinhalte zu sehen.[33]

Deshalb wirkt seine Philosophie als etwas Neues, denn er setzt in sie ein utopisches Moment und schaut so auf Gegenwart und Vergangenheit. »Vergiss das Beste nicht« heißt daher auch, sich danach zu richten, was von den menschlichen Träumen eben noch nicht zur Wirklichkeit geworden ist. Erinnerung bedarf daher einer Erwartung des Zukünftigen, denn darin liegt der Sinn des Umgangs mit dem Vergangenen. Der Mensch ist geprägt vom Blick nach vorn, die Dinge, die hinter ihm liegen, kann er nicht verändern, also interessieren sie ihn im Hinblick auf gegenwärtiges und zukünftiges Handeln. Sich erinnern ist der Versuch der Vergegenwärtigung von Geschehnissen, und je weiter diese zurückliegen, desto ferner werden sie für das Gegenwärtige, weil ihnen immer weniger etwas Störendes zukommt. Sich zu erinnern heißt dann auch, etwas zu erwarten, mit den Worten des Philosophen Ernst Bloch:

»Die Erinnerung käme ohne diese Art Betroffenheit gar nicht zustande, sie ist gar nicht fähig, lediglich betrachtend, lediglich eine an Gewesenes und Gewordenes zu sein. Sondern erinnert wird einzig, was für uns und, in den sachlich mitteilbaren, zur Geschichte tauglichen Fällen, auch für sich noch nicht fertig geworden ist. Erinnern setzt voraus, daß etwas vergessen worden ist, auch in der Sache, um nicht zu sagen: von der vergangenen Sache selber; ihr ganzer Zugangsakt steht, wie [Marcel] Prousts Werk, unter dem Titel: Suche nach der verlorenen, nach der ebenso noch unabgegoltenen Zeit.«[34]

Warum aber gibt es für den Menschen ein Bedürfnis nach dem Neuen, dem anderen, dem Besseren? Bloch erklärt dies mit dem »Dunkel des gelebten Augenblicks«, mithin mit der Unmittelbarkeit des Lebens. Solche Unmittelbarkeit überfordert uns, weil wir Totalität nur erahnen, aber nicht haben können. Vor allem aber können wir die Frage nach uns selbst nicht beantworten, sind ja, mit Freud gesprochen, nicht Herr im eigenen Haus, unser Selbst liegt im Dunkel. Den literarischen Ausdruck dieses Gedankens finden wir in Goethes Faust, wenn dieser sich als Zukunft erhofft: »Werd ich zum Augenblick sagen, verweile doch! Du bist so schön!« Der Augenblick aber wird vergehen, ist nicht festzuhalten. Er wird jedoch zum Ausgangspunkt für Bilder des möglichen Noch-Nicht, die den Menschen antreiben zur Veränderung. Es sind diese Bilder, die Träume, in denen aufleuchtet, was sein könnte, die Sehnsucht nach Neuem wecken, das eben immer auch ein Besseres sein soll. Deshalb fordert der Philosoph uns auf, ganz konsequent für das Neue offen zu sein, der Mensch soll seine Verantwortung für Zukünftiges erkennen, und der Philosoph muss dies ins philosophische Denken integrieren, nachgerade eine »Philosophie der Utopie« schaffen. Für uns Heutige ist dies die Herausforderung, sich auf der Suche nach allen denkbaren Möglichkeiten für eine bessere Welt selbst unter den gegenwärtigen widrigen Bedingungen nicht beirren zu lassen.

Um mich aber der Frage nicht vollkommen zu verschließen, was denn nun Inhalt der Utopie sein könnte, und trotzdem nicht zu negieren, dass man Utopie nicht positiv ausmalen darf, nur kurz meine Utopie: Es ist der Traum einer bewohnbaren Erde für Mensch und Natur, nachgerade einer Erde, die es allen Menschen möglich macht, aufrecht zu gehen, oder, ganz einfach ausgedrückt, um Zukunft irgendwann, für und durch alle zu haben.

Schließen aber möchte ich mit einer sehr kurzen Geschichte aus den *Spuren*, die uns lehren kann, was es mit dem empfundenen Dunkel auf sich hat:

»DUNKEL AN UNS[35]

Was wir jetzt und hier haben, merken wir wohl am wenigsten. Hat man erreicht, was man will und geht auf die Straße, sieht nun, wie ein Froher von innen aussieht, so ist das allerhand, aber zugleich ist etwas in einem niedergeschlagen. Nun ist der Lohn unmittelbar da und dadurch nicht genug da, steckt im Dunst des grade Gelebten und bald im gewohnten Wasser, worin man schwimmt. Leid schlägt stärker durch, weil es uns, wie wir noch sind, wohl verwandter ist; Frohes, das wir doch mehr wären, hat man genau deshalb nie ganz bar. Fällt uns siedendheiß etwas ein, wie man sagt, so ist das meist nichts besonders Gutes. Glück kühlt sich im Jetzt, wenn es in dieses einfällt, leichter ab. Es ist vorher oder nachher meist glücklicher, als wenn es eintritt.«

Anmerkungen

1 Bertolt Brecht: An die Nachgeborenen (Svendborger Gedichte), in: Ders.: Gesammelte Werke 9, Gedichte 2. Frankfurt a. M. 1967, S. 722.
2 E. Bloch: Tendenz-Latenz-Utopie (TLU), Werkausgabe: Ergänzungsband. Frankfurt a. M. 1985, S. 171.
3 E. Bloch: Geist der Utopie (GdU), Werkausgabe Bd. 3. Frankfurt a. M. 1985.
4 E. Bloch: Das Prinzip Hoffnung (PH), Werkausgabe Bd. 5. Frankfurt a. M. 1985.
5 E. Bloch: Leipziger Vorlesungen zur Geschichte der Philosophie. Bd. 1–4. Frankfurt a. M. 1985.
6 E. Bloch: Literarische Aufsätze, Werkausgabe Bd. 9. Frankfurt a. M. 1985, S. 389.
7 Ebd., S. 391 f.
8 Beat Dietschy: Human-Apokalypse und Resurrektion der Natur, in: Francesca Vidal (Hg.): Apokalypse, Messianismus, Hoffnung. Zur Bedeutung der Religionen in der Philosophie von Ernst Bloch. Jahrbuch der Ernst-Bloch-Gesellschaft 2020/21. Würzburg 2022, S. 19–36.
9 Jacques Derrida: Apokalypse, hg. von Peter Engelhardt. Graz/Wien 1985, S. 87, hier zit. n. Dietschy a. a. O., S. 20.
10 Gert Ueding: Utopie in dürftiger Zeit. Studien über Ernst Bloch. Würzburg 2009, S. 57.
11 Ebd., S. 68.
12 E. Bloch: PH, S. 271.
13 E. Bloch: Zuvor, in: Ders.: Spuren. Werkausgabe Bd. 1. Frankfurt a. M. 1985, o. S.
14 E. Bloch: PH, a. a. O., S. 135.
15 E. Bloch: TLU, a. a. O., S. 389.
16 Peter Thompson: Mensch, in: Beat Dietschy, Doris Zeilinger, Rainer E. Zimmermann: Bloch-Wörterbuch. Leitbegriffe der Philosophie Ernst Blochs. Berlin/Boston 2012, S. 275–283, hier S. 277.
17 Ernst Bloch: Atheismus im Christentum (AiC). Werkausgabe Bd. 14. Frankfurt a. M. 1985, S. 160.
18 Ebd., S. 165.
19 E. Bloch: PH, a. a. O., S. 96.
20 Heiko Hartmann: Traum, in: Beat Dietschy, Doris Zeilinger, Rainer E. Zimmermann (Hg.): Bloch-Wörterbuch. Leitbegriffe der Philosophie Ernst Blochs. Berlin/Boston 2012, S. 578–582, hier S. 578.
21 Ebd.
22 E. Bloch: PH, a. a. O., S. 88.
23 E. Bloch: PH, a. a. O., S. 103.

24 Karl Marx/ Friedrich Engels: Werke, Bd. 1, Berlin/DDR 1976, S. 346.
25 Hartmann, a. a. O., S. 579.
26 E. Bloch: GDU, Erste Fassung, Frankfurt a. M. 1985, S. 55.
27 E. Bloch: PH, a. a. O., S. 120.
28 Ebd., S. 118.
29 Ebd., S. 126.
30 Ebd., S. 401.
31 Vgl. E. Bloch: PH. Kapitel 38–55. A.a.O., S. 1094.
32 E. Bloch: »Abbilden und Fortbilden«, in: Ders.: Tübinger Einleitung in die Philosophie, Werkausgabe Bd. 13. Frankfurt a. M. 1985, S. 157.
33 Vgl. ausführlich zur Bedeutung der Hoffnung in der Philosophie von Ernst Bloch F. Vidal: Hoffnung, in: Bloch-Wörterbuch, a. a. O., S. 189–211.
34 Ebd., S. 280 f.
35 E. Bloch: Spuren, a. a. O., S. 97.

CHRISTIAN DRIES

»... in Hoffnung, dass wir hoffen dürfen«?

Günther Anders und die Heuristik
der Hoffnungslosigkeit

Intro: Lasst alle Hoffnung fahren?

Im Mai 1987 widmete der hochbetagte Günther Anders einem (nicht näher bekannten) »Bundesgenossen« einen Band mit Interviews und Erklärungen – »in Hoffnung, dass wir hoffen dürfen«.[1] Wer den Autor kennt, wird bei dieser Zeile stutzen. Denn der von sich selbst und anderen zu Lebzeiten als »chronischer Schwarzseher«, »professioneller Panikmacher«, »Schockphilosoph« und »Apokalyptiker« apostrophierte Anders war all das, nur ganz gewiss kein Freund des Hoffens. Im Gegensatz zu dem von ihm ansonsten sehr geschätzten Ernst Bloch sah Anders (ganz auf der Linie Spinozas) in der Hoffnung »gar kein Prinzip, sondern eine unberechtigte Emotion«.[2] Niemals habe er versucht, »das zu tun, was man seicht ›Hoffnung machen‹ nennt. Das Ergebnis wäre zu gering, nämlich bloße ›Stimmung‹.«[3] Verächtlich sprach er daher von der »Hofferei«.[4] Hoffnung, so Anders in einem Interview mit der Zeitschrift natur kurz nach der Reaktorkatastrophe von Tschernobyl, sei »nur ein anderes Wort für Feigheit«, für »den Verzicht auf eigene Aktion«.[5] Und überhaupt, fragt er: Was eigentlich sei Hoffnung? »Ist es der Glaube, daß es besser werden kann? Oder der Wille, daß es besser werden soll?«[6] So fragwürdig erscheint ihm der Begriff, dass er behauptet, noch niemals habe jemand eine wirkliche Analyse des Hoffens durchgeführt, nicht einmal »der hoffnungslos zum Dauerhoffen verurteilte Bloch«.[7] Sein Fazit lautet daher rigoros: »Hoffnung hat man nicht zu machen, Hoffnung hat man zu verhindern. Denn durch Hoffnung wird niemand agieren. Jeder Hoffende überläßt das Besserwerden einer anderen Instanz.«[8] Ein denkbar harsches Urteil, das freilich keineswegs nur als spontane Reaktion auf den atomaren Super-GAU vom April 1986 zu verstehen wäre. Schon in seinem Ende der 1920er Jahre entstandenen Roman Die molussische Katakombe lässt Anders einen der Protagonisten namens Yegussa sagen: »›Die Meldung, die wir zu übergeben haben [...] lautet: hofft nicht und betet nicht, sondern tut. Wer hofft, der überläßt die Sache jeweils dem anderen und dem Feinde; und wer betet, betet an.‹«[9] Vor diesem Hintergrund wirkt die Widmung aus dem Jahr 1987 rätselhaft. War der für seine scharfe Zunge und notorische Kompromisslosigkeit gefürchtete Anders fünf Jahre vor seinem Tod überraschend altersmilde geworden?

Ausgangspunkte: Situation und Übertreibung

Die Irritation mag sich verflüchtigen, wenn man zweierlei in Rechnung stellt – ein philosophisches und ein methodisches Grundprinzip: erstens Anders' lebenslanges Insistieren darauf, dass alles Denken, Sprechen und Handeln in spezifischen Situationen stattfindet. Von seiner Doktorarbeit in Freiburg bei Edmund Husserl zur Rolle der Situationskategorie bei den »Logischen Sätzen«[10] über seine musikphilosophischen und anthropologischen Frühschriften, sein zweibändiges Hauptwerk Die Antiquiertheit des Menschen, zahlreiche philosophische Tagebücher, Glossen und politische Pamphlete bis in die Reflexion der eigenen philosophischen Methode oder späte Kindheitserinnerungen[11] hinein – stets spielt für Anders eine entscheidende Rolle, »wer warum (bzw. wozu) wem was über etwas mitzuteilen wünscht«.[12] Könne »diese fünffache (konventionell gesprochen: ›soziologische‹) Frage« nicht beantwortet werden, sei »alle Beschäftigung mit Rede und Schrifttum müßig«.¹³ Wer also beispielsweise das Wort »Hoffnung« in den Mund nimmt, tut dies nach Anders stets als so oder so *situierte* Person, deren Verhältnis zur eigenen Geschichte und Lebenswelt, zu anderen Lebewesen und Dingen auf ganz spezifische Weise, durch mehr oder weniger große Teilhabe an (oder Ausschluss von) unterschiedlichen Kulturräumen, Subkulturen und Milieus, durch spezifische Sprechweisen und Praktiken, mitbestimmt ist. Damit ist nicht allein gemeint, was Anders klassisch marxistisch eine »Klassentatsache« nennt.¹⁴ Wesentlich geformt werde unser Weltverhältnis heute durch die Technik. Sie ist in Anders' Augen vom bloßen Werkzeug, dessen wir uns für eigene Zwecke souverän bedienen, zu einer uns unwiderruflich und umfänglich (das heißt körperlich, psychisch, kognitiv, sozialökonomisch und ökologisch) prägenden, planetaren Macht geworden, einem »Weltzustand ›Technik‹«.¹⁵ Im Laufe der letzten 200 Jahre habe sich das klassische Verhältnis von Menschen und Dingen allmählich immer mehr verkehrt, »*die Subjekte von Freiheit und Unfreiheit sind ausgetauscht. Frei sind die Dinge: unfrei ist der Mensch.*«¹⁶ Laut Anders gibt es nämlich »keinen Zug, der für uns Heutige so charakteristisch wäre wie *unsere Unfähigkeit, seelisch ›up to date‹, auf dem Laufenden unserer Produktion zu bleiben*, also in dem Verwandlungstempo, das wir unseren Produkten selbst mitteilen, auch selbst mitzulaufen und die in die [...] Zukunft vorgeschossenen oder uns entlaufenen Geräte einzuholen«.¹⁷ Zwischen uns und unseren Produkten habe sich eine rapide wachsende Kluft aufgetan, die Anders treffend als »*das prometheische Gefälle*«¹⁸ bezeichnet – prometheisch deshalb, weil es unsere eigene technische Schöpferkraft ist, die in Abhängigkeit und Selbstverzwergung führt: »Durch unsere unbeschränkte prometheische Freiheit, immer Neues zu zeitigen (und durch den pausenlosen Zwang, dieser Freiheit unseren Tribut zu entrichten), haben wir uns als zeitliche Wesen derart in Unordnung gebracht, daß wir nun als Nachzügler dessen, was wir selbst projektiert und produziert hatten, mit dem schlechten Gewissen der Antiquiertheit unseren Weg langsam fortsetzen oder gar wie verstörte Saurier zwischen unseren Geräten einfach herumlungern.«[19] Schlimmer noch: Wie Goethes Zauberlehrling werden wir die Geister, die wir riefen, nicht mehr los[20] – von der Atom- und Biotechnologie bis zum anthropogenen Klimawandel und zur Künstlichen Intelligenz. Was nach zunehmender technologischer Weltbemeisterung und damit nach einer kontinuierlichen Ausweitung des menschlichen Freiheitshorizonts aussieht, entpuppt sich mit Anders betrachtet mehr und mehr als panische Form von Überproduktion und erzwungenes Nebenfolgenmanagement.

Zu dieser Gefällesituation – hier wir Menschen mit unseren hoffnungslosen Souveränitätsfiktionen, dort die Technik, die uns mehr und mehr regiert (ja, von der wir uns – Stichwort Self-Tracking – oft sogar lustvoll regieren lassen) – gehört nach Anders nicht allein, dass wir unfähig sind, mit dem technologischen Fortschritt und seinen Nebenfolgen Schritt zu halten; wir könnten und wollten zudem das wahre Ausmaß der von uns selbst ins Werk gesetzten technogenen Katastrophen nicht mehr sehen, geschweige denn spüren. Anders' Paradebeispiel dafür ist die Atombombe. Die Gefahr, die von ihr, aber auch von der sogenannten »zivilen« Atomtechnik, für die gesamte Menschheit ausgehe, sei so monströs, dass sie unsere menschlichen Vermögen – Vernunft, Einbildungskraft, Gefühl – heillos übersteige, so Anders. »Vor unserem eigenen Sterben können wir Angst haben. Schon die Todesangst von zehn Menschen nachzufühlen, ist uns zuviel. Vor dem Gedanken der Apokalypse aber streikt die Seele.«[21] Diese fatale »Apokalypse-Blindheit« hat nach Anders zwei Wurzeln, die man auseinanderhalten muss, wenn man verstehen will, in welcher Lage wir uns heute befinden: Das eben erwähnte prometheische Gefälle ist für Anders die *anthropologische* »Hauptwurzel«.[22] Denn dass unsere geistig-seelischen Vermögen nicht »gleich groß« sind, dass ihre »Kapazitäten und ›Griffweiten‹« differieren, ist nach Anders zunächst einmal ein grundlegendes Faktum der *conditio humana* – ein letztlich sogar vorteilhafter Defekt, der so lange unkritisch bleibt, wie unsere menschlichen Vermögen und die von ihnen ins Werk gesetzte technologische Umwelt in einer gewissen Korrespondenzbeziehung zueinander stehen, das heißt, solange die Differenzen zwischen den einzelnen Vermögen untereinander sowie zwischen diesen Vermögen und der technischen Welt nicht übermäßig anwachsen.[23] Dass wir also »mehr herstellen als vorstellen und verantworten können«,[24] ist nicht *per se*, sondern nur unter bestimmten historischen Bedingungen ein Problem. Zu diesen spezifisch *historischen* Wurzeln der Apokalypseblindheit gleich mehr. Zuvor noch kurz zum zweiten Grundprinzip Anders'schen Denkens.

Gemäß dem oben skizzierten Situationsbegriff kann auch die Philosophie selbst nicht von der aktuellen Gefällesituation unberührt bleiben. Wie soll sie darauf reagieren? Weiter nach überzeitlichen Wahrheiten zum Beispiel über das Wesen »des« Menschen oder »der« Technik suchen und gelehrte Abhandlungen darüber verfassen? Für Anders ist diese Art und Weise des Philosophierens obsolet geworden, die Zeit der großen Denksysteme passé. Er selbst verfährt stattdessen nach einer Methode, deren erklärtes Ziel die Herstellung philosophischer »Schreckbilder« ist[25], das heißt von gezielten Übertreibungen und »Entstellungen in Richtung Wahrheit«.[26] Denn wenn es stimmt, dass die Dinge ihr wahres Antlitz verbergen, dass wir der modernen Technik nicht mehr ansehen, was sie eigentlich ist und was sie anrichtet, und dass wir nicht bemerken, wie sehr die Subjekte von Freiheit und Unfreiheit bereits ausgetauscht sind, dann gilt es nach Anders, diese Umstände – die Unlesbarkeit der technischen Welt, die dunkle Seite des Fortschritts und die Vertauschung von Subjekt und Objekt – im philosophischen Denken und Schreiben durch Techniken der Inversion, der Karikierung, der Übertreibung und Provokation exemplarisch (also an prägnanten Einzelfällen) wieder sichtbar und nicht zuletzt auch »nachfühlbar« zu machen. Deshalb orientieren sich Anders' Texte an Stil- und Formprinzipien des Surrealismus und Dadaismus, der politischen Fotomontage, des Brechtschen Theaters, der Dichtung und des Films.[27] Wie surrealistische Bilder wollen auch Anders' Texte uns aufschrecken und schockieren, und zwar »durch die Phantastik der Wahrheit«.[28] Indem er diese »Phantastik« entblößt, man könnte in Umkehrung eines bekannten Marx-Worts sagen: Indem er die bewährte Ordnung von den Füßen auf den Kopf stellt, will Anders unser falsches Bild der Welt zurechtrücken.[29] Wie die surrealistische Abendgesellschaft in Luis Buñuels Filmklassiker Le Fantôme de la liberté (1974), deren Teilnehmer an einer langen Tafel auf Kloschüsseln statt Stühlen sitzen und sich zum Essen auf die Toilette verabschieden, porträtiert er den Menschen daher als verkümmerten »Automationsdiener« seiner eigenen Geräte und nicht als weltbeherrschenden Homo Faber (der er zweifellos in vieler Hinsicht auch ist).[30] Anders folgt damit der methodischen Anweisung André Bretons, alle Verkehrungen, Brüche, Hinter- und Abgründe wieder sichtbar zu machen, die im herkömmlichen Bild der Wirklichkeit ausgeblendet werden.[31] An anderer Stelle verwendet er die Metapher des Röntgenbilds.[32]

Was bedeutet das alles nun für die Hoffnung? Im natur-Interview liest man diesbezüglich Folgendes: »Wenn ich sehr oft übertrieben sagte, es hilft ja doch alles nichts, so ist das aus taktischen Gründen gesagt: gegen die happy-end-Politiker und happy-end-Publizisten, die sich nicht schämen, in Optimismus zu machen.«[33] Hoffnung wird bei Anders hier also nicht zuletzt deshalb kleingeschrieben bzw. perhorresziert, weil sie aus seiner Sicht in der Situation des atomaren Super-GAUs und dessen weitgehender Verharmlosung völlig fehl am Platz gewesen war. Das bisher Gesagte im Hinterkopf, lässt sich die kryptische Widmung aus dem Jahr 1987 jetzt wie folgt entschlüsseln: Offensichtlich befanden wir uns nach Anders damals nicht bzw. nicht mehr in einer Lage, in der Hoffnung sinnvoll oder überhaupt möglich gewesen wäre; darüber hinaus hielt Anders sie sogar für moralisch verwerflich und – wenigstens vorübergehend – politisch verboten (so legen es jedenfalls die eingangs zitierten Passagen gegen »Hofferei« und gute Stimmungsmache nahe). Allerdings, so könnte man im Umkehrschluss weiter folgern, muss es durchaus einmal eine Situation gegeben haben, in der das Hoffen möglich und sinnvoll gewesen war, eine Situation, aus der wir Anders zufolge jedoch gleichsam heraus- bzw. zurückgefallen sind in einen Zustand, von dem aus die Situation des Hoffendürfens (wenn überhaupt) erst wieder zu erreichen, das heißt vermutlich mühsam zu erkämpfen wäre.

Vorausgesetzt, Anders' Widmung ist tatsächlich mehr als ein gelungenes paradoxes Bonmot: Wie ist es zu dieser eigentümlichen Situation gekommen, in der wir angeblich nicht mehr (sinnvoll) hoffen können, und wie kann, wie sollte es mit der Hoffnung weitergehen? Diese Fragen will ich mit den historisch-kritischen Mitteln der Genealogie beantworten. Denn nehmen wir Anders' Grundprinzip der Situiertheit ernst, so dürfen wir die großen philosophischen Vokabeln wie »Vernunft«, »Geist«, »Leben« und eben auch »Hoffnung« nicht, wie Niklas Luhmann treffend schreibt, zu beinahe jedem Anlass »wie Sauerkraut aus unseren Kellern holen, um es aufgewärmt zu genießen«.[34] Vielmehr müssen wir berücksichtigen, dass alle diese Begriffe historische Entstehungsorte und eine wechselvolle Geschichte haben, Kontexte, Erfahrungen und Kämpfe, die in sie eingingen und aus denen heraus sie einst zu wirken begannen (und die für uns Heutige meist längst verblasst sind); dass sich in ihnen häufig vielfältigste Bedeutungsschichten und Nuancen überlagern und dass sie auf ihrem Weg durch Zeiten und Räume umgeformt und dabei auch gereinigt worden sind von jeweils unliebsamen Bedeutungen und Konnotationen. Friedrich Nietzsche, der Urvater des genealogischen Verfahrens in der Philosophie, spricht in diesem Zusammenhang von »Umwerthung« und unseliger »Ideen-Verhäkelung«.[35] Sind die großen philosophischen Begriffe und Konzepte, mit denen wir an Universitäten wie im Alltag oft freimütig hantieren, aber niemals ganz ablösbar von ihren historischen Möglichkeitsbedingungen, stets umstritten, immer überladen mit Bedeutung, zugleich durch häufigen Gebrauch vernutzt und doch beständig aufgewärmt, am Ende zur Floskel verkommen, dahergesagt und unverstanden, so sind sie eben deshalb immer wieder aufs Neue zu rekonstruieren, zu kritisieren, zu verschieben und neu anzusetzen. Unter den gegenwärtigen, von Günther Anders beschriebenen Bedingungen kann also auch »Hoffnung«, so meine These, nicht mehr dieselbe sein und dasselbe bedeuten und bewirken wie im zweiten nachchristlichen Jahrhundert (auch wenn sie noch immer von den Erfahrungen dieser und anderer längst vergangener Epochen zehrt). Um diesen Gedanken plausibel zu machen, skizziere ich im Folgenden zunächst die wesentlichen griechisch-antiken und christlichen Etappen des Hoffnungsbegriffs und daran anschließend die Übersetzung der antiken bzw. religiösen, bis heute im Begriff der Hoffnung lebendigen Vorstellungen in die säkularisierte Fortschrittserzählung der Moderne. Davon ausgehend komme ich auf einen wichtigen Aspekt der Nachtseite dieser »großen Erzählung« (Lyotard) zu sprechen, nämlich den von Hartmut Böhme so genannten »Feldzug« der europäischen Aufklärung gegen die Melancholie[36], jene innere Gestimmtheit, die ein untrügliches Sensorium für die Abgründe des Fortschritts und die Misstöne seiner Hochgesänge darstellt. Daran anknüpfend skizziere ich – nach einem kurzen, ernüchternden Exkurs zur Lage der Dinge im Anthropozän – abschließend das, was ich mit Günther Anders und Hans Jonas die aus meiner Sicht heute notwendige Heuristik der Hoffnungslosigkeit nenne.

**Vergiftete Geschenke.
Kurze Genealogie der Hoffnung**

Geht man zurück zu den für unseren Kulturraum prägenden antiken Wurzeln der Hoffnung[37], fällt ins Auge, dass die griechische *elpís* einerseits eher der neutralen Annahme respektive Erwartung entspricht, die im Einzelfall als gut (gr. *agathé*) bzw. schlecht (gr. *kaké*) zu qualifizieren ist, oder als rationale Vorausschau verstanden wird, weshalb sich voreilige Übersetzungen in das uns vertraute, positiv getönte, emotional stimulierende »Hoffen« verbieten. Elpís »can focus on bad outcomes as well as good; and thus it does not always exhibit the motivational aspect that for us is constitutive of hope«, so Douglas Cairns.[38] Andererseits aber finden sich insbesondere in der griechischen Lyrik und Poesie bereits zahlreiche Belege für ein Verständnis des Begriffs in unserem Sinn: Hoffnung als emotionale Kraft, als Stütze und geistige Nahrung in dunkler Zeit. Darüber hinaus ist die semantische Bandbreite des Begriffs generell deutlich größer als das, was in unseren Tagen davon übrig geblieben ist, vom (fragwürdigen) Fürwahrhalten (gr. *doxa*) bis zur rationalen Vorhersage, von optimistischer Wohlgestimmtheit bis sehnsüchtiger Vorfreude, von der berechtigten Erwartung bis zum übersteigerten Ehrgeiz.[39] Weitaus bekannter ist bis heute die klassisch-antike Geburtsszene der Hoffnung, wie der Dichter Hesiod sie – mit erkennbar pessimistischer Schlagseite – in *Werke und Tage* um 700 v. Chr. in unseren Kulturraum eingeführt hat: als Strafaktion für einen unbotmäßigen Titanen und dessen Schützlinge. Gemäß der griechischen Variante des Sündenfallmythos konterkariert Prometheus mittels einer List die den Menschen von Zeus auferlegte Opferpflicht und entwendet dem darob erzürnten Göttervater alsdann auch noch das Feuer, das jener den Menschen zur Strafe für den ersten Frevel entzogen hatte. Während Prometheus für sein zweites Vergehen für immer an den Kaukasus geschmiedet wird, wo ein Adler täglich seine nächtlich nachwachsende Leber frisst, erhält die Menschenwelt als vergiftetes Geschenk die Hoffnung, vermengt mit zahllosen anderen Übeln in der sprichwörtlich gewordenen Büchse der Pandora. Die Warnungen seines Bruders überhörend nimmt der begriffsstutzige Epimetheus (wörtlich »der danach Denkende«) die Gabe der mit allerlei Vorzügen und Liebreizen ausgestatteten Cyborgfrau aus der olympischen Schmiedewerkstatt des Hephaistos an – mit fatalen Folgen: »Das Weib aber hob mit den Händen den mächtigen Deckel vom Faß«, heißt es bei Hesiod, »ließ alles heraus und schuf der Menschheit leidvolle Schmerzen. Einzig die Hoffnung blieb dort drinnen [...] unter dem Rand des Fasses und flog nicht heraus.«[40] Wer zu spät denkt, hat die Hoffnung, könnte man sagen. Doch schon hier wird es kompliziert. Nicht nur, dass die Büchse im griechischen Original eben ein beträchtliches Vorratsfass (gr. *pithos*) zur Aufbewahrung von Getreide, Öl oder Wein ist und keine schlanke Dose (wie von Erasmus von Rotterdam fälschlich oder absichtlich falsch übersetzt). Auch ist bis heute umstritten[41], ob die Hoffnung, wie Hesiod behauptet, überhaupt ein Übel ist; im *pithos* verblieben, wäre sie zudem gerade nicht wie alle anderen Missstände in die Welt getreten. Und hat Pandora ihr Fass auf Zeus' Geheiß in voller Absicht oder aber versehentlich geöffnet (und zynisch oder eher panisch wieder verschlossen)? Oder war es gar der neugierige Epimetheus? In der positiven Variante der Pandorasage, die auf den um 570 v. Chr. geborenen Dichter Theognis von Megara zurückgeht, wird *Elpís* als einzige gute Göttin verstanden, die noch unter den Menschen weilt – eine Auffassung, die sich in der Antike allmählich gegen Hesiod durchgesetzt hat[42], auch wenn die Hoffnung ihre Janusköpfigkeit, die ihr bei Hesiod von Zeus zugeschrieben wird, wenn dieser sie als Übel charakterisiert, »an dem jeder seine Herzensfreude haben und doch sein Unheil umarmen soll«[43], nie mehr ganz loswird. Was hier im Stigma des »schönen

Übels« bereits an unverkennbarer Misogynie aufscheint, wird in der Fassung der Pandorasage aus Hesiods *Theogonie* explizit: Pandora bringt dort nicht die Hoffnung, sondern »das schlimme Geschlecht und die Scharen der Weiber, ein großes Leid für die Menschen«.[44] Auch das gehört zur Genealogie der Hoffnung: Pandora (wörtlich »die Allbegabte«) wird als sich hingebendes Allgeschenk »zum Leid der schaffenden Männer«[45], die Hoffnung auf diese Weise mit den verfemten weiblichen Attributen der Verführung bzw. Irreführung, des Müßiggangs und der Verschwendung assoziiert – Hoffnung als Selbstbetrug, dem man so hoffnungslos verfallen ist wie dem unter Philosophen häufig geschmähten Geschlechtstrieb. Bis in unsere Tage hinein ist diese negativ-misogyne Einfärbung der Hoffnung lebendig geblieben, philosophiegeschichtlich zuletzt prominent vertreten etwa bei Friedrich Nietzsche, der in *Menschliches, Allzumenschliches* (1878) schreibt, Zeus habe den Menschen die Hoffnung als »das grösste Glücksgut« untergejubelt, weil er gewollt habe, »dass der Mensch, auch noch so sehr durch die anderen Übel gequält, doch das Leben nicht wegwerfe, sondern fortfahre, sich immer von Neuem quälen zu lassen«.[46] Der Marquis de Sade lässt grüßen.

Doch unser Hoffnungsbegriff hat eine zweite Herkunftslinie, die ihn beispiellos auf- bzw. (in Nietzsches Diktion) umwertet. So wird die *elpís* im Christentum durch die Aufladung mit alttestamentarischen und apokalyptischen Traditionen nachhaltig ent-neutralisiert und positiviert, aus Erwartung wird Verheißung, der durch den direkten Bezug auf Jahwe ein »personale[s] Element des Vertrauens« eingeschrieben ist.[47] Aufgrund konkreter historischer Erfahrungen von politischen Niederlagen, Verschleppung und Unterdrückung wird die Hoffnung auf eine bessere Welt in der spätjüdischen Apokalyptik schließlich radikal. Neben dem Vertrauen in Gott steigt die Erwartung des Jüngsten Gerichts nicht nur als Vorspiel eines »Neuen Jerusalem«[48], sondern auch als finale Schlacht zwischen Gut und Böse (Unterdrückern und Befreiern), was der Hoffnung ein martialisches Gepräge gibt und allen Apokalyptikern bis heute den Vorwurf der Faszination für den Untergang und die ihn begleitende Zerstörung einträgt. Provokativ formuliert: Wer apokalyptisch hofft, hat ein Gewaltproblem, denn die ersehnte Parusie ist Erfüllung im Katastrophenmodus (und katastrophal vor allem für jene, die auf der falschen Seite der Heilsgeschichte stehen). Als kontrafaktische »Theologie der Hoffnung« bestreite die Apokalypse »das Gewaltmonopol des Staates und der Herrschenden«, so Hartmut Böhme, und erlaube es theologisch, »in grandiosen Rachephantasien den Untergang einer ins Zeichen der tyrannischen Willkür getretenen Geschichte zu feiern«.[49] In diesem Zusammenhang nimmt der Begriff der Hoffnung ebenso ein auch in der Gnosis lebendiges Element von Weltflucht und Diesseitsverachtung auf[50], das bei Paulus freilich bald einer »christologischen Korrektur« unterzogen wird. Hoffnung kann sich seitdem als Trost für und Versöhnung mit problematischen Diesseitslagen etablieren und wird bei Augustinus und Thomas von Aquin neben Glaube und Liebe zur christlichen Kardinaltugend promoviert, angesiedelt in der rechten Mitte zwischen Hochmut (*excellentia*) und Resignation (*acedia*).[51] Spätestens bei Luther kann der Mensch dann nicht nur in Gott, sondern auch in sich selbst berechtigte Hoffnung setzen. Für die weitere Entwicklung des Hoffnungsbegriffs ist dann Folgendes bedeutsam: Erstens bleibt die Hoffnung bis heute »durch die Spannung zwischen dem griechischen und dem christlichen Verständnis bestimmt«.[52] Zweitens spielt sie in der Philosophiegeschichte der Neuzeit bis ins frühe 20. Jahrhundert »keine sonderliche Rolle«[53], was drittens wahrscheinlich damit zusammenhängt, dass die christlich überformte *elpís* in Neuzeit und Moderne eine weitere, entscheidende Umwertung und Fortschreibung erfährt: als säkularisierter Glutkern des Fortschrittsbegriffs.

»Es gehört zu den bevorzugten Mythen der Moderne, sich ihre eigene Geschichte als einen fortschreitenden Befreiungsprozeß zu erzählen«, so Peter Sloterdijk.[54] Dass diese Erzählung einer hausgemachten Emanzipation (von der Natur und von sozialen Missständen) bzw. »Aufstiegserwartung« einem Glauben ähnelt und das Gewand der alten Heilserwartung aufträgt, ist ebenfalls schon oft bemerkt worden.[55] Günther Anders geht darauf unter anderem in einem kurzen, um 1940 im Exil verfassten Text ein.[56] Zu Beginn skizziert er dort knapp, was in seinen umfangreichen Frühschriften zur philosophischen Anthropologie[57] ausgearbeitet ist. Kurz gefasst: Im Gegensatz zum Tier sei der Mensch ein unfertig geborenes, instinktentbundenes Wesen, das heißt, er finde auf der Erde keinen passgenau eingerichteten Lebensraum vor. Es sei dieser (vermeintliche) Defekt der Unfertigkeit, der ihn schließlich dazu zwinge, ihm aber auch ermögliche, sich eine ihm gemäße, künstliche (soziale, technische, rechtliche, moralische usw.) Welt selbst einzurichten. Mit anderen Worten: »Das Angebot der Welt befriedigt nicht des Menschen Nachfrage.«[58] Obwohl er von ihr abhänge, könne der Mensch mehr von der Welt verlangen und mehr aus ihr machen, als er in ihr antreffe, sich selbst als Teil der Welt eingeschlossen. (Dies die bereits erwähnte anthropologische Wurzel des prometheischen Gefälles.) Das Faktum der Unfestgelegtheit ist nach Anders also nur die Kehrseite menschlicher Freiheit – eine ontologische Mitgift, die ihren Profiteur zum obersten Weltbemächtiger unter allen Lebewesen gemacht hat. Noch in der Renaissance, idealtypisch bei Pico della Mirandola (1463–1494), steht dieser allbegabte Homo Faber mit beiden Beinen auf einer Himmelsleiter, die ihn nach unten mit dem Tierreich und nach oben mit den Engeln und mit Gott verbindet.[59] Kein halbes Jahrtausend später ragt sein ungebrochenes Bedürfnis, das Weltangebot der Menschennachfrage anzupassen, metaphysisch ins Leere. Doch die »transzendentale Obdachlosigkeit« (Georg Lukács) lässt sich verschmerzen, weil unter dem eingestürzten Himmel der christlichen Heilserwartung ein Premium-Surrogat zur Verfügung steht: das Konzept des Fortschritts, von dem Emil Cioran sagt, es sei »die Utopie schlechthin. Sogar diejenigen, die es ablehnen, daran zu glauben, stimmen ihm unbewußt zu.«[60] Günther Anders zufolge stellt diese Utopie den »entscheidende[n] moderne[n] Versuch« dar, »mit dem Faktum der Unfertigkeit ›fertig‹ zu werden.«[61] Von unbestreitbarem Vorteil ist dabei, dass die Parusie des Fortschritts drastisch verkürzte Wartezeiten verheißt. So kommt es, dass die Moderne den Glauben an kosmische »Schlußtermine« und »Endstationen« verliert und selbst Theologen sich abwenden von der »mittelalterlichen Idee, die Welt als ganze habe irgendwann eine letzte Verabredung mit Gott.«[62] Beflügelt durch die »Entdeckung« Amerikas, den Wissenschaftsboom der Neuzeit, die technologischen und politischen Revolutionen des 18. bzw. 19. Jahrhunderts, ermöglicht die Idee des autogenen Fortgangs der Menschheitsgeschichte zum immer Besseren das, was Michaël Fœssel in seiner *Kritik der apokalyptischen Vernunft* treffend »die Verschiebung des Ortes der Erwartung« genannt hat.[63] Der moderne Mensch hat mit der millenarischen Erwartungshaltung seiner christlichen Vorfahren gebrochen, behält aber die Blickrichtung nach vorne bei. Als fortschrittsgläubiger Selfmademan pflegt er zur Hoffnung ein diesseitiges, allenfalls verschämt auf Jenseitsdividenden schielendes Verhältnis, das heißt, er ist gezwungen, aber auch willens, die Offenbarung im Hier und Jetzt aus eigener Kraft zu bewerkstelligen. Zugespitzt: Wer hofft, ohne zu glauben, richtet das eigene Dasein inbrünstig auf Innovation und Selbstoptimierung aus. Der religiös unmusikalisch gewordene Unternehmer seiner selbst[64] bezieht sein Credo nicht mehr aus dem Vatikan, sondern vom profanen Geist des Kapitalismus[65] und dessen Wanderpredigern, den Coaches, Motivations-Gurus und Personal Trainern. Festzuhalten bleibt an dieser Stelle noch, dass der Progressbegriff als eschatologischer Ersatzschlüssel der Moderne universal ist. In der Kirche des Fortschritts sitzen Kapitalisten und Sozialisten einträchtig beieinander. Auch Marxens apokalyptisch getönter Messianismus des Proletariats, der voll und ganz auf Produktivkraftentwicklung, also technologische Innovation, und manichäischen Klassenkampf als Geburtshelfer der kommunistischen Offenbarung zählt, lässt die menschliche Geschichte (mit einem Begriff Luthers) in einem erlösenden »Reich der Freiheit« aufgehen, welches laut Marx erst dort beginnt, »wo das Arbeiten, das durch Not und äußere Zweckmäßigkeit bestimmt ist, aufhört«.[66] Auch das aller Verdiesseitigungen zum Trotz (bzw. gerade deswegen) unverkennbar eine Variante fortschrittsgläubiger »Hoffnungsphilosophie«[67], in deren Register noch der vordergründige Abgesang Max Horkheimers von 1935 fällt: »Die Vorstellung einer bergenden Macht außerhalb der Menschheit, wird in der Zukunft verschwinden. Indem nicht mehr der Glaube an diesen Trost, sondern das Bewußtsein von ihrer Verlassenheit die Beziehungen der Menschen vermittelt, werden sie unmittelbar werden.«[68] Und weiter heißt es (nur wenige Jahre vor der *Dialektik der Aufklärung*), nun sei es endlich an der Zeit, »daß der bloße Eintritt in die Welt Glück bedeutet, aber nicht durch Macht über andere, sondern durch die Herrschaft der Menschheit über die Natur«.[69] Der eschatologische Geduldsfaden ist gerissen, Heil liegt ausschließlich in der reinen Immanenz und im pathetischen Versprechen der Authentizität, dort, wo kein Gott mehr zu den Menschen kommt, sondern nur noch der Mensch zu sich selbst. Zur Wiederaufladung des zwischenzeitlich ökonomistisch abgekühlten Marxismus mit messianischen und utopischen Energien kommt es erst wieder bei Ernst Bloch[70], was der nicht selten als leisetreterisch, naiv und verzweifelt geschmähten (»stillen«) Hoffnung erneut den alttestamentarischen Odem des Umstürzlerischen einhaucht: »Sehen wie schlecht die Welt ist und hoffen und zeigen, wie gut sie sein könnte, das ist der Sinn eines wirklich revolutionären Bewußtseins.«[71] Mit Bloch feiert die Hoffnung ein spätes, aber fulminantes Comeback. Der Zug ins Utopische ist Bloch zufolge nämlich nichts weniger als »das Charakteristikum des Menschen«.[72] Auch für Bloch ist der Mensch unfertig geboren und darauf angewiesen, auf Umwegen zur Welt zu kommen; anders als die Tiere habe er nicht nur Hunger, sondern auch Sehnsucht, »die nur bei uns vorkommt, als mehr oder minder genau ausmalendes Hoffen«.[73] Anders gesagt: Nur Menschen haben Zukunft und schmieden Pläne, nur sie bewohnen die Welt als offenen Möglichkeitsraum, als »große Sphäre des Noch-Nicht«[74], in denen die Träume vom anderen, vom besseren Leben blühen.

Die Nachtseite des Fortschritts oder Lob der Melancholie

Die Genealogie der Hoffnung bliebe unvollständig, ohne auf jene Stimmen zu sprechen zu kommen, die unter der Ägide des Fortschrittsglaubens stigmatisiert und zum Schweigen gebracht werden, darunter vor allem Apokalyptik und Melancholie. Anders als die volkstümliche Lachkultur und der herrschaftskritische Humor, deren gewiss nicht unerhebliches subversives Potenzial doch in der Regel (in unseren Breitengraden) die Grundfeste der Gesellschaft intakt lässt und sogar kulturindustriell bewirtschaftet werden kann, gehören die apokalyptische Rede und der melancholische Blick ebenso wie der Wahnsinn[75] zu jenen Phänomenen, die es aus Sicht der Fortschrittsgläubigen mit allen Mitteln abzuwehren und auszutreiben gilt. Sie sind das nicht integrierbare Andere, das die Ordnung über sich hinaustreibt, punktuell außer Kraft setzt und in Einsturzgefahr bringt.[76] Wie die Austreibung im Fall der Melancholie verlief, hat Hartmut Böhme in einem lesenswerten Aufsatz nachgezeichnet: Kulturgeschichtlich bedeutsam wird die Melancholie zuerst in Form der meistens Aristoteles zugeschriebenen, aber vermutlich auf Theophrast zurückgehenden Frage, warum alle hervorragenden Männer (Philosophen, Künstler usw.) Melancholiker seien. Der Neuplatoniker Marsilio Ficino (1433–1499) greift sie in seiner Diätetik mit Verweis auf die Mythologie des antiken Gottes Saturn wieder auf. So zeige das saturnische Temperament zwei Seiten, »die Qual und der Wahnsinn dort, die göttliche Erleuchtung und inständige Forschung hier«.[77] Im Volksmund: Genie und Wahnsinn liegen nahe beieinander. In der christlichen Humoralpathologie findet dann nach Böhme eine entscheidende Umwertung statt, die Melancholie wird (wie *acedia* und *tristitia*) ins Sündenregister überführt, der Melancholiker als »Störenfried« der sozialen und göttlichen Ordnung diskriminiert.[78] Denken macht nicht nur traurig[79], sondern außerdem verdächtig. Auch die Utopisten in Renaissance und Neuzeit können mit dem Melancholiker nicht viel anfangen. Zur regelrechten »Feindfigur« wird er nach Böhme in der Aufklärung, die das melancholische Temperament aufgrund der jenem zugeschriebenen bipolaren Struktur zum Antagonisten der Vernunft stilisiert; zudem unterstellt man ihm umstürzlerische Bestrebungen.[80] Böhme zufolge geht durch diesen Exorzismus verloren, was in unserer Lage heute von überlebenswichtiger Bedeutung sein könnte. Denn der Melancholiker ist das schlechte Gewissen Homo Fabers, der Stachel im Fleisch des Fortschrittsglaubens. Er – um nicht zu sagen: *nur er* – sieht mit ungetrübten Augen, dass die moderne Heilsgeschichte eine Selbstbeschwörung ohne Happy End ist und das herrschende, auf Extraktivismus und Steigerung fixierte Wirtschafts- und Lebensmodell mit seiner manischen Feier des Konsumismus und seinen naiven solutionistischen Erlösungsphantasien einer großen Ausweichbewegung ähnelt, die das zugrunde liegende Elend nur noch verschlimmert, weil sie es umso mächtiger zurückkehren lässt.[81] In diesem

Sinn heißt es bei Walter Benjamin, einem der großen Melancholiker der Moderne, dass der Fortschrittsbegriff »in der Idee der Katastrophe zu fundieren [ist]. Daß es ›so weiter‹ geht, ist die Katastrophe. Sie ist nicht das jeweils Bevorstehende sondern das jeweils Gegebene.«[82] In der neunten seiner 28 Thesen über den Begriff der Geschichte untermalt Benjamin diese Einsicht mit Paul Klees Zeichnung »Angelus Novus« (1920). Der dort abgebildete Engel scheint sich für ihn mit aufgerissenen Augen und Flügeln »von etwas zu entfernen, worauf er starrt«. Benjamin sieht in der Figur den »Engel der Geschichte«: »Er hat das Antlitz der Vergangenheit zugewendet. Wo eine Kette von Begebenheiten vor *uns* erscheint, da sieht *er* eine einzige Katastrophe, die unablässig Trümmer auf Trümmer häuft und sie ihm vor die Füße schleudert. Er möchte wohl verweilen, die Toten wecken und das Zerschlagene zusammenfügen. Aber ein Sturm weht vom Paradiese her, der sich in seinem Flügel verfangen hat und so stark ist, daß der Engel sie nicht mehr schließen kann. Dieser Sturm treibt ihn unaufhaltsam in die Zukunft, der er den Rücken kehrt, während der Trümmerhaufen vor ihm zum Himmel wächst. Das, was wir den Fortschritt nennen, ist *dieser* Sturm.«[83]

Exkurs: Die Welt als Lager

Wenn das Gegebene die Katastrophe ist und der Fortschritt ein furchtbarer Sturm, wie steht es dann um das Gegebene – und was erwartet uns in der Zukunft? »In einer Welt, die noch zwei oder drei oder vier Grad heißer ist als heute«, schreibt der SPIEGEL-Redakteur Jonas Schaible, »wird vielerorts das Wasser knapp, die Ernte ausfallen, die Luft tödlich feuchtheiß. Wird die Wirtschaft leiden, werden Hunderte Millionen Menschen fliehen müssen, werden technische und soziale Systeme versagen. Werden Erwartungen enttäuscht und Identitäten zerstört. Werden soziale Spannungen ansteigen, werden Frust und Zorn überhandnehmen, werden Kriege und Bürgerkriege wahrscheinlich. Es spricht außer Hoffnung nichts dafür, dass ein so fragiles Gebilde wie die liberale Demokratie unter diesen Umständen fortbestehen kann. Und wenn sie es kann, wird die reale Freiheit aufgefressen werden vom permanenten Kampf gegen die Not.«[84] Als Zukunftsvision ist das so abschreckend wie höchstwahrscheinlich zutreffend und also eher kein apokalyptisches Klimbim zur Steigerung der Zeitungsauflage nach dem (zweifellos oft zutreffenden) Motto *apocalypse sells*. Die beschriebene Situation – das Ende der Welt, wie wir sie kannten[85] – ist als Szenario zudem nicht neu. Man denke etwa an die längst in die Jahre gekommene Warnung des *Club of Rome* bezüglich der Grenzen des Wachstums von 1972[86], an Ulrich Becks Diagnose einer globalen »Risikogesellschaft« (1986), einer anderen, »zweiten Moderne«, in der jede Form von Abschottungspolitik sinnlos geworden ist[87], oder die Vorhersage eines zivilisatorischen Kollapses angesichts künftiger »Klimakriege«.[88] Zu allen diesen – hier nur exemplarisch angeführten – Positionen existieren Gegenstimmen. Sie setzen unter anderem voraus, was im Rahmen der alten Fortschrittserzählung und ihrer zugrunde liegenden anthropologischen Prämissen selbstverständlich schien: einen unbeschränkten Zukunftshorizont. Aller Voraussicht nach wird das kommende Klimaregime jedoch die damit verbundenen zentralen Zukunftsversprechen der Moderne – mehr Wachstum, mehr Bewegungsfreiheit, mehr Selbstentfaltung – radikal infrage stellen. Dem Atmosphärenchemiker Paul J. Crutzen und dem Biologen Eugene F. Stoermer schien es daher angemessen, zur letzten Jahrtausendwende eine neue, maßgeblich »vom Menschen geprägte geologische Epoche« auszurufen: das »Anthropozän«.[89] Seit seiner Proklamation hat sich das gewohnte Hauptquartier der Gattung Mensch in rasendem Tempo in eine dynamisch-instabile »*terra incognita*«

verwandelt[90], deren langsam erkennbares Relief zu größter Sorge Anlass gibt. Während die herkömmliche »Stellung des Menschen im Kosmos« (Scheler) einer treffenden Begriffsprägung Peter Sloterdijks zufolge als »eine Art von Kulissen-Ontologie« umschrieben werden konnte, in der die Natur den »ruhenden Hintergrund« oder allenfalls das »Ressourcen-Lager« und die »Deponie« menschlicher Selbstüberschreitung bildete[91], trägt das Anthropozän die Züge einer globalen Kerkersituation, in der Handlungsoptionen schrumpfen, planetare Grenzen überschritten und die Selbstauslöschung der Menschheit (oder größerer Teile davon) immer wahrscheinlicher werden.[92] Günther Anders hat 1959 in seinen *Thesen zum Atomzeitalter* in Hinsicht auf die Atombombe von der Verwandlung der Erde »in ein ausfluchtloses Konzentrationslager« gesprochen.[93] Man kann das als methodische Übertreibung abtun oder als pointiertes Lagebild ernstnehmen.[94] Denn wie die radioaktive Wolke kümmert sich auch der Klimawandel »nicht um Meilensteine, Nationalgrenzen oder Vorhänge«.[95] Im Anthropozän (Anders hätte von »Endzeit« gesprochen) gibt es keinen ruhenden Hintergrund, kein Außen mehr, an das wir unsere Treibhausgase, unsere radioaktiven Abfälle und andere Umweltgifte delegieren könnten. So ist der Binnendruck im planetaren Lager zuletzt merklich gestiegen, vor allem, weil alle Anläufe zur Eindämmung von CO_2-Emissionen bisher durch deren explosionsartige Vermehrung konterkariert werden, wie Jens Soentgen in seinem Buch über den segensreich-fatalen Pakt des Menschen mit dem Feuer konstatiert: »Diesen Widerspruch gilt es wahrzunehmen, statt ihn durch immer neue Hoffnungsszenarien zu überspielen.«[96] Ein guter Rat, den ironischerweise vor allem jene beherzigen, denen der Löwenanteil an unserer hausgemachten Misere zugeschrieben wird: Es sind inzwischen längst nicht mehr nur – wie eh und je – Arme und Ausgebeutete, die politisch irrelevant Gemachten dieser Erde, sondern vor allem deren

Oberschichten, die Überlebenspläne schmieden.[97] In geräumigen Endzeitbunkern, auf Superyachten[98], Privatinseln und Marsmissionen suchen sie mehr oder weniger verzweifelt nach geeigneten Exit-Strategien aus dem Weltlager. Ihr Bemühen darf als untrügliches Zeichen dafür genommen werden, dass die an Gütern, Geld und Einfluss Reichsten ihre letzten Hoffnungen längst nicht mehr auf die Hoffnung setzen.

Finale: Heuristik der Hoffnungslosigkeit

An Abgesängen auf die Hoffnung herrscht heute auch sonst kein Mangel; und längst schon gilt der Fortschritt als entzaubert.[99] Trotzdem mehren sich die Stimmen derer, die gerade jetzt für die Hoffnung Partei ergreifen.[100] Sie ist mit Macht aus dem Begriffskeller in die diskursiven Arenen zurückgekehrt, wo sie auf ihre Kritiker, auf Hoffnungsanbieter und Heilserwartungsmanager, Endzeitpropheten und Untergangsexperten unterschiedlichster Couleur trifft. Nüchtern betrachtet ist eine solche Gemengelage ein sicheres Krisenindiz, denn Hoffnung wird eigentlich vor allem dann zum Thema, wenn man sie dringend nötig hat. Im Anschluss an Günther Anders plädiere ich stattdessen dafür, es mit einer Heuristik der Hoffnungslosigkeit zu versuchen.

Was ist darunter zu verstehen? Als Heuristiken (von gr. *heurískein*: »auffinden«, »entdecken«) bezeichnet man ganz allgemein Methoden zur Erkenntnisproduktion, speziell jene, die es erlauben, mit unvollständigem Wissen und unter Zeitdruck zu brauchbaren Lösungen zu kommen – was sie in der gegenwärtigen Lage offenkundig als probates Mittel der Wahl qualifiziert. Darüber hinaus beziehe ich mich in meiner Begriffsbildung auf Günther Anders' Studienkollegen und lebenslangen Freund Hans Jonas, der in seinem späten Publikumserfolg *Das Prinzip Verantwortung* für eine »Heuristik der Furcht« plädiert.[101] Sein Ausgangsproblem ist dasselbe wie bei Anders: Zu den Folgen unserer immensen technischen Macht und unseres Wirtschaftens gehört heute auch die mögliche Selbstauslöschung der Menschheit. Dem will Jonas mit einer Ethik der »Fernverantwortung«[102] begegnen, die dem ungebremsten Fortschritt ins Verderben Grenzen setzt. Dazu braucht es nach Jonas wie in jeder Ethik gewisse Grundprinzipien, die so belastbar sein sollten, dass sich die Ethik nicht allein »auf die Überredungskraft unseres Gefühls verlassen« müsse.[103] Außerdem aber sei ein Wissen über die möglichen bzw. wahrscheinlichen Folgen und Fernwirkungen unseres Tuns vonnöten, um aus diesem heraus »rückläufig« unsere gegenwärtigen Handlungen zu beurteilen. Jonas fordert also eine »Wissenschaft hypothetischer Vorhersagen, eine ›vergleichende Futurologie‹«[104], deren Ergebnisse jedoch nicht nachträglich zu den Grundprinzipien hinzukommen, gewissermaßen als deren empirische Untermalung, sondern diese zuallererst informieren: »Wir wissen erst, *was* auf dem Spiele steht, wenn wir wissen, *daß* es auf dem Spiele steht.« Deshalb müsse die Moralphilosophie »unser Fürchten vor unserm Wünschen konsultieren, um zu ermitteln, was wir wirklich schätzen«.[105] Zur »ersten [...] Pflicht« der gesuchten Fernethik gehört nach Jonas daher die »vorausdenkende Beschaffung« dessen, was künftigen Generationen beim Einsatz neuer Technologien (oder schon beim schlichten Weiter-so) drohen könnte.[106] Die zweite Pflicht, von der Jonas spricht, ist die, im Angesicht der vorbedachten Übel das Fürchten zu lernen, das heißt, eine »Haltung« zu kultivieren, die die Bereitschaft einschließt, »sich vom erst gedachten Heil und Unheil kommender Geschlechter affizieren zu *lassen*«.[107] Jonas räumt ein, dass seine »heuristische Kasuistik« für politische Zwecke unbrauchbar ist, denn am Ende muss immer – so oder so – gehandelt werden, was dann bekanntlich nicht selten getreu der epimetheischen Devise geschieht, erst mal zu machen und sich mit den Folgen später zu befassen. Daher müsse die grundlegende Unsicherheit in Bezug auf die Prognosen als »praktische Vorschrift« bzw. Grundsatz in die ethische Theorie einbezogen werden, nämlich als »Vorschrift, [...] daß der *Unheilsprophezeiung mehr Gehör zu geben ist als der Heilsprophezeiung*«.[108] Ich lasse die Gründe, die Jonas dafür anführt, hier ebenso außer Acht wie den theologischen Angelpunkt, an dem seine Ethik letztlich – ich denke: am seidenen Faden – hängt[109], und komme abschließend zurück zu Günther Anders.

Wenn, wie Jonas meint, der Heilsprophezeiung zu misstrauen ist, dann heißt das mit anderen Worten: Wir sollten aufhören zu hoffen. Dem entspräche die Haltung des Melancholikers, der die Vorboten des Untergangs zu spüren vermag, und das Ethos des »prophylaktischen« oder »nackten« Apokalyptikers, der das Ende beschwört, nicht weil er es in Erwartung eines göttlichen Reichs herbeisehnt, sondern weil er es – als katechontischer Prophet – aufhalten oder hinauszögern will.[110] Beide, Melancholiker und Apokalyptiker, wissen um die Katastrophengeschichte des Fortschritts, der mit seinen extraktiven Grenzüberschreitungen und dem kulturellen Klima obsessiven Konsums immer offensichtlicher mundophagische Züge trägt, und dass die Hoffnung mit ihrem unschuldigen Gesicht und der Aura des Numinosen seine kleine Schwester ist. Zwar wird der Apokalyptiker ob seiner schrillen Töne nicht nur von apokalypsetauben Ohren oft als belehrend, übertrieben, ja hysterisch zurückgewiesen. Man verleugnet damit Hartmut Böhme zufolge jedoch das kritische Potenzial seines melancholischen Erbes: »die Trauer und die Hoffnung des gefangenen, unter Tyrannei leidenden Volkes Israel«. Der Apokalyptiker ergeht sich nämlich nicht bloß in Untergangsphantasien. Apokalypse sei, so Böhme, »selbst eine Wurzel der Kritik – ja, sie *ist* Kritik – in jenen Formen, die, entgegen der ›rationalen‹ Rede der Vornehmen, der Herrschenden und Diskursmächtigen, sich der poetischen Bilder bedient, welche den Bedrängten und Verfolgten zugänglich sind«.[111] Wie der Melancholiker ist der Apokalyptiker daher noch immer eine soziale Randfigur, die den Betriebsablauf stört. Die dunklen Ahnungen, die beide verkörpern, das spezifische Wissen um die Zerbrechlichkeit aller menschlichen Dinge und die Katastrophe des Fortschritts, das sie artikulieren, werden heute jedoch längst nicht mehr nur von einer zukunftsbangen Jugend aufgegriffen; sie sind tief in die verunsicherten Gegenwartsgesellschaften eingesickert.[112] Mit Böhme wird man sie als Schatzgrube und zentrale Aufgabe unserer Zeit begreifen dürfen[113], und die Melancholiker und Apokalyptiker als die eigentlichen Stimmen der Vernunft im Anthropozän. Ihnen zu folgen bedeutet nicht, zu jammern und zu lamentieren, sich im Untergang zu suhlen oder den Kollaps zu feiern. Zynismus bzw. Resignation sind ebenso falsche Alternativen wie das alte »Glauben an automatische Selbstheilung katastrophenhafter Situationen«.[114] In ihrer Mitte gälte es endlich den Mut zu finden »für die Zeichen der Angst und Bedrohung, ein Wissen ohne Beschönigung, ein Gefühl ohne Verdrängung«.[115] Frei nach Bruno Latour formuliert: Wir sind niemals melancholisch, niemals apokalyptisch gewesen[116] – höchste Zeit, es endlich zu werden! Denn »nur erfahrene Apokalyptiker«, so Peter Sloterdijk, »[können] vernünftige Zukunftspolitik betreiben, weil sie mutig genug sind, auch das Schlimmste als reale Möglichkeit zu bedenken«.[117] Und so wie Hans Jonas uns einst die Furcht empfahl, lautet der Appell seiner Urenkelin Greta Thunberg heute »I want you to panic!«. Angerufen ist in beiden Fällen eine Angst »von ganz besonderer Art«, wie Günther Anders in seinen *Thesen zum Atomzeitalter* schreibt; eine »furchtlose Angst«, eine »belebende Angst«, die uns »in die Straßen hinaus treiben soll«, eine »liebende Angst, die sich *um* die Welt ängstigen soll, nicht nur *vor* dem, was uns zustoßen könnte«.[118] Die Angst, die Anders und Jonas meinen, »*soll Aktionen befeuern, soll Widerstand ermöglichen*«.[119] Aufgeben ist daher so wenig eine Option wie die erzwungene Rückkehr in vorindustrielle Zeiten. Und so wenig wie die Hoffnung, die im drohenden Weltenbrand kein Löschwasser ist, sondern Brandbeschleuniger wider Willen. An ihre Stelle tritt bei Jonas die Verantwortung – und bei Anders das »Prinzip Trotz« mit seiner (wie Anders selbst einräumt) zynischen Maxime: »Wenn ich verzweifelt bin, was geht's mich an! Machen wir weiter, als wären wir es nicht!«[120] Der Katastrophe in die Speichen greifen und retten, was zu retten ist, heißt freilich auch, nicht auszublenden, dass vieles unrettbar verloren sein wird – das ist die (durchaus bescheidene) Aussicht, die die Heuristik der Hoffnungslosigkeit verspricht.[121] Doch auch wenn die Chance verschwindend gering ist, »haben wir das Äußerste zu versuchen«[122], so Anders. Für ihn kommt es deshalb in erster Linie darauf an, »*Entschlossenheit* herzustellen, denn die begnügt sich nicht damit, Stimmung zu bleiben, sondern mündet im Handeln: Im *Widerstand*. Und im *Gegenangriff*.«[123] Das klingt martialisch, und ist am Ende vielleicht auch nicht ganz frei vom alten Wunsch, die Dinge doch irgendwie in den Griff zu bekommen, zu meistern, den »Gegner« zu besiegen. Womöglich sind wir daher mit maritimen Metaphern besser beraten. Das, was vor uns liegt, ist nicht mehr die immer neue, von Homo Faber so unermüdlich wie souverän ausgebaute Welt des anhaltenden Fortschritts zum Besseren. Wenn wir künftig gezwungen sind, durch die *terra incognita* der Klimakatastrophe, des Artensterbens, der Umweltzerstörungen und globalen sozialen Verwerfungen zu navigieren, werden wir uns eher als Hochseesegler zu imaginieren haben, die – paradox formuliert – mit unberechenbaren Elementen kalkulieren müssen. Es spricht gerade dann nur wenig dafür, die Segel zu streichen. Die Hoffnung aber sollten wir fahren lassen. Oder – mit einem letzten Blick zurück auf Günther Anders' rätselhafte Widmung von 1987: Bevor wir wieder zu hoffen beginnen, müssen wir erst einmal ganz und gar hoffnungslos sein dürfen.

Anmerkungen

1 Es handelt sich um Günther Anders, *Günther Anders antwortet. Interviews und Erklärungen*, hg. v. Elke Schubert, Berlin 1987. Ein Bild der erwähnten Widmung mit schwarzem Kugelschreiber wurde zu Beginn des Vortrags in Lech gezeigt, kann hier aber leider nicht mit abgedruckt werden.
2 Günther Anders, »Brecht konnte mich nicht riechen«. Interview mit Fritz J. Raddatz, in: Fritz J. Raddatz, ZEIT-*Gespräche 3*, Frankfurt a. M. 1986, S. 7–30, hier S. 9.
3 Günther Anders, Die Atomkraft ist die Auslöschung der Zukunft, in: ders., *Günther Anders antwortet*, a. a. O., S. 125–134, hier S. 134. Alle Hervorhebungen hier und im Folgenden i. Orig.
4 Anders, »Brecht konnte mich nicht riechen«, a. a. O., S. 14.
5 Günther Anders, Von »Notstand und Notwehr«, in: *natur. Das Umweltmagazin*, Nr. 12, Dezember 1986, S. 28–34, hier S. 34.
6 Ebd.
7 Günther Anders, *Mensch ohne Welt. Schriften zur Kunst und Literatur*, 2. Aufl., München 1992, S. XI.
8 Anders, Von »Notstand und Notwehr«, a. a. O., S. 34.
9 Günther Anders, *Die molussische Katakombe*, 2., erweiterte Aufl. Mit Apokryphen aus dem Nachlaß hg. v. Gerhard Oberschlick, München 2012, S. 306.
10 Freiburg 1924, als Kurzfassung veröffentlicht in: Günther Stern, *Über das Haben. Sieben Kapitel zur Ontologie der Erkenntnis*, Bonn 1928, S. 153–189.
11 Günther Anders, Blindschleiche und Parsifal. Natur und Kultur in meiner Kindheit, in: FORVM, Heft 444, 1990, S. 23–33; sowie ders., Blindschleiche und Parsifal. Natur und Kultur in meiner Kindheit. Zweite von drei Folgen, in: FORVM, Heft 445–447, 1991, S. 48–53.
12 Günther Anders, Sprache und Endzeit (VI), in: FORVM, Heft 433–435, 1990, S. 17–21, hier S. 21.
13 Ebd.
14 Anders, *Mensch ohne Welt*, a. a. O., S. XII.
15 Günther Anders, *Die Antiquiertheit des Menschen 2: Über die Zerstörung des Lebens im Zeitalter der dritten industriellen Revolution*, 4., durchges. Aufl., München 2018, S. 421.
16 Günther Anders, *Die Antiquiertheit des Menschen 1: Über die Seele im Zeitalter der zweiten industriellen Revolution*, 4., durchges. Aufl., München 2018, S. 48.
17 Ebd., S. 28.
18 Ebd., S. 29. Schon Georg Simmel hatte in seinem Aufsatz über die »Tragödie der Kultur« fast ein halbes Jahrhundert früher eine ähnliche Diagnose gestellt: So groß sei der Bestand objektiver Kultur – der Kunst, aber auch der Religion, des Rechts, der Wissenschaft und

Technik –, so rasch wachse er in unseren Tagen an, dass niemand mehr in der Lage sei, ihn zu überblicken geschweige denn, sich ihn auch nur annäherungsweise anzuverwandeln (vgl. Georg Simmel, Der Begriff und die Tragödie der Kultur, in: ders., *Hauptprobleme der Philosophie. Philosophische Kultur (Gesamtausgabe*, Bd. 14), Frankfurt a. M. 1996, S. 385–416).

19 Anders, *Die Antiquiertheit des Menschen 1*, a. a. O., S. 28 f.
20 Vgl. Anders, *Die Antiquiertheit des Menschen 2*, a. a. O., S. 443 ff.
21 Anders, *Die Antiquiertheit des Menschen 1*, a. a. O., S. 298.
22 Ebd., S. 296.
23 Ebd., S. 297.
24 Ebd., S. 7.
25 Günther Anders, George Grosz, in: ders., *Mensch ohne Welt*, a. a. O., S. 203–237, hier S. 230.
26 Anders, *Die Antiquiertheit des Menschen 1*, a. a. O., S. 103.
27 Siehe dazu Anders' Schriften zur Kunst in: *Mensch ohne Welt* und *Schriften zu Kunst und Film*, hg. v. Reinhard Ellensohn und Kerstin Putz, München 2020, sowie ausführlich Einleitung und Kapitel 1 von Christian Dries, *ad Günther Anders. Exerzitien für die Endzeit*, Hamburg 2023.
28 Günther Anders, Was ist Surréalisme?, in: ders., *Schriften zu Kunst und Film*, a. a. O., S. 152–156, hier S. 152.
29 Vgl. ebd., S. 154. Vgl. dazu auch das programmatische Schlussstück »Die Umdrehung« in: Günther Anders, *Der Blick vom Turm. Fabeln*, Neuauflage, München 2022, S. 139.
30 Anders, *Die Antiquiertheit des Menschen 2*, a. a. O., S. 105.
31 Vgl. Uwe Schneede, *Die Kunst des Surrealismus. Malerei, Skulptur, Dichtung, Fotografie, Film*, München 2006, S. 13.
32 Vgl. Günther Anders, Die Gezeichneten: Francisco Goya, George Grosz, in: ders., *Schriften zu Kunst und Film*, a. a. O., S. 213–224, hier S. 221.
33 Anders, »Brecht konnte mich nicht riechen, a. a. O., S. 9.
34 Niklas Luhmann, Jenseits von Barbarei, in: ders., *Gesellschaftsstruktur und Semantik. Studien zur Wissenssoziologie der modernen Gesellschaft*, Bd. 4, Frankfurt a. M. 1995, S. 138–150, hier S. 150.
35 Friedrich Nietzsche, *Zur Genealogie der Moral. Eine Streitschrift*, in: ders., Kritische Studienausgabe, Bd. 5, hg. v. Giorgio Colli und Mazzino Montinari, München 1999, S. 245–412, hier S. 267. Zur Genealogie als Kritik vgl. auch Michel Foucault, Nietzsche, die Genealogie, die Historie, in: ders., *Schriften in vier Bänden. Dits et Ecrits*, Bd. 2, hg. v. Daniel Defert und François Ewald unter Mitarbeit von Jacques Lagrange, Frankfurt a. M. 2002, S. 166–191; sowie Martin Saar, *Genealogie als Kritik. Geschichte und Theorie des Subjekts nach Nietzsche und Foucault*, Frankfurt a. M./New York 2007.
36 Hartmut Böhme, Kritik der Melancholie und Melancholie der Kritik, in: ders., *Natur und Subjekt*, Frankfurt a. M. 1988, S. 256–273, hier S. 257.

37 Dazu und zum Folgenden generell Hans-Georg Link, Hoffnung, in: *Historisches Wörterbuch der Philosophie*, Bd. 3, hg. v. Joachim Ritter, Karlfried Gründer und Gottfried Gabriel, Basel 1974, Sp. 1157–1166; Jan Rehmann, Hoffnung, in: *Historisch-kritisches Wörterbuch des Marxismus*, hg. v. Wolfgang Fritz Haug, Hamburg 2004, Bd. 6/I, Sp. 450–469; Karlheinz Ruhstorfer, Hoffnung, in: *Neues Handbuch philosophischer Grundbegriffe*, Bd. 2, hg. v. Petra Kolmer und Armin G. Wildfeuer, Freiburg/München 2011, S.1160–1176; sowie Volker Schürmann, Hoffnung, in: *Enzyklopädie Philosophie*, Bd. 1. Unter Mitwirkung von Dagmar Borchers, Arnim Regenbogen, Volker Schürmann und Pirmin Stekeler-Weithofer hg. v. Hans Jörg Sandkühler, Hamburg 2010, S. 1003–1010.

38 Douglas Cairns, Can We Find Hope in Ancient Greek Philosophy? Elpis in Plato and Aristotle, in: David Konstan (Hg.), *Emotions Across Cultures. Ancient China and Greece*, Berlin 2022, S. 41–74, hier S. 47.

39 Siehe Anmerkung 37 und 38.

40 Hesiod, *Werke und Tage*. Griechisch/Deutsch. Übersetzt und hg. v. Otto Schönberger, Stuttgart 1996, S. 11.

41 Vgl. Almut-Barbara Renger/Immanuel Musäus, Von Hesiod bis Sloterdijk: Scholien zum Pandora-Mythos, in: dies. (Hg.), *Mythos Pandora. Texte von Hesiod bis Sloterdijk*, Leipzig 2002, S. 190–239.

42 Vgl. Link, Hoffnung, a. a. O., Sp. 1158.

43 Hesiod, *Werke und Tage*, a. a. O., S. 9.

44 Hesiod, *Theogonie*. Griechisch/Deutsch. Übersetzt und hg. v. Otto Schönberger, Stuttgart 2011, S. 49.

45 Hesiod, *Werke und Tage*, a. a. O., S. 9.

46 Friedrich Nietzsche, *Menschliches, Allzumenschliches I und II*, in: ders., *Kritische Studienausgabe*, Bd. 2, hg. v. Giorgio Colli und Mazzino Montinari, München 1999, S. 82.

47 Link, Hoffnung, a. a. O., Sp. 1159; ausführlich dazu Rehmann, Hoffnung, a. a. O., Sp. 454–457.

48 Vgl. Offenbarung, Kap. 21, 1.

49 Hartmut Böhme, Vergangenheit und Gegenwart der Apokalypse, in: ders., *Natur und Subjekt*, a. a. O., S. 380–398, hier S. 389. Laut Böhme (ebd.) besteht »ein Großteil der historischen Anziehungskraft der Apokalypse« in dieser »Rechtfertigung der unbändigen Gewalt und des Rachedursts, die in der geschundenen Kreatur toben«. Man dürfe jedoch nicht vergessen, »daß es sich dabei um Aggression gegen die Aggression handelt; […] um einen Krieg gegen den Krieg«. Eine so verstandene Apokalyptik erlaubt es also, die Rachephantasie der »Zerstörung des Zerstörerischen« als Rettung vor dem eigenen anhaltenden Untergang zu sublimieren (Ingo Reuter, *Weltuntergänge. Vom Sinn der Endzeit-Erzählungen*, Stuttgart 2020, S. 24).

50 Vgl. dazu Klaus Vondung, *Apokalypse ohne Ende*, Heidelberg 2018.

51 Link, Hoffnung, a. a. O., Sp. 1160.
52 Ebd.
53 Ebd., Sp. 1163.
54 Peter Sloterdijk, Die Reue des Prometheus. Von der Gabe des Feuers zur globalen Brandstiftung, Berlin 2023, S. 20.
55 Wolfgang Neuser, Fortschritt, in: Neues Handbuch philosophischer Grundbegriffe, Bd. 1, hg. v. Petra Kolmer und Armin G. Wildfeuer, Freiburg/München 2011, S. 787–801, hier S. 788. Zwar kennt auch die Antike Konzepte des »Fortgangs«, aber ohne jeden Anspruch auf Universalität, den Aufklärung und Moderne damit verbinden (ebd., S. 789).
56 Dazu und zur Schlüsselrolle der Theologie des Fortschritts für die Stabilisierung der modernen Wirtschaftsontologie bei Anders vgl. Laurin Mackowitz, Die Lethargie der Hoffenden. Historisches Bewusstsein gegen Fortschritts- und Revolutionsideologien, in: Günther Anders-Journal, Jg. 1, 2017, Sonderausgabe zur Tagung »Schreiben für übermorgen«. Forschungen zu Werk und Nachlass von Günther Anders, hg. v. Reinhard Ellensohn und Kerstin Putz in Verbindung mit der Internationalen Günther Anders-Gesellschaft, URL: http://www.guenther-anders-gesellschaft.org/wp-content/uploads/2017/12/mackowitz-2017.pdf
57 Günther Anders, Die Weltfremdheit des Menschen. Schriften zur philosophischen Anthropologie, hg. von Christian Dries unter Mitarbeit von Henrike Gätjens, München 2018.
58 Günther Anders, Disposition für Die Unfertigkeit des Menschen und der Begriff »Fortschritt«, in: ders., Die Weltfremdheit des Menschen, a. a. O., S. 322–330, hier S. 322.
59 Giovanni Pico della Mirandola, Oratio de hominis dignitate. Rede über die Würde des Menschen. Lateinisch/Deutsch. Auf der Textgrundlage der Editio princeps hg. v. Gerd von der Gönna, Stuttgart 2009.
60 Emil M. Cioran, Die negative Seite des Fortschritts, in: Peter Sloterdijk (Hg.), Vor der Jahrtausendwende: Berichte zur Lage der Zukunft, Bd. 2, Frankfurt a. M. 1990, S. 660–667, hier S. 664.
61 Anders, Disposition für Die Unfertigkeit des Menschen und der Begriff »Fortschritt«, a. a. O., S. 325.
62 Peter Sloterdijk, Nietzsche im Monsterpark. Für eine kleine Theorie der Jahrhundertwende, in: Günter Figal/Heimo Schwilk (Hg.), Magie der Heiterkeit. Ernst Jünger zum Hundertsten, Stuttgart 1995, S. 109–132, hier S. 129.
63 Michaël Fœssel, Nach dem Ende der Welt. Kritik der apokalyptischen Vernunft, Wien 2019, S. 121.
64 Ulrich Bröckling, Das unternehmerische Selbst. Soziologie einer Subjektivierungsform, Frankfurt a. M. 2007.
65 Max Weber, Die protestantische Ethik und der Geist des Kapitalismus, in: ders.,

Gesammelte Aufsätze zur Religionssoziologie, Bd. 1, 9. Aufl., Tübingen 1988, S. 17–206.

66 Karl Marx, Das Kapital. Kritik der politischen Ökonomie. Dritter Band. Buch III: Der Gesamtprozeß der kapitalistischen Produktion, hg. v. Institut für Marxismus-Leninismus beim ZK der SED, 14. Aufl., Berlin 1988, S. 828.

67 Anders, Die Antiquiertheit des Menschen 2, a. a. O., S. 461; dazu auch Rehmann, Hoffnung, a. a. O., Sp. 460.

68 Max Horkheimer, Bemerkungen zur philosophischen Anthropologie, in: ders., *Schriften 1931–1936 (Gesammelte Schriften*, Bd. 3), hg. v. Alfred Schmidt, 2. Aufl., Frankfurt a. M. 2009, S. 249–276, hier S. 253.

69 Ebd., S. 271.

70 Ernst Bloch, *Das Prinzip Hoffnung* (Werkausgabe, Bd. 5), Frankfurt a. M. 1985.

71 Ernst Bloch, Attraktion und Nachwirkung Schopenhauers. Vorlesungen in Tübingen, Wintersemester 1965, in: ders., *Abschied von der Utopie? Vorträge*, hg. v. Hanna Gekle, Frankfurt a. M. 1980, S. 11–39, hier S. 32.

72 Ernst Bloch, Antizipierte Realität – Wie geschieht und was leistet utopisches Denken?, in: ders., *Abschied von der Utopie?*, a. a. O., S. 101–115, hier S. 106. Anders bezeichnet den Menschen in seinen anthropologischen Frühschriften als »grundsätzlich utopisches Wesen«, weil es die Welt stets unter dem Gesichtspunkt der Insuffizienz anspreche: als für den Menschen immer schon unzureichende, daher in der Vorstellung transzendierende, stets erst (nachträglich) einzurichtende Welt (Günther Anders, Die Positionen Schlafen – Wachen. Relativierender Exkurs, in: ders., *Die Weltfremdheit des Menschen*, a. a. O., S. 118–136, hier S. 126; Situation und Erkenntnis, in: ders., *Die Weltfremdheit des Menschen*, a. a. O., S. 137–195, hier S. 188).

73 Bloch, Antizipierte Realität, a. a. O., S. 103.

74 Vgl. ebd., S. 108.

75 Michel Foucault, *Wahnsinn und Gesellschaft. Eine Geschichte des Wahns im Zeitalter der Vernunft*, Frankfurt a. M. 1973.

76 Ulrich Bröckling/Christian Dries/Matthias Leanza/Tobias Schlechtriemen, Das Andere der Ordnung denken. Eine Pespektivverschiebung, in: dies. (Hg.), *Das Andere der Ordnung. Theorien des Exzeptionellen*, Weilerswist 2015, S. 9–52.

77 Böhme, Kritik der Melancholie und Melancholie der Kritik, a. a. O., S. 257. Dazu auch Wolfgang Weber, Im Kampf mit Saturn. Zur Bedeutung der Melancholie im anthropologischen Modernisierungsprozeß des 16. und 17. Jahrhunderts, in: *Zeitschrift für Historische Forschung*, 17(2), 1990, S. 155–192.

78 Böhme, Kritik der Melancholie und Melancholie der Kritik, a. a. O., S. 258. Nicht nur, aber vor allem im Protestantismus wird die – zwischen

Anfechtung und Frömmigkeitsausweis angesiedelte – Melancholie daher mit Vorliebe durch Erwerbsarbeit stabilisiert (Vgl. Weber, Im Kampf mit Saturn, a. a. O., S. 161–167, 191).

79 George Steiner, *Warum Denken traurig macht. Zehn (mögliche) Gründe*, Frankfurt a. M. 2006.

80 Böhme, Kritik der Melancholie und Melancholie der Kritik, a. a. O., S. 260 f.

81 Dazu liest man bei Anders (Die Antiquiertheit des Menschen 1, a. a. O., S. 50): »Je größer das Elend des produzierenden Menschen wird, je weniger er seinen Machwerken gewachsen ist, um so pausenloser, um so unermüdlicher, um so gieriger, um so panischer vermehrt er das Beamtenvolk seiner Geräte, seiner Untergeräte und Unteruntergeräte; und vermehrt damit sein Elend natürlich auch wieder: denn je vielköpfiger und je komplizierter diese selbstgeschaffene Bürokratie seiner Geräte wird, um so vergeblicher werden seine Versuche, ihr gewachsen zu bleiben.«

82 Walter Benjamin, Charles Baudelaire. Ein Lyriker im Zeitalter des Hochkapitalismus, in: ders., *Gesammelte Schriften*, Bd. I.2, hg. v. Rolf Tiedemann und Hermann Schweppenhäuser, Frankfurt a. M. 1991, S. 509–690, hier S. 683.

83 Walter Benjamin, Über den Begriff der Geschichte, in: ders., *Gesammelte Schriften*, Bd. I.2, a. a. O., S. 691–704, hier S. 697 f.

84 Jonas Schaible, »Wehrhaft und frei«, in: DER SPIEGEL, Nr. 14, 1.4.2023, S. 22–23, hier S. 22 f.

85 Claus Leggewie/Harald Welzer, *Das Ende der Welt, wie wir sie kannten. Klima, Zukunft und die Chancen der Demokratie*, 4. Aufl., Frankfurt a. M. 2010.

86 Donella Meadows/Dennis Meadows/Jørgen Randers/William W. Behrens III, *The Limits to Growth. A Report for the Club of Rome's Project on the Predicament of Mankind*, New York 1972. Jüngstes Update: Jørgen Randers, *2052. A Global Forecast for the Next Forty Years*, White River Junction, Vt. 2012.

87 Ulrich Beck, *Risikogesellschaft. Auf dem Weg in eine andere Moderne*, Frankfurt a. M. 1986.

88 Harald Welzer, *Klimakriege. Wofür im 21. Jahrhundert getötet wird*, 4. Aufl., Frankfurt a. M. 2009.

89 Paul J. Crutzen, Die Geologie der Menschheit, in: ders. et al., *Das Raumschiff Erde hat keinen Notausgang. Energie und Politik im Anthropozän*, Berlin 2011, S. 7–10, hier S. 7 (Orig. The Geology of mankind, in: Nature, Vol. 415, 2002, S. 23); bzw. ders./Eugene F. Stoermer, The »Anthropocene«, in: *Global Change Newsletter*, No. 41, Mai 2000, S. 17–18.

90 Crutzen, Die Geologie der Menschheit, a. a. O., S. 10.

91 Peter Sloterdijk, Das Anthropozän – Ein Prozeß-Zustand am Rande der Erd-Geschichte?, in: ders., *Was geschah im 20. Jahrhundert?*, Berlin 2016, S. 7–43, hier S. 20.

92 Zum Konzept der planetaren Grenzen und ihrer Verletzung siehe unlängst Katherine Richardson et al., Earth beyond six of nine planetary boundaries, in: *Science Advances*, 9(37), 2023, S. 1–16; sowie Johan Rockström et al., Safe and just Earth system boundaries, in: *Nature*, Vol. 619, 2023, S. 102–111.

93 Günther Anders, Thesen zum Atomzeitalter, in: ders., *Die atomare Drohung. Radikale Überlegungen zum atomaren Zeitalter*, 7. Aufl., München 2003, S. 93–105, hier S. 95.

94 Vgl. dazu Christian Dries, *Die Welt als Vernichtungslager. Eine kritische Theorie der Moderne im Anschluss an Günther Anders, Hannah Arendt und Hans Jonas*, Bielefeld 2012.

95 Anders, Thesen zum Atomzeitalter, a. a. O., S. 95.

96 Jens Soentgen, *Pakt mit dem Feuer. Philosophie eines weltverändernden Bundes*, Berlin 2021, S. 156.

97 Dipesh Chakrabarty, Postface, in: Nikolaj Schultz, *Land Sickness*, Cambridge (UK) 2023, S. 127–139, hier S. 136.

98 Vgl. Grégory Salle, *Superyachten. Luxus und Stille im Kapitalozän*, Berlin 2022.

99 Helmuth Plessner, Die Entzauberung des Fortschritts, in: ders., *Schriften zur Soziologie und Sozialphilosophie* (Gesammelte Schriften, Bd. X), hg. v. Günter Dux, Odo Marquard und Elisabeth Ströker unter Mitwirkung von Richard W. Schmidt, Angelika Wetterer und Michael-Joachim Zemlin, Frankfurt a. M. 2003, S. 71–79.

100 So unlängst Thomas Brussig, *Meine Apokalypsen. Warum wir hoffen dürfen*, Göttingen 2023; Jonathan Lear, *Radikale Hoffnung. Ethik im Angesicht kultureller Zerstörung*, Berlin 2020; Corine Pelluchon, *Die Durchquerung des Unmöglichen. Hoffnung in Zeiten der Klimakatastrophe*, München 2023.

101 Hans Jonas, *Das Prinzip Verantwortung. Versuch einer Ethik für die technologische Zivilisation*, Frankfurt a. M. 1979, S. 8.

102 Ebd., S. 63.

103 Ebd., S. 62.

104 Ebd., S. 62 f.

105 Ebd., S. 63 f.

106 Ebd., S. 64.

107 Ebd., S. 65.

108 Ebd., S. 67, 70.

109 Hans Jonas, *Der Gottesbegriff nach Auschwitz. Eine jüdische Stimme*, Frankfurt a. M. 1987.

110 Günther Anders, Die Frist, in: ders., *Die atomare Drohung*, a. a. O., S. 170–221, hier S. 179, 207. Anders spricht daher auch von der »Apokalypse ohne Reich« (ebd., S. 207). Wie Taubes bemerkt, befinden wir uns damit immer noch im Einzugsbereich des christlichen Mittelalters (Jacob Taubes, Carl Schmitt – ein Apokalyptiker der Gegenrevolution, in: ders., *Ad Carl Schmitt. Gegenstrebige Fügung*, Berlin 1987, S. 7–30, hier S. 22).

111 Böhme, Vergangenheit und Gegenwart der Apokalypse, a. a. O., S. 388.
112 Schon 1988 konstatiert Böhme (Kritik der Melancholie und Melancholie der Kritik, a. a. O., S. 265): »Wir können heute in den Masken eines blinden Optimismus, in den Ungeheuerlichkeiten der sogenannten Fortschritte, in der Hoffnungslosigkeit einer noch in ihren hektischen Vergnügungen und Moden verzweifelten Jugend, in dem langsamen Sterben der Natur, in der Kälte der Städte, in dem beschwichtigenden Wortgeklingel der Politiker, in der Ohnmacht der professionellen Tröster – wir können, um des Überlebens willen, in solchen Symptomen nicht länger übersehen, daß die Melancholie ins Zentrum der Gesellschaft gerückt ist.«
113 Ebd.
114 Günther Anders, Verharmlosung. Ihre Methoden, in: ders., *Die atomare Drohung*, a. a. O., S. 126–135, hier S. 128 f.
115 Böhme, Kritik der Melancholie und Melancholie der Kritik, a. a. O., S. 272.
116 Vgl. Bruno Latour, *Wir sind nie modern gewesen. Versuch einer symmetrischen Anthropologie*, Frankfurt a. M. 2008.
117 Sloterdijk, Das Anthropozän, a. a. O., S. 26 f.
118 Anders, Thesen zum Atomzeitalter, a. a. O., S. 98.
119 Anders, Die Atomkraft ist die Auslöschung der Zukunft, a. a. O., S. 131; kritisch dazu Mackowitz, Die Lethargie der Hoffenden, a. a. O.
120 Anders, Thesen zum Atomzeitalter, a. a. O., S. 105. Nicht nur in diesem Punkt stimmen beide Denker überein: Man müsse »die Pflicht und die Verantwortung erkennen und so handeln, als ob eine Chance da wäre, sogar, wenn man selber sehr daran zweifelt«, so Jonas (Dem bösen Ende näher, in: ders., *Dem Bösen Ende näher. Gespräche über das Verhältnis des Menschen zur Natur*, hg. v. Wolfgang Schneider, Frankfurt a. M. 1993, S. 10–23, hier S. 23). In einem anderen Interview betont er, »ich [habe] nicht gesagt, daß ich die Hoffnung habe, sondern daß ich die Pflicht sehe, sich nicht der Resignation zu überlassen«. (Der ethischen Perspektive muß eine neue Dimension hinzugefügt werden, in: ders., *Dem Bösen Ende näher*, a. a. O., S. 24–39, hier S. 39)
121 Was übrigens, wie eingangs erwähnt, auch bei Anders den taktischen Einsatz von Hoffnung keinesfalls ausschließt. Ein weiterer Anhaltspunkt dafür findet sich im bereits erwähnten Roman *Die molussische Katakombe*, wo Yegussa unmittelbar nach seiner Absage an die Hoffnung – »hofft nicht und betet nicht« – fortfährt: »Aber diese Worte [...] sind *unvollständig*. Denn niemand ist stark genug, ohne Hoffnung zu leben. Wenn wir denen nicht Hoffnung geben, denen die Lügner Hoffnung geben, werden wir als Anhänger niemals diejenigen finden können, für die allein wir arbeiten; und wer zu uns kommen sollte, wird uns bald verlassen.«« (Anders, *Die molussische Katakombe*, a. a. O.,

S. 306) Die *Katakombe* ist Anders' erste umfassende Auseinandersetzung mit dem politisch erstarkenden und alsbald siegreichen Nationalsozialismus der späten 1920er, frühen 30er Jahre. Unsere gegenwärtige Situation ähnelt eher derjenigen, die er in seiner Analyse der nuklearen Bedrohung skizziert hat. Auch heute wird niemand die Bedrohung unterschätzen wollen, die von den falschen Hoffnungen der Lügner ausgeht, von politischer Propaganda und Ideologie. Priorität hat für Anders nach 1945 jedoch, die »*Endzeit endlos* zu machen«. (Anders, Die Frist, a. a. O., S. 221)

122 Günther Anders, Vorstellungskraft ist das Notwendigste, in: ders., *Günther Anders antwortet*, a. a. O., S. 55–60, hier S. 85.
123 Anders, Die Atomkraft ist die Auslöschung der Zukunft, a. a. O., S. 134.

Peter Strasser

Alles wird gut oder Die Rettung der Welt durch ihren Untergang

Betrachtungen zur Apokalypse einst und jetzt

Nachdem ich meinen Text über die Rettung der Welt durch ihren Untergang beendet hatte, gab ich sie einem kompetenten Freund zu lesen, der ein unbestechlicher Kommentator ist; er schrieb mir:

> Zu viel Zuversicht kann es ja gar nicht geben. Ich selbst würde vielleicht eher auf den Katechonten setzen, den Aufschieber des Endes, wie ich ihn insbesondere bei Carl Schmitt, Blumenberg oder Taubes kennengelernt habe. Eine zwielichtige Gestalt, ohne Frage: Auf der einen Seite bremst er die Parusie [das heißt, die Wiederkunft des Messias] aus, ist also auf der Seite des Antichristen, auf der anderen verschiebt er auch die schlimmen Erscheinungsformen der Apokalypse.

Die Figur des Katechon – der Name ist abgeleitet vom altgriechischen Partizip Präsens »aufhaltend, hemmend« – findet sich in der ganzen jüdisch-christlichen Bibel nur einmal, nämlich im 2. Brief des Paulus an die Thessalonicher (2,7), wo der Katechon als »Aufhalter« des Antichristen charakterisiert wird. Der Antichrist vulgo »Teufel« muss laut johanneischer Apokalypse zuletzt für tausend Jahre herrschen, bevor die endzeitliche Menschheitserlösung in Gang kommen kann. Hier wird, in mythischer Begrifflichkeit, eine Epochenprognose erstellt, die ich mir folgendermaßen übersetze: Bevor jene universelle Katastrophenzeit anbricht, die den Untergang der Menschheit zur Folge haben wird, damit eine vom Teufel und seinen Heerscharen gereinigte Erde entstehen kann, die als die ultimative Umkehrung der Paradieses-Austreibung gedacht wird – bevor all dies geschieht, werden die Menschen alles nur Menschenmögliche unternehmen, um ihre Haut und ihr Geschlecht vor dem Omnizid zu retten. Die Menschheit selbst, in jeweils einer ihrer politischen Großformationen, ist es also, die – wiederum mythisch gesprochen – die Wiederkunft des Messias verzögert mit den dann anbrechenden schrecklichen Untergangsereignissen, den eschatologischen Schlachten und dem Jüngsten Gericht. Erst danach wird die Welt neu.

Es war Carl Schmitt, der den Katechon zuletzt wieder ins Gespräch brachte. In seinem posthum veröffentlichten Tagebuch *Glossarium* schrieb er, mit Eintrag vom 19. Dezember 1947: »Man muss für jede Epoche der letzten 1948 Jahre den Katechon nennen können. Der Platz war niemals unbesetzt, sonst wären wir nicht mehr vorhanden.« Es ist schwer zu sehen, wer heute die Stellung des Katechon einnehmen könnte, um den Antichristen aufzuhalten. Wohl am ehesten die informelle Internationale der Ökologie. Dabei ist der Gedanke naheliegend, dass es ihr unter dem Druck des Klimawandels nicht gelingen wird, den Omnizid dauerhaft zu verhindern. Und dann? In unserer Art zu denken, nämlich postmythisch, liegt darin kein Grund beschlossen, an die, wie es biblisch heißt, Herabkunft des Neuen Jerusalem zu glauben. Beim Ringen um Zuversicht wird uns also der Katechon, wie immer verstanden, keine Hilfe sein, im Gegenteil: Sofern wir nicht mehr daran festhalten, dass am Ende aller Zeiten doch noch alles gut werden könnte, nimmt jene Gestalt selbst die Züge des Antichristen an.

Was ich im Folgenden darlege, möchte akkurat diese schwärzeste aller Pointen vermeiden; womöglich liegt aber gerade darin die Grundschwäche meiner Ausführungen.

Der Anfang der Schöpfung, von der es im ersten Teil der biblischen Genesis heißt, sie sei gut, erscheint im zweiten Teil durch den Sündenfall der ersten Menschen, Adam und Eva, verdorben. Seither steht alles unter dem Verhängnis dieser Ur-Katastrophe. Nichts kann mehr wirklich gut werden. Erst dadurch, dass Jesus, zum Sohn Gottes stilisiert, durch seinen Tod am Kreuz den Erbsündenlauf stoppt, wendet sich der Weltlauf wieder zum Guten.

Die Apostel, Jesus' Jünger, erwarten die Wiederkunft ihres Meisters – dann als Messias, als Weltzerstörer und König einer neuen Welt ohne Übel – noch in ihrer eigenen Generation. Da sich Jesu verklärte Rückkehr – das müssen die frühen Christen bald erkennen – immer weiter hinauszögert, ist in der späteren Theologie von »Parusieverzögerung« die Rede. Sie dauert bekanntlich bis zum heutigen Tag an. Jesus kam nicht wieder.

Wäre er aber gekommen, dann, nach dem Bild der Offenbarung, vom Himmel her in blitzender Rüstung hoch zu Ross, um die tausendjährige Herrschaft des Teufels zu beenden. In der Offenbarungsvision des Johannes heißt es, dass Gottes getreue Knechte schlussendlich kein Leid mehr erdulden müssten, sondern im Überfluss ewig leben würden: »Es wird keine Nacht mehr geben, und sie brauchen weder das Licht einer Lampe noch das Licht der Sonne. Denn der Herr, ihr Gott, wird ihnen leuchten, und sie werden herrschen in alle Ewigkeit.« (Offb 22,5) Das heilsgeschichtliche Drama steht also, salopp gesagt, unter dem Motto: Die Rettung der Welt durch ihren Untergang.

Im Griechischen bedeutet Apokalypse ja nicht nur Untergang der alten Welt, sondern vielmehr auch Entschleierung der letzten Dinge, Offenbarung des Sinns aller Geschehnisse. Dieses Bedeutungsmuster ist zum mächtigsten Interpretationsschema des Geschichtsganges im christlichen Abendland geworden. Die nordische Götterdämmerungstradition, die schließlich von Wagners Ringerzählung in die Höhen der musikdramatischen Dichtung erhoben wird, hat unseren Blick auf das Menschheitsschicksal entschieden weniger geprägt als die johanneische Erzählung vom Ende aller Dinge und der endgültigen Erlösung aus dem sprichwörtlichen Tal der Tränen, nämlich aus unserer verdorbenen Welt. Zum Schluss wird jener Erzähltradition zufolge doch noch alles gut.

Diese Gewissheit oder Hoffnung hat unter den moderaten Gläubigen mittlerweile eine weitaus weniger martialische Form angenommen, als sie noch Johannes um etwa 68/69 n. Chr. imaginierte, wenn er von der Vernichtung aller Seelen spricht, die durch Gottes Richtspruch verdammt sind. Die Hölle steht – wie die menschenfreundliche, liberale Fama besagt – mittlerweile »leer«, auch das Fegefeuer hat seinen Schrecken eingebüßt. Was also läge näher, als die Heilsgeschichte damit enden zu lassen, dass am Schluss selbst noch das Böse vom Bösen erlöst wird. Das gilt sogar für das »radikal Böse« gemäß Immanuel Kant, das heißt für die Lust, das Böse um seiner selbst willen zu tun, also Gedanken zu hegen und Handlungen zu setzen, die vor dem Tribunal einer vernunftbegründeten Pflichtethik schlicht unverständlich anmuten.

Kants realistischer Blick auf die Tatsachen führte ihn zu dem fragwürdigen Ergebnis, es müsse in manches Menschen Seele der Hang zur Unmoral regelrecht eingepflanzt sein – ein Verdacht, der von Goethe und anderen Humanisten als Wiederaufnahme der Erbsündendoktrin heftig zurückgewiesen wurde. Aber Kant selbst wusste sich philosophisch nicht zu helfen; sein Stoßseufzer, mit Blick auf den wesensmäßig unmoralischen, ja ethisch blinden Menschen: Unbegreiflich!

Unbegreiflich – und im Übrigen dem urbiblischen Gerechtigkeitsideal fremd – bleibt auch die Erlösung des Bösen. Dennoch scheint gerade sie dem humanistischen Christentum notwendig, wenn das angekündigte, heiß ersehnte Neue Jerusalem, die neue Erde oder der neue Himmel nicht mit der vorhergehenden Auslöschung des größten Teils der Menschheit belastet sein sollten. Denn dieser blutige Schatten ließe sich nicht aus dem postapokalyptischen Gedächtnis der durch Gott Geretteten vertreiben, es sei denn, sie hätten ihr Gedächtnis verloren. Wie aber könnte das Sein der Seelen, die im Glanz Gottes verweilen, in einem verständlichen Sinne als »errettet« gedacht werden, wenn es das Sein von erinnerungslosen Wesen wäre?

Vermutlich wird die Mehrheit der Gebildeten derartige Erwägungen mit der Bemerkung abtun, das alles sei eben Resultat einer mythischen Geschichtsauffassung. An diese ernsthaft zu glauben käme heute wohl nur jenen in den Sinn, die sich weigerten, unser modernes Weltbild zur Kenntnis zu nehmen – vor allem aber: unsere aufgeklärte Besorgnis um unseren Planeten zu teilen, der von Kräften angetrieben und verunstaltet werde, die mit der heilsgeschichtlichen Logik – oder Unlogik – nichts zu tun hätten.

Bevor wir diesen Standpunkt umstandslos akzeptieren, sollten wir immerhin bedenken, wie mächtig die apokalyptische Logik – einmal abgesehen von ihrer gleichsam spielerischen Umsetzung in tausenderlei Kunstproduktionen – bis weit in das 20. Jahrhundert hineinwirkte. Die Marxisten dachten sich die Menschheitsgeschichte als eine Abfolge von Ausbeutungsformationen, von brutaler Bereicherung, massenhafter Knechtung und aufflammenden Klassenkämpfen mit ihrem Höhepunkt im Kapitalismus. Diese schärfste Ausbeutungsformation geht demnach im Aufstand der Arbeitermassen, des internationalen Proletariats, zugrunde. Die Geschichtsdialektik sollte, nach einer kurzen Herrschaft der kommunistischen Partei, in die klassenlose Gesellschaft einmünden. Damit wäre – so die Utopie des Historischen Materialismus, die nie irgendwo Realität wurde – alle Ungerechtigkeit, weil alle Ausbeutung des Menschen durch den Menschen beendet.

Daneben wird Oswald Spenglers monumentales Werk vom

Untergang des Abendlandes, eine »Morphologie« der Weltgeschichte, erschienen 1918 und 1922, davon sprechen, dass es nicht eine, sondern eine unbestimmte Anzahl von Apokalypsen gibt. Große Kulturen, so Spengler, werden von einem ideellen Glut-Kern beflügelt, dessen Erkalten immer eine Zeitenwende bedeutet, und zwar immer eine kriegerische, so lange, bis eine neue kulturformende Idee die neuen Eliten und ihre Werke ergriffen hat. Das Abendland, das bei Spengler mit der Gotik anhebt, ist von einer »faustischen« Idee getrieben; dieser ist das Streben nach Unendlichkeit, nach dem Absoluten eigen.

Mit der modernen Zivilisation stirbt laut Spengler das Faustische ab, die Demokratie zerstört den Drang zum Höchsten, das Mittelmaß übernimmt die Führung und beschleunigt damit das Ende, dessen verhasster Name »Massendemokratie« lautet. Im Weltbürgerkrieg werden sich – so die Prophezeiung – neue Cäsaren jenseits aller moralischen und politischen Bindungen dem Ausbrennen der alten, abgestorbenen Zivilisationsreste widmen, um einen neuen Anfang zu ermöglichen. Deshalb sympathisierte Spengler nur bedingt mit Hitler, weil dieser noch zu sehr Parteimann und Bürokrat statt irrationales Raubtier gewesen sei.

Ohne über uns fernstehende Kulturen Aussagen zu treffen, gilt nun aber für unsere eigene, dass im 21. Jahrhundert vom heilsgeschichtlichen Stimmungshintergrund nicht mehr viel geblieben ist. Zu tief sind die Medien und Moden der Säkularisierung in unser aller Leben eingedrungen; zu sehr hat die Wissenschaft unseren Blick auf die Evolution von Geschichte, im technischen, biologischen, geopolitischen Rahmen, verändert. Was dennoch immerfort Saison hat, sind – pointiert gesagt – alle Varianten der Apokalypse-*ohne*-Heil.

Denn das Moment der Offenbarung oder Entschleierung, nämlich die Freistellung des Blicks auf das gute Ende des menschheitsgeschichtlichen Schicksals, ist fast völlig aus dem Kontext der Reden, Argumente und Bilder herausgefallen. Keine Errettung vom Himmel her, keine Wiederaufrichtung Edens, keine endgültige Befriedung im Erdenrund; stattdessen die andrängende Möglichkeit eines gottlosen Omnizids, einer Auslöschung unserer menschlichen Rasse – dieses Thema, so scheint es, beschäftigt die kollektiven Fantasien heute unablässig.

Nun aber leben die meisten von uns, unter den Auspizien von Aufklärung, Wissenschaft und Humanismus, jenseits der Heilsgeschichte. Das Gute gilt für uns nur, soweit es hierorts reicht, während alles Böse kein Gericht mehr zu fürchten hat, solange es bloß mächtig genug ist, sich den irdischen Richtern zu entziehen. Diese Ausgangslage schließt alles menschliche Hoffen und Bangen, Zürnen und Verzweifeln in der reinen Immanenz, der Positivität des Gegebenen ein. Kein Richtspruch ist mehr legitimiert durch eine höhere, naturrechtliche Instanz, und jede Schandtat bis hin zum Völkermord darf nach Willkür beanspruchen, es komme darauf an, Fakten zu schaffen.

Dadurch wird auch die Apokalypse aus ihrer Rolle als Vorbedingung für die Rettung der Welt durch ihren Untergang gekippt. Die Apokalypse enthält kein Versprechen mehr. Sie ist fortan gleichsam nichts als sie selbst, sie weist nicht voraus, sie wäre, falls sie eintritt, auch bloß ein Faktum ohne tieferen Sinn. Der Omnizid wäre der Omnizid, eben die Auslöschung der Menschheit, nicht mehr und nicht weniger. Das macht die Rede von der Bedrohung der Menschheit durch ihre selbstverursachte Zerstörung der Umwelt auf eine besonders zugespitzte – weil jeder übernatürlichen Aura entkleidete – Weise panisch.

Wir fürchten die qualvollen Etappen des Niedergangs unserer menschlichen Welt. Aber diese Furcht ist nicht bloß psychologisch oder empirisch; sie ist darüber hinaus und wesentlich das Ergebnis einer metaphysischen Verfinsterung unseres Seins und Daseins, nämlich einer radikalen Immanenzverdichtung. Wenn wir auf nichts mehr Bezug nehmen können als auf dasjenige, was uns innerweltlich bedroht und vernichtet – das heißt: Wenn wir keine Hoffnung mehr in uns tragen, wonach die Weltgeschehnisse in eine kosmische Geschichte eingebettet sind, die auf ihre Vollendung zuläuft –, dann sind wir »verlassen und allein«.

Verlassen und allein: Das waren die Worte Ludwig Wittgensteins, als er darüber räsonierte, was unsere existenzielle Lage sei, gesetzt den Fall, Jesus wäre von den Toten *nicht* auferstanden. Analoges lesen wir auch bei dem amerikanischen Autor Walker Percy, und zwar in dessen Roman The Moviegoer aus dem Jahre 1961. Der Erzähler – sein Name ist Jack Bolling – berichtet, dass er bisher stets Schlüsselbücher zu Schlüsselthemen gelesen habe, Abhandlungen zur neuesten Kosmologie, Mikrophysik und Genetik. Er stellte fest, dass das Universum zwar auf wunderbare Weise geordnet sei – allerdings mit dem Vorbehalt, dass er, Jack Bolling, der eine Heimat in der Welt gesucht habe, sich nun erst recht »draußen«, nämlich verloren im großen Ganzen fühle.

In Peter Handkes Übersetzung des *Kinogehers* lautet die zentrale Stelle der Ernüchterung: »Das Haupterlebnis bei dieser Beschäftigung, die ich meine ›vertikale Suche‹ nenne, hatte ich eines Nachts, als ich in einem Hotelzimmer in Birmingham ein Buch mit dem Titel *Die Chemie des Lebens* las. Als ich es beendet hatte, schien mir, dass die großen Ziele meiner Suche erreicht oder im Prinzip erreichbar seien [...]. Eine denkwürdige Nacht. Die einzige Schwierigkeit: das Universum war geordnet und ich war übriggeblieben.« (Frankfurt am Main 1980, S. 73)

Damit will uns der Protagonist, zugleich Alter Ego des Autors, mitteilen, dass er in der wunderbaren Ordnung des Kosmos einen Sinn nur entdecken könnte, wenn er sich darin einbezogen fühlen dürfte. Eine solche Einbezogenheit oder Beheimatung setzte aber eine innere Bindung zwischen ihm und der Welt voraus, die mehr wäre als bloß physikalisch – also den abstrakten, fühllosen, wertneutralen Naturgesetzen unterworfen. Wenn das Ganze keinerlei Sinn in sich schließt, eben in reiner Faktizität verharrt – »Es ist, wie es ist« –, dann bleibt ebenso alles, wie geordnet auch immer, allem äußerlich.

Martin Heidegger versuchte bereits 1927, in *Sein und Zeit*, die Stimmung des Verlassen- und Alleinseins in der Welt mittels der Wortprägung »Hineingehaltensein in das Nichts« einzufangen. Es handelt sich um die eigentümlich beklemmende Stimmung der »metaphysischen Angst«. Sie ist metaphysisch deshalb, weil sie sich auf das Ganze des Seienden richtet, das für den Menschen keine Beheimatungsperspektive mehr bildet – eine Perspektive, die der Apokalypse im heilsgeschichtlichen Kontext eignet. Deshalb hat die Rede davon, dass unsere Einstellung gegenüber unserem Verschwinden aus der Welt aufgrund grassierender Umwelt- und Kriegskatastrophen *panisch* sei, ihre mehr als animalische Berechtigung.

Unsere Panik mag animalisch sein, aber ihr Grund ist darüber hinaus onto-theologisch. Er verdankt sich einer Weltsicht, in der es aus der Innerweltlichkeit oder Immanenz, dem trostlosen »Es ist, wie es ist«, kein Entrinnen mehr gibt. Der biblische Gott, der uns einst als unser aller überweltlicher Vater beschirmte und dessen Haus laut Jesus viele Wohnungen hat (Joh 14,2), wurde längst zu einer Exklusivangelegenheit der – man möchte fast sagen – unverbesserlich Gläubigen.

Sollten wir an dieser Stelle haltmachen mit unserem Räsonnement? Vorbehaltlich gesagt: nein. Es mehren sich die Anzeichen dafür, dass die unbeschreiblich wunderbare, zugleich schreckliche Vielfalt des Lebens *keinesfalls* das exklusive Ergebnis einer ziellosen, bedeutungslosen Evolution zu sein vermöchte – einer Evolution, die sich durch wert- und sinnfreie Mechanismen und Zufälle über die Jahrhunderttausende gegen hunderttausenderlei Widerstände vollzog. Es handelt sich wohl vielmehr, über alle biologischen Fakten hinweg, um eine Evolution, die eine ästhetische Ordnung und Vielfalt zum Ausdruck bringt, die – so die Sicht des sinnlich Staunenden – alle Überlebensprinzipien transzendiert.

Die nachdenklicheren Geister unter den Biologen betonten seit jeher, dass die Harmonien und Gegensätze, die hier zusammenspielen, auf eine rätselhafte Hintergründigkeit verweisen. Den metaphysisch Empfindsamen lag dabei das wuchtige Wort »Schöpfung« sozusagen auf der Zunge. Und was das Herausfluten des Kosmos aus dem rätselhaft nichtlokalen Ereignis des Urknalls betrifft, treffen sich die Teilchenphysik und Kosmologie mittlerweile in jedenfalls einem Punkt: Die mechanistische Vorstellung von Materie und Energie, die das Universum strukturieren und in Gang halten sollten, war mehr Wunschgebilde des Physikalismus als objektive Realität.

Heute räumen wir ein, dass wir für menschliche Verhältnisse zwar schier unendlich viel, aber, objektiv betrachtet, aufgrund der Beschränktheit unseres Gehirns fast gar nichts wissen. Und gewiss ist es nach allem, was wir über die Ordnung der Dinge auszumachen imstande sind, bloß Wissenschaftspropaganda, wenn es in der Populärphysik heißt, dass unsere besten theoretischen Köpfe mit dem neuesten Teilchenbeschleuniger – einer schier unausdenkbar komplizierten Maschinerie, die sich unterirdisch getunnelt über 25 Kilometer erstreckt – bereits »der Schöpfung auf der Spur« seien. Denn was immer auch beim Zusammenprall der Elementarteilchen mit nahezu Lichtgeschwindigkeit an Subteilchen und Energiequanten frei werden mag, wird das Rätsel der Entstehung des Kosmos nur um weitere Schritte tiefer legen.

Je intensiver wir uns unserer Erkenntnisgrenzen bewusstwerden, desto weniger anstößig mag uns der Gedanke eines – mit Aristoteles gesprochen – *primum movens immotum* anmuten, einer Ordnungsmacht, von der es bei dem Aristoteliker

Thomas von Aquin plakativ heißt: *et hoc dicimus Deum*. Wir sollten uns hier nicht an Begrifflichkeiten stoßen, schon gar nicht wegen ihrer Herkunft. Wenn wir – ohne Rücksicht auf die üblichen Einwände – das Limes-Wort »Gott« benützen, so wissen wir als denkende und ahnende Wesen, dass wir nicht bloß *irgendein* Geheimnis, sondern *das* Geheimnis der Welt – der Weltentstehung, Weltentfaltung und des möglichen Weltuntergangs – markieren.

Doch auf diese Weise kommt uns ebenso eindringlich zu Bewusstsein, dass uns Heutige die Benennung der letzten Seins-Rätsel nicht mehr – wie einst die Heilsgeschichte – über die Schrecknisse, denen viele von uns tagtäglich ausgesetzt sind, hinwegzutrösten vermag. Es bleibt der Moloch einer Welt, auf der zurzeit mehr als acht Milliarden Menschen leben, davon ein erheblicher Teil unter relativen oder absoluten Armutsbedingungen, ja, sogar noch darunter.

Wollten wir alle Betroffenen auf das Wohlstandsniveau der reichen westlichen Industriestaaten anheben – prinzipiell ein striktes Gebot der Humanität und Gerechtigkeit! –, dann wäre die Erde rasch ein unwirtlicher Ort. Der nötige Energieverbrauch würde dermaßen ansteigen, dass sich die vorhandenen Klima- und Umweltschäden potenzierten – so die Prognose des *Club of Rome* schon vor Jahrzehnten. Hinzu käme, dass von den ausbeutbaren Ressourcen nicht genügend übrig blieben, um uns alle vor dem Absinken in materielle Elendsverhältnisse und einen endlosen Weltbürgerkrieg zu bewahren.

Kurz gesagt: Um die Menschheit ist es schlecht bestellt, denn die Zukunft beinhaltet kein *Heilsversprechen* mehr, während die verfügbaren Technologien nicht ausreichen werden, um einen Großteil der zum Elend Verurteilten zu retten.

Was ist geblieben? Unverrückbar die Einsicht, dass der Mensch in ein Welt-, ja Schöpfungsgeheimnis einbezogen ist. Dies schließt, realistisch gesprochen, mit ein, dass sich die Welt eines Tages des Menschen entledigt haben wird. Ob ein solches Ende sonderlich zu bedauern wäre nach all den Schlachtfesten, die wir uns selbst und anderen, vor allem auch den schmerzempfänglichen Tieren, bereitet haben – das ist eine Frage, die ich mit einigen Zeilen aus Ulrich Horstmanns Essay *Das Untier* aus dem Jahre 1983 beantworten möchte, ohne dieser Antwort meine Sympathie zu schenken; es handelt sich bei diesen – von Horstmann so benannten – Konturen einer Menschenflucht um eine radikale Meditation im Geiste Schopenhauers.

Darin heißt es im § 1: »Die Apokalypse steht ins Haus. Wir Untiere wissen es längst, und wir wissen es alle. Hinter dem Parteiengezänk, den Auf- und Abrüstungsdebatten, den Militärparaden und Anti-Kriegsmärschen, hinter der Fassade des Friedenswillens und der endlosen Waffenstillstände gibt es eine heimliche Übereinkunft, ein unausgesprochenes großes Einverständnis: dass wir ein Ende machen müssen mit uns und unseresgleichen, sobald und so gründlich wie möglich – ohne Pardon, ohne Skrupel und ohne Überleben.«

Horstmann beschließt seine Omnizid-Idylle, ironisch pointiert, mit den Sätzen: »Denn nicht bevor sich die Sichel des Trabanten hienieden in tausend Kraterseen spiegelt, nicht bevor Vor- und Nachbild – Mond und Welt – ununterscheidbar geworden sind und Quarzkristalle über den Abgrund einander zublinzeln im Sternenlicht, nicht bevor die letzte Oase verödet, der letzte Seufzer verklungen, der letzte Keim verdorrt ist, wird wieder Eden sein auf Erden.«

Ist das vielleicht die uns einzig verbliebene Art und Weise, über den Satz »Alles wird gut« jenseits des heilsgeschichtlichen, schöpfungserheblichen Erzählbogens nachzudenken? Muss der letzte Seufzer – vom Keimen neuen Lebens abgesehen – getan sein, bevor der schier endlose Schmerz des Lebens, uns zugedacht und von uns bewirkt, einer tellurischen Fühllosigkeit Platz macht?

Demgegenüber verspricht uns die radikale Science-Fiction eine Totalvergeistigung des Menschen, der dann seinen irdischen Körper abgeworfen und reine Information in einem Cyber-Universum geworden wäre. Die posthumanistische Vision, die wohl Hirngespinst bleiben wird, ist dennoch eine späte Erbin des platonischen Ideenhimmels und des absoluten Geistes bei Hegel. Diese Vision – die das philosophische Räsonnement beflügeln mag – bringt uns vor zwei kritische Schwellen:

Die eine Schwelle besteht darin, dass Einsamkeit und Langeweile sich gleichsam unendlich ausdehnen müssten, da uns, im körperlosen Raum, nur noch die Erinnerung an eine lebendige, sinnliche Existenz auf Erden bliebe.

Die zweite Schwelle wird durch die Unbegrenztheit der Erinnerung markiert. Wir könnten nicht umhin, uns wieder und wieder die Verbrechen unserer Vorfahren und das schmerzliche Los ihrer Opfer in Erinnerung zu rufen. Auch ein allwissender Gott würde nach der Erschaffung des Menschen nicht mehr urteilen dürfen: »Es war sehr gut«, es sei denn, er wäre ein Dämon, gar der Teufel selbst.

Fazit: Niemand weiß, wie außerhalb des heilsgeschichtlichen Rahmens behauptet werden dürfte, wir lebten – um Gottfried Wilhelm Leibniz zu bemühen – in der besten aller möglichen Welten. In allem künftigen Menschheitsguten müsste das Nicht-Wiedergutzumachende der ganzen bisherigen Menschheitsgeschichte mitbedacht, mitgefühlt werden. Andernfalls wäre das Gute bloß eine Form der Amnesie, des Gedächtnis- und Mitfühlungsverlustes mit den vieltausendjährigen Opfern des Homo sapiens.

Immerhin, im philosophischen Diskurs gab es stets Ideale, deren Realisierung nie vollständig gelingen wird, während das Streben nach dem Unerreichbaren trotzdem eine wesentliche Seite des Menschseins berührt. Jedenfalls handeln viele Menschen guten Willens Tag für Tag auf eine Weise, deren Hintergrundmoral zwar fantastisch, dennoch – wollen wir angesichts der Not und des Bösen auf Erden nicht verzweifeln oder versteinern – unabdingbar anmutet.

Diese Moral ließe sich, nach Kants Schema, als kategorischer Imperativ formulieren, freilich als einer, dessen Einlösung niemals vollständig gelingen könnte, solange wir uns außerhalb des heilsgeschichtlichen Hoffnungshorizonts bewegen. Ein solcher Imperativ könnte etwa lauten:

> Handle stets so, als ob die Regel deines Handelns Ausdruck eines Prinzips wäre, dem zufolge noch alles gut werden könnte!

Die Menschen, die eine solche, der menschlichen Lage nach, unerfüllbare Regel trotzdem als ihre Pflicht anerkennen, sind gewiss keine lupenreinen Säkularisten. Vielmehr bleiben ihre moralischen Gefühle rückgebunden an eine Tradition, die, aller Entmythisierung zum Trotz, in ihren Seelen und Herzen nachwirkt. Ihnen erwuchs aus der überkommenen Hoffnung auf die Wiederkehr des Messias und die Wiederaufrichtung des Paradieses eine Ethik des Interregnums: Aus dem Tal der Tränen möge ein Ort der bedingungslosen Nächstenliebe werden, ein Refugium der praktizierten Solidarität mit den leidenden Nächsten und Ferneren, den Mühseligen und Beladenen, den Beleidigten und Unterdrückten. Diese Ethik ist – zugegeben – utopisch, aber eben dadurch ein Schutzschild gegen die Verzweiflung und das kalte Herz, woraus Gleichgültigkeit und Verrohung entspringen. Wir sollten, dem Realismus der pragmatischen Vernunft trotzend, nicht aufhören, so zu denken, zu fühlen und zu handeln, als ob wir eines Tages sagen dürften: »Alles wird gut.«

Mein Dank gilt Raimar Zons, der meinen Text las und kommentierte; er wies mich auf die Bedeutsamkeit des Katechonten in der ideengeschichtlichen Überlieferung und Diskussion hin – ein triftiger Hinweis, der mich zu den einleitenden Bemerkungen anregte.

Philipp Blom

Alles wird gut?

Kleine Anatomie der erwachsenen Hoffnung

Als die Büffel verschwanden, fielen die Herzen meines Volkes auf den Boden und sie konnten sie nicht wieder aufheben. Danach passierte nichts mehr. Es gab nur wenige Gesänge. Und im übrigen, fügte er kummervoll hinzu, du kennst diesen Teil meines Lebens so gut wie ich. Du hast gesehen, was mit uns passierte, als die Büffel verschwanden.

Der Sprecher dieser Worte war Chief Plenty Coups, der Anführer des Volks der Crow, das vor der Ankunft der weißen Siedler seit Menschengedenken ein Gebiet zwischen den heutigen nordwestlichen USA und Kanada bewohnte. Plenty Coups erzählte sein Leben einem gewissen Frank B. Linderman, einem Weißen, der seit 1885 als Trapper in Montana lebte und mit dem er Freundschaft geschlossen hatte. »Du hast mein Herz gefühlt und ich deins«, sagt der Chief. »Ich weiß, dass du nur erzählen wirst, was ich gesagt habe und dass deine Schrift gerade ist wie deine Zunge und ich werde dieses Papier mit meinem Daumen besiegeln, damit dein Volk und meins wissen, dass ich dir die Dinge erzählt habe, die du aufgeschrieben hast.«[1]

Die Erinnerungen von Plenty Coups sind eine kostbare historische Quelle, die aus der Perspektive der Verlierer geschrieben ist. Sie beschreiben die Transformation einer Lebensweise und ein beständiges Ringen, denn der Chief weiß, dass er seinem Volk in dieser Situation ein moralisches Vorbild geben muss, dass er leben muss, was das Schicksal allen abverlangt, denn nur auf diese Weise kann er so etwas wie Hoffnung schaffen.

Aus heiterem Himmel – oder eigentlich aus grimmigem Himmel – habe ich mich entschlossen, über Hoffnung zu schreiben. Auf den ersten Blick ist das ein Akt der reinen Selbstprovokation, denn meine Arbeit hat sich in den vergangenen Jahren hauptsächlich mit Gründen für Verzweiflung und Angst auseinandergesetzt, mit der Möglichkeit des zivilisatorischen und, noch viel entscheidender, des ökologischen und biologischen Zusammenbruchs, mit dem ich mich in Büchern, Vorträgen, Diskussionen sowie Fernseh- und Radioprogrammen beschäftigte. Machen Sie sich nichts vor: Die wissenschaftlichen Szenarien sind katastrophal.

Was mich weiter in meiner ablehnenden Haltung gegen billige Hoffnung bestärkte, war, dass sie mir dauernd performativ abverlangt wurde. Wie viele Veranstalter haben mich vor Vorträgen dringend darum gebeten, doch bitte eine optimistische Botschaft am Ende zu haben, etwas, was Mut macht und ein positives Gefühl vermittelt, als hätte das Publikum schon für das Happy End gezahlt. Wir werden es uns heute nicht so einfach machen. »*Lasciate ogne speranza, voi ch'intrate*«, möchte ich Sie mit Dante warnen.

Es ist also nicht meine Absicht, Optimismus zu verbreiten, sondern zu erkunden, was Hoffnung eigentlich ist und welche Rolle oder Rollen sie für Menschen spielt. Es ist, kurz gesagt, nicht mein Anliegen, Ihnen Hoffnung zu machen. Wenn die Stunde, die wir gemeinsam verbringen, das trotzdem bewirken sollte, dann ist das eine unbeabsichtigte Nebenwirkung.

Polykrise

Tatsächlich gibt es heute viele Gründe zu verzweifeln. Der Historiker Adam Tooze prägte das Wort Polykrise, um die ineinander verzahnten potentiellen und aktuellen Katastrophen zu beschreiben, die besondere Bedrohung darstellen. Die Zahlen sind apokalyptisch, vom schwindelerregenden Kollaps der Biodiversität (weltweit zwei Drittel aller Landtiere und Vögel, drei Viertel aller Insekten) über globale Erhitzung, nukleare Risiken, Naturkatastrophen und Trinkwassermangel, hundertmillionenfache Flucht und Migration, Vernichtung von Regenwäldern, abschmelzendem Polareis und tauendem Permafrost, von biologischer Verödung durch industrielle Landwirtschaft bis hin zu Epidemien und multiresistenten Keimen – die Liste setzt sich fort.

Das sind nur die Voraussetzungen, unter denen sich menschliches Leben überhaupt abspielen kann. Aber auch die Beziehungen der Menschen untereinander sind fragiler denn je, sei es in der internationalen Ordnung zwischen Ukraine-Krieg und demographischem Wandel, sei es in einer globalisierten Wirtschaft, die von funktionierenden Lieferketten abhängt, oder in den Demokratien des Westens, die moralisch ausgehöhlt und visionslos scheinen und deren Legitimität in den Augen vieler ihrer Bürger:innen längst abhandengekommen ist. Aktivist:innen, die verzweifelt gegen die Symbole des fossilen Kapitalismus kämpfen, sehen sich als letzte Generation, sprechen auf Basis wissenschaftlicher Erkenntnisse von der Auslöschung der Menschheit.

Naturgeschichte eines Gefühls

Ist es also dumm, noch zu hoffen? Ist es reiner Eskapismus oder besonders notwendig? Ist Hoffnung nur etwas für Feiglinge und Trottel, wann ist Hoffnung Schwäche und wann Stärke? Woher kommt es, dass Menschen auch unter den verzweifeltsten Umständen noch hoffen? Und warum kann Hoffnung trotzdem aus wohlhabenden, relativ friedlichen Gesellschaften verschwinden? Ist Hoffnung immer gut? Ist es möglich, ohne Hoffnung zu überleben, und haben wir überhaupt die Wahl? Und was, das fragte schon Kant, darf ich hoffen? Hoffen alle Menschen – und kennen andere Tiere Hoffnung?

Das sind viel zu viele Fragen für einen Vormittag, und ich werde mit Ihnen gemeinsam deswegen lieber einige Kettfäden dieses dicht gewebten Stoffes untersuchen, um hoffentlich zu verstehen, was ihn im Innersten zusammenhält. Apropos Goethe: Natürlich hat die Hoffnung auch eine eigene und komplexe Kultur- und Ideengeschichte, von der sehr zweischneidigen Elpis bei Plato und Aristoteles zu Paulus von Tarsus und Augustinus, von Jean Calvin und Kant, Hegel und Ernst Bloch und natürlich Marx zu Albert Camus und Simone Weil, über Nietzsche und Schopenhauer, Richard Rorty und Hannah Ahrendt und Bruno Latour, eine Geschichte, die wir hier ebenfalls nur streifen können.

Die hier angeführten Namen übrigens bilden eine sehr westliche, sogar eurozentrische Liste, und das ist weder dem Zufall noch meinem Mangel an Interesse an anderen Kulturen geschuldet. Hoffnung, so wie sie von den oben genannten Denkerinnen und ihren doch sehr unterschiedlichen Traditionen verstanden wird, ist im Wesentlichen eine Projektion in die Zukunft, die auf einem gerichteten Verständnis von Zeit und Geschichte beruht, und diese Tradition bildete sich sehr spezifisch in Westasien und wurde dann zuerst vom Judentum und dann durch die Christianisierung Europas verbreitet. Wie jede messianische Religion hofft auch das Christentum auf die Zukunft, die Erlösung, den Himmel, das Jenseits, das Paradies, und seine säkularen Nachfolger in den verschiedenen politischen Messianismen vom Kommunismus bis hin zum Marktliberalismus stehen ihm um nichts nach.

Das Nachdenken über die Hoffnung war immer wieder ein westliches Phänomen, weil so viel kulturelle Energie in die Zukunft gerichtet war, auf Transformation, Gerechtigkeit. Vor dieser Hoffnung freilich stand die Angst vor der Apokalypse, und auch heute hört man die Hengste der vier Reiter schon mit den Hufen scharren, aber das ist eine andere Geschichte.

Wenn ich aber behaupte, dass Hoffnung *immer wieder* ein Phänomen westlicher Kulturen war, so war es natürlich nicht *nur* das. Alle Menschen können hoffen, und auch andere Kulturen kennen eine gerichtete, teleologische Geschichte, in die sie ihre Hoffnungen und ihre Zuversicht investieren. Ein besonders interessantes Beispiel ist die, der ich das Zitat am Anfang entnommen habe, Chief Plenty Coups, der spirituelle Anführer der Crow.

Einen Speer aufpflanzen

Plenty Coups ist ein alter Mann, als er auf sein Leben und das Schicksal der Crow zurückblickt. Natürlich aber ist schon in dieser Erwähnung ein ganzes Paket an kulturellen Missverständnissen enthalten, angefangen mit den Namen. Das Volk der Crow nannte sich selbst *Absálokee* nach ihrem Totemtier, einem mythischen, langschnabeligen Vogel, der von französischen Übersetzern mit einer Krähe verwechselt wurde. Und Häuptling Plenty Coups, also eigentlich »viele Schläge«, hieß sich eigentlich »zahlreiche Heldentaten«, denn ein Coup war ein zentraler Akt des Mutes, war ein identitätsschaffendes Ritual für jeden Crow-Krieger.

Ein »Coup« bestand darin, dass ein Krieger in feindliches Gebiet ritt und demonstrativ vor den gegnerischen Kriegern seinen Speer in den Boden rammte, um so zu signalisieren, dass er dieses Territorium bis auf den Tod verteidigen würde. Oft kam es dabei tatsächlich zu blutigen Kämpfen mit Kriegern eines verfeindeten Stammes, und wie die Spartaner in Europa kannten die Crow nur ruhmreichen Sieg oder Tod.
Wer Coups gepflanzt hatte, erfuhr besondere Ehre im Stamm, durfte heiraten, war geachtet. Die Crow waren ein Nomadenvolk, das großteils von der Jagd auf Büffel und anderes Großwild lebte und deswegen immer wieder in territorialen Konflikten mit anderen indigenen Völkern war. Heldentaten waren essenziell für eine funktionierende Gesellschaft von Kriegern, und Plenty Coups hatte seine erste schon im Alter von 14 Jahren vollbracht, als er sich bei einem Krieger der Lakota für den Tod seines älteren Bruders rächte, indem er ihn bei lebendigem Leib skalpierte und dann entkam.
Dies allerdings war nicht die erste hervorragende Leistung von Plenty Coups, der von Kindheit an auserwählt war, sein Volk eines Tages zu führen. Schon als Elfjähriger hatte er einen prophetischen Traum durchgemacht. Um in den richtigen Zustand zu kommen, hatte der Bub die traditionellen Dampfbäder genommen, war an einen einsamen Ort gegangen und hatte tagelang gefastet. Als der erhoffte Traum sich nicht einstellen wollte, hatte sich das Kind einen Teil eines Fingers abgeschnitten, wie es Brauch der Krieger war. Dann träumte er eine visionäre und rätselhafte Geschichte, die er nach seiner Rückkehr den Älteren im Lager erzählte. In seinem Traum hatte er gesehen, wie die Büffel aus der Landschaft verschwanden und wie unzählige Rinder ihren Platz einnahmen. Dann kam ein fürchterlicher Sturm und zerstörte alles Leben und alle Wälder, bis auf einen kleinen Baum, auf dem ein Fink saß.

Ins gelobte Land

Warum erzähle ich von prophetischen Träumen und nomadischen Kriegern? Weil die Crow ein Bild ihrer Geschichte hatten, das dem judeo-christlich-hegelianischen erstaunlich ähnlich ist. Die Crow verehren einen zentralen Gott, der sich in der Natur durch viele Geister äußert. Dieser Schöpfergott hat seinem Volk ein eigenes Land versprochen, in dem sie ihren heiligen Tabak anpflanzen können. Dorthin sind sie gezogen, um Gottes Willen zu erfüllen und die Vorsehung zu respektieren. Viele ihrer Geschichten kreisen um die Erwartung des Gelobten Landes, die Möglichkeit einer guten Zukunft.

Diese dynamische Vision der Geschichte gründet sich auf eine ebenso dynamische Ereignisgeschichte, die jede Annahme Lügen straft, sogenannte traditionelle Kulturen seien ahistorisch und statisch.

Bis ins 17. Jahrhundert lebten die Crow in der Region des Lake Erie im heutigen Ohio, aber ein Streit zwischen zwei Stammesfürsten führte zu einer Spaltung und ließ einen Teil des Volkes unter Führung eines sagenhaften Helden, um das gelobte Land zu finden. So zumindest geht der Mythos; Historiker:innen gehen davon aus, dass auch Konflikte mit rivalisierenden, mächtigeren Stämmen die Gruppe verdrängt haben könnten.

Die Migration aber war real. Zwei Generationen später transformierte die Ankunft von Pferden um 1720 Leben und Schicksal der Crow. Das Pferd war für sie so revolutionär wie die Dampfmaschine für Europa. Sie konnten nun viel effizienter Büffel jagen, schwunghaften Handel mit Fellen treiben, sich besser bewaffnen, mehr Territorium kontrollieren, und zwar gerade dort, wo ihr Gott es ihnen verheißen hatte.

Ein seltener erfüllter messianischer Traum?

Wohl kaum, wie die Vision von Plenty Coups zeigte. Die Welle der Veränderung, die zuerst die Pferde gebracht hatte, hatte nicht nur ihren Feinden ebenfalls Pferde und Feuerwaffen gebracht, sondern auch Branntwein, Viren, Siedler und Soldaten. Plenty Coups selbst las die Traumvision, die er als Kind gehabt hatte und die für ihn und sein Volk lebensentscheidend wurde, als das Ankommen der Weißen, deren Kühe die Büffel vertreiben, das Land einzäunen und so das Leben der Crow wie ein gewaltiger Sturm hinwegfegen würden.

Plenty Coups verstand seinen Traum als einen Weg aus der Misere. Völker wie die Lakota und Cheyenne waren die traditionellen Feinde der Crow. Ein Bündnis mit der US-Armee würde nicht nur die Gegner besiegen, sondern vielleicht auch die Invasoren dazu bewegen, ihre indigenen Partner besser zu behandeln als die anderen Völker, die sie systematisch massakrierten. Die Meise ist ein bescheidener Vogel. Sie kann trotz ihrer Schwäche gut leben, weil sie sich nicht überschätzt, weil sie immer dazulernt, beobachtet, die Umstände nutzt.

Das Totemtier der Crow war ein furchterregender Vogel mit langem Schnabel, Plenty Coups aber sah eine Zukunft im Zeichen der bescheidenen Meise. Der französische Anthropologe Claude Lévi-Strauss schrieb über Totemtiere: »*Les espèces sont choisies non comme bonnes à manger, mais comme bonnes à penser.*« (Die Arten [der Totemtiere] werden nicht gewählt, weil sie gut zum Essen sind, sondern weil sie gut zum Denken sind.)[2] Das Leben aus der Meisenperspektive erlaubte es den Crow zwar nicht, ihre nomadische, heroische Lebensweise beizubehalten, wies aber einen Weg in eine noch vollkommen unbekannte Zukunft und hatte im Übrigen tatsächlich auch materielle Vorteile, denn obwohl ihr Reservat mehrmals dramatisch verkleinert wurde, blieb es doch immer noch besser als die jämmerlichen Reservate der Sioux und anderer Völker, die versucht hatten, siegreich aus dem Krieg hervorzugehen.

Radikale Hoffnung

Jonathan Lear, der die Geschichte von Plenty Coups in seinem Buch Radical Hope – Ethics in the Face of Cultural Devastation[3] erzählt, sieht in dieser visionären Perspektive eine radikale Hoffnung, die darin besteht, im Angesicht der eigenen Zerstörung auf die Transformation der eigenen Identität zu setzen und so doch mit Zuversicht leben zu können.

Tatsächlich aber war diese Geschichte noch nicht zu Ende, die radikale Hoffnung vielleicht zu schwer zu leben, wie Chief Plenty Coups selbst berichtete, denn in seinen Worten fielen die Herzen seines Volkes auf den Boden, und sie konnten sie nicht mehr aufheben, und es passierte nichts mehr, nachdem die Büffel verschwanden.

Für die Identität der Crow war das Leben im Reservat ein vernichtender Schlag. Bis sie ihre nomadische Lebensweise aufgaben, konnte ein Mann nur dadurch Status erringen, dass er Coups landete, sein Leben riskierte, ein Krieger war, der dann mit seinen Waffenbrüdern immer wieder auf riskante Expeditionen ging, den Gegnern Pferde und Waffen im Kampf oder durch List raubte, Feinde tötete und seiner Frau Skalps brachte, die sie zu besonderen Ritualen als Schmuck tragen würde. Dies waren die Schritte, durch die ein Mann überhaupt erst eine Identität und häufig auch einen Namen und sowohl Männer als auch Frauen einen Platz in der sozialen Ordnung, eine Rolle in den Geschichten, die erzählt wurden, bekamen.

Die Heldentaten wiederum bestimmten Zeit, Ordnung und Ablauf von Tänzen und Ritualen, und aus ihnen ergaben sich die sozialen Strukturen und die Erzählungen der Gruppe.

Im Reservat waren die Raubzüge der Krieger plötzlich nur noch Pferdediebstahl, und an einer Staatsgrenze lässt sich kein Speer aufpflanzen. Die narrative Struktur des Crow-Lebens war zusammengebrochen. Plenty Coups ermunterte seine Leute, eine Schule zu besuchen und an der Geschichte der neuen, herrschenden Kultur teilzuhaben, aber viele waren nicht fähig, diesen Schritt zu vollziehen, und sie hatten so weder die Kultur und die Lebensstruktur ihrer Vorfahren noch die der Fremden, die ihr Land genommen hatten. Ein Leben ohne Geschichten aber ist ein Leben ohne Hoffnung, eine einförmige Existenz ohne Taten, ohne Träume und ohne Gesänge.

Chief Plenty Coups übrigens verwendete das so christlich geprägte Wort »Hoffnung« nicht, aber es ist deutlich, dass das, was seinem Volk passiert ist, es seinen Mitgliedern unmöglich macht, sich als Teil einer narrativen Struktur, einer Hierarchie von Werten zu erleben, und dass dieser Umstand sie still verzweifeln lässt.

Diese Tragödie, die sich im Laufe der Geschichte so oft abgespielt hat, lässt die Hoffnung in scharfem Relief erscheinen, eine Definition *ex negativo*: Wenn Hoffnungslosigkeit darin besteht, sich selbst und die eigene Identität nicht mehr in eine sinnvolle Zukunft projizieren zu können, dann ist ein wichtiger Aspekt von individueller und auch kollektiver Hoffnung, dass es möglich ist und sein wird, an einem größeren Sinn teilzuhaben, eine Rolle in einer Geschichte zu spielen, die das eigene Leben übersteigt und kontextualisiert, dass es Gesänge gibt.

Diese Art von Hoffnung nennt Lear radikal, weil sie sozialen Sinn und narrative Identitäten in eine unbekannte Zukunft projiziert, in der es unabdingbar ist, sich jenseits aller Vorstellung zu transformieren. Das ist etwas, was nicht aus Vernunft allein angestrebt werden kann. Sie erinnert damit an das, was die christliche Tradition (und übrigens auch die islamische und jüdische) als einen rationalen Schritt ins Leere kennt, vielleicht am schärfsten ausgedrückt von Kierkegaard und seiner »Kreuzigung der Vernunft«.

Nach dieser Lesart ist die christliche Hoffnung ein kultureller Ausdruck eines existenziellen Begehrens nach Sinn, nach dem, was Georges Bataille das Verlangen nach Entgrenzung nannte, nach dem Überwinden der Begrenzungen des eigenen Körpers und der eigenen Sterblichkeit durch die gewissermaßen diffundierte Existenz des Individuums im metaphorischen Körper und den Geschichten des Kollektivs. Die Teilnahme am kollektiven Sinn, das Finden und Ausfüllen einer Rolle in der kollektiven Erzählung, ist nach sexuellem Begehren und Todesangst vielleicht eine dritte menschliche Grundmotivation, die in der westlichen Tradition »Hoffnung« genannt wird.

Polykrise II

Die Erinnerungen von Chief Plenty Coups erlauben Einblicke in eine kulturelle Konstruktion von Selbst und Gesellschaft, von Sein und Zukunft. Ausgerüstet mit diesen Beobachtungen, ist es möglich, die eingangs erwähnte Polykrise aus einem neuen Blickwinkel zu verstehen.

Es ist, behaupte ich, schwer zu übersehen, dass wir in einem historisch kaum bekannten Maß in Gesellschaften leben, die jede Zukunft wie ein Übel abwenden und abwehren wollen und deren schönste Hoffnung es ist, dass sich eh nichts ändern muss. Für die reichen Gesellschaften des globalen Nordens heißt das im Wesentlichen die Verteidigung der individuellen Freiheit in all ihren Spielarten, von Schutz und Anerkennung einer immer weiter wachsenden Zahl von Wahrheiten, Identitäten, Opfergruppen und Kulturen bis hin zum Recht auf unbegrenzten Konsum und die Befriedigung aller Bedürfnisse ungeachtet der Konsequenzen.

Eine Gesellschaft aber ohne plausible Hoffnung, ohne eine

mögliche, sinnvolle Zukunft, eine Gesellschaft, die keine andere Strategie kennt als den Erhalt des Status quo, muss ebenso scheitern wie ein Individuum, das sich entschließt, sich nicht mehr zu entwickeln, nicht zu altern, keine sich wandelnde Zukunft zuzulassen.

Die Verweigerung der Zukunft ist ein Symptom für Hoffnungslosigkeit, für den Zerfall von Gesellschaften. Es schafft ein wachsendes Misstrauen gegen das System, eine wachsende Angst unter Menschen, die sich um ihre Hoffnung betrogen fühlen. In der Nachkriegszeit war es Millionen von Menschen möglich, ihr eigenes Interesse und ihre Zukunft mit einer demokratischen, liberalen Ordnung zu identifizieren, solange diese Ordnung ihnen den Weg zu einer positiven Zukunft zeigen konnte. Inzwischen aber haben liberale Demokratien ihr Versprechen einer Zukunft zugunsten der Verteidigung des Status quo aufgegeben. Die Identifikation von Hoffnung mit Demokratie ist zerbrochen.

Auch abseits der Polis ist es für Menschen westlicher Gesellschaften schwerer geworden, ihr Bedürfnis nach einem größeren Sinn, einer kollektiven Geschichte zu befriedigen, auch und gerade, weil Loyalitäten und Identitäten so tief von Märkten durchdrungen sind, deren Ziel es nicht ist und auch gar nicht sein soll, aufgrund humanistischer und aufgeklärter Prinzipien starke und stabile Identitäten zu schaffen und zu nähren.

In Gesellschaften, die Menschen einerseits als säkularisierte, rationale und aufgeklärte Individuen konstruieren und andererseits als bloße Datenpunkte mit vorhersagbarem und steuerbarem Verhalten (siehe Werbeindustrie), trägt jede Art von Transzendenz Stiefel aus Blei, und so werden politische oder moralische Visionen einerseits durch private Spiritualität und andererseits durch die lukrativen Träume des Marketings und die ausufernden Erzählungen großer Brands ersetzt.

Als Individuum angesprochen, kann ich aber nur eine individuelle Transzendenz finden, die notwendigerweise brüchig ist, weil sie nicht auf die Stärke kollektiver Erzählungen und Rituale bauen kann, wie die Krieger der Crow erfahren mussten, als ihre Rituale sinnlos wurden. Als kollektiver Datenpunkt aber habe ich weder Transzendenz noch Individualität oder Freiheit. Alles menschliche Verhalten kann in Bell-Kurven ausgedrückt werden. Was wie Sinn aussieht, ist statistische Ballung, was Freiheit scheint, Zufallsstreuung. Da bleibt wenig übrig für die Suche nach Transzendenz, nach einer Möglichkeit für Individuen, sich als Teil eines überkuppelnden Sinns, eines größeren Zusammenhangs sicher und wahrgenommen zu fühlen.

Diese liberalen Gesellschaften an der Schwelle einer Klimakatastrophe, die ihre Lebensweise immens belasten wird, Gesellschaften ohne gemeinsame Erzählung und ohne plausible Zukunft, sind nicht nur der Situation der Crow ähnlich, in deren Leben nichts mehr passierte und keine Gesänge mehr angestimmt wurden: Diese Diagnose erinnert auch an die Vision von Francis Fukuyama, der in seinem berühmt-berüchtigten Aufsatz *The End of History and the Last Man* zwar argumentierte, dass die unwiderstehliche Anziehungskraft liberaler Märkte und liberaler Demokratien sie zur einzig noch möglichen Gesellschaftsform machen würde, dass aber daraus auch eine seltsame Dystopie resultieren würde: das Ende der Geschichte als eine Periode ohne Narrativ.

Hier übrigens könnte man einwenden, dass gerade die Klimakatastrophe momentan unter anderem auch von mir selbst narrativ aufgeladen wird und sich so als Meistererzählung unserer Gesellschaften positionieren will. Wenn das so wäre, dann könnte unseren Gesellschaften nichts Besseres passieren. Hoffnungslosigkeit entsteht, wenn man begreift, dass die eigene Lebensweise, ein Leben nach den eigenen Prinzipien und Erzählungen, in der Zukunft keinen Sinn mehr ergibt, so wie zum Beispiel unendliches Wachstum in einem endlichen System irgendwann an und über seine Grenzen geraten muss. Dann wissen Menschen nicht mehr, was eine Heldentat ist, welche Geschichte sie erzählen sollen, was wertvoll ist. Nur radikale Transformation kann wieder so etwas wie Zukunft schaffen, ähnlich dem Traum des Plenty Coups, eine Vision von Zerstörung und möglicher Transformation und radikaler Hoffnung, mit allen Gefahren des Scheiterns derer, die ihre Herzen nicht mehr aufheben können.

Von der Polykrise zur ambivalenten Hoffnung

Bevor wir uns missverstehen: Ich will hier nicht das Loblied des Kollektivismus, des Volkskörpers oder der sogenannten traditionellen Identitäten singen, von denen die meisten ohnehin Fiktionen des 19. Jahrhunderts sind.
Ich stelle nur fest, dass Hoffnung als gelebter Sinn die narrativen und sozialen Strukturen einer Gemeinschaft braucht und dass dieses Verlangen nach Transzendenz dem religiösen so ähnlich ist, dass es ständig in Gefahr ist, in eine Religion, einen Glauben hinein zu kollabieren, bis hin zur totalen Selbstaufgabe, bis zur Kreuzigung der Vernunft, wie Kierkegaard es nannte. Gerade deswegen scheint es mir wichtig zu verstehen, dass Hoffnung zwar psychologisch notwendig ist, aber auch dunkle Seiten hat.
Was darf ich hoffen?, fragte sich Kant, aber er fragte nicht nach dem Gegenteil. Es ist schön und gut, als Teil eines großen Ganzen, einer Gemeinschaft, einer Geschichte, weiterzuexistieren, aber was genau erzählt diese Geschichte? Welche Tugenden dramatisiert sie? Haben nicht zahllose Nazis ehrlich und rein auf einen völkischen Staat und die Auslöschung aller Untermenschen gehofft? Haben die glühenden Hoffnungen der Inquisitoren, die das ewige Leben ersehnten, nicht die Glut der Scheiterhaufen ihrer Opfer angefacht?

Kann der narzisstische, zerstörerische und dümmliche Ego-Trip eines beliebigen Tech-Milliardärs nicht auch als höchste, visionärste aller Hoffnungen erzählt werden?

Hoffnung ist also nicht nur psychologisch unabdingbar, um nicht der Verzweiflung anheimzufallen, sie kann auch zutiefst ambivalent sein. Paulus von Tarsus, der eigentliche Erfinder des Christentums, paarte sie bekanntlich mit Glaube und Liebe in einer Trias, die Tugenden beschreiben sollte, die aber auch dadurch verbunden werden, dass sie im Wesentlichen auf einem *Leap of Faith* beruhen.

So ein Sprung ins Unbekannte heißt per Definition, alles zu riskieren, das eigene Leben einzusetzen, in guten und in schlechten Tagen. Wenn aber die Hoffnung einem ihrer geistigen Väter zufolge immer zumindest teilweise kontrafaktisch ist, was bedeutet das? Ist es nicht spätestens jetzt an der Zeit, mit Nietzsche zu schließen: »die Hoffnung: sie ist in Wahrheit das übelste der Übel, weil sie die Qual der Menschen verlängert«?[4]

Möglich ist es, aber Nietzsche und die Bibel muss man vorsichtig zitieren, denn es lässt sich immer auch das Gegenteil beweisen. In seinen nachgelassenen Fragmenten notierte er etwas sentimental: »Die Hoffnung ist der Regenbogen über den herabstürzenden jähen Bach des Lebens, hundertmal vom Gischt verschlungen und sich immer von neuem zusammensetzend, und mit zarter schöner Kühnheit ihn überspringend, dort wo er am wildesten und gefährlichsten braust.«[5]

In einem weniger poetisch verzückten Moment formulierte Nietzsche aber eine Beobachtung, die im Hinblick auf sein Leben nach leidvoll gewonnener Erfahrung eines häufig kranken und pathologisch scheuen Menschen klingt und die weit tragen kann: »Die starke Hoffnung ist ein viel größeres Stimulans des Lebens, als irgendein einzelnes wirklich eintretendes Glück.«[6]

Dies übrigens ist ein Punkt, an dem sich Nietzsche und Spinoza treffen, obwohl die notwendige Hoffnung bei Spinoza immer eine rationale Basis braucht, während »dieses Stimulans«, diese Droge des menschlichen Erlebens, für Nietzsche gerade so wichtig und schöpferisch ist, weil es kontrafaktisch ist, gegen alle Wahrscheinlichkeit andere Welten entwirft.

Während dieses kontrafaktische Denken rein technisch gesehen auch als Wahnidee oder Selbstbetrug betrachtet werden kann und gelegentlich auch muss, spielt es doch eine unabdingbare Rolle im Weiterbestehen der Spezies.

Nehmen wir ein Beispiel: ein junges Paar. Sie verliebt sich unsterblich, ist sich aber nicht sicher, ob sie sich wirklich ganz auf diese Beziehung einlassen soll. Sie googelt Statistiken und wissenschaftliche Studien über Partnerschaften und ist bestürzt. Zwei Drittel aller Ehen enden in Scheidung, nach der die Frauen finanziell meist schlechter dran sind, in vielen Langzeit-Partnerschaften sind Sex und Intimität bald erodiert, Fremdgehen und Entfremdung scheinbar die Regel, und was bleibt, sind die Pflichten, die tödliche Routine, die Verbindlichkeiten, die Steuern, die Kinder, die einen nicht mögen und die man nicht mag und die endlose Ansprüche stellen. Dann kommen die erstaunlich hohen Inzidenzen von häuslicher Gewalt und Drogenmissbrauch, Alkoholismus und sexueller Gewalt bis hin zu Mord und Hass, Demenz und Altersarmut. Sie errechnet die statistische Wahrscheinlichkeit einer glücklichen Langzeitbeziehung auf etwa sechs Prozent.

Warum also kommen Paare all diesen Tatsachen zum Trotz überhaupt zusammen und gründen Familien? Weil sie entgegen aller Wahrscheinlichkeit und aller Statistiken glauben: Für uns wird es anders.

Das ist einerseits statistisch dumm, denn bei diesem Grad von Wahrscheinlichkeit würde kein gesunder Mensch auch nur eine Straße überqueren. Andererseits aber ist gerade dieser kontrafaktische Glaube das Einzige, was es überhaupt ermöglicht, dass es geglückte Beziehungen geben kann. Nur wer es trotz allem wagt, hat eine Chance.

Andererseits aber geht die statistische Berechnung der Vermeidung von Leid von der unsinnigen Annahme aus, dass ein Leben ohne Schwierigkeiten möglich oder sogar wünschenswert wäre, dass ein Leben allein oder ohne wirkliche Intimität und ohne Erfahrungen, aus denen man lernt, nicht auch seinen Preis hätte. Vielleicht ist die einzige Art von relativ freier Entscheidung, die ein Mensch treffen kann, die zwischen verschiedenen Arten der Unfreiheit, verschiedenen Begrenzungen.

Hoffnung bedeutet oft kontrafaktische Zuversicht in eine noch unbekannte Zukunft. Auch wenn alles dagegen zu sprechen scheint, hoffe ich doch auf ein glückliches Ergebnis, auch wenn ich dafür ein anderer werden muss. Das ist zweifellos zumindest teilweise Selbstbetrug, aber man könnte auch fragen, ob die Menschheit ohne diesen hartnäckigen Mut, Wagnisse einzugehen und Risiken in Kauf zu nehmen, ohne sich Geschichten über eine mögliche Zukunft zu erzählen, nicht noch auf den Bäumen sitzen würde.

Der noch immer viel zu wenig bekannte und gelesene Hans Vaihinger argumentierte in seinem Hauptwerk *Die Philosophie des Als Ob*, dass auch objektiv falsche Ansichten und Fiktionen zu erwünschten und vorhersagbaren Resultaten führen können und dass es deswegen oft richtig ist, mit Fiktionen umzugehen, *als ob* sie wahr wären.

Das trifft natürlich nicht auf alle Fiktionen zu. Ich kann meinen Alltag leben und mich in der Stadt orientieren, indem ich handle, *als ob* die Erde flach sei, *als ob* die Sonne sich um sie drehe und das Jahr 365 Tage habe. Nichts davon ist wahr, und für andere Zwecke muss ich andere, anspruchsvollere Fiktionen wählen. Wenn ich aber durch die Welt gehe, *als ob* ich durch eine Betonwand wandeln könnte, weil subatomare Partikel, aus denen ich bestehe, das auch können, dann wird meine Fiktion mir schaden.

Hoffnung haben heißt leben, *als ob* es eine gute Zukunft geben könne, eine Zukunft, in der es möglich ist, Sinn zu schaffen und an Sinn teilzuhaben und diesen Sinn zu ehren und zu gestalten. Deswegen setzen Armut und materielle Zerstörung der Hoffnung auch weniger zu als der Verlust der Tugenden und Rituale und Gesänge, wie am Beispiel der Crow zu sehen. Momentan wird in Europa nirgendwo mehr gehofft als in der Ukraine.

Alles bleibt zu hoffen

In den letzten Jahren habe ich vor und mit sehr vielen Menschen über Themen wie die Klimakrise, die Zukunft von Demokratie, die Welt im Krieg und eine Grüne Wende gesprochen, und die erste Frage vieler vor allem junger Menschen war immer wieder die nach der Möglichkeit von Hoffnung in Zeiten der Katastrophe. Nach einem langen Anlauf, nachdem wir geklärt haben, woher Hoffnung kommt und wie sie konstituiert ist, können wir also zu der Frage zurückkehren, was es unter den heutigen Umständen zu hoffen gibt.
Meine Antwort fällt vielleicht unerwartet aus: Alles ist noch zu hoffen, wenn die Hoffnung als menschliches Begehren ernst genommen und nicht als der blöde Optimismus von Konsument:innen gesehen wird, die ein Recht auf Rückgabe oder Umtausch und Wunscherfüllung haben, solange sie zahlen können. Václav Havel hat es so zusammengefasst: »Hoffnung ist eben nicht Optimismus, ist nicht die Überzeugung, dass etwas gut ausgeht, sondern die Gewissheit, dass etwas Sinn hat – ohne Rücksicht darauf, wie es ausgeht.«
In den Gesellschaften des globalen Nordens hat die Hoffnung seit 1945 eine seltsame Karriere erlebt, weil die sozialen Hoffnungen ganzer Gesellschaften plötzlich umsetzbar und umgesetzt wurden, und das unter sehr künstlichen, durch militärische Macht der USA und den Kalten Krieg geschaf-

fenen Umständen. 1968 sind diese sozialen Hoffnungen in Westeuropa und den USA explodiert und haben eine neue Politik eingeläutet. In den Gesellschaften hinter dem Eisernen Vorhang wurden währenddessen völlig andere Erfahrungen gemacht. Im Westen aber schienen die Möglichkeiten grenzenlos.

Das hat sich nach 1989, spätestens aber nach 2008 geändert, denn die liberalen Gesellschaften schraubten einerseits eifrig an der Demontierung der Absprachen, die sie erst ermöglicht hatten, entfesselten Finanzmärkte und globale Kapitalströme, zerstörten in ungekanntem Ausmaß natürliche Ressourcen und blieben in ihrem Siegestaumel so lange blind für die multiplen Krisen, die sie verursachten, dass es erst jetzt zu einem schmerzhaften und polarisierenden Erwachen kommt. Die Geschichte ist definitiv zurückgekehrt in unser Leben, mit Kriegen und Katastrophen, Pandemien und der hässlichen Seite der Macht.

Diese Rückkehr der Geschichte erklärt zu einem gewissen Grad die Enttäuschung, die Aggression und Verbitterung, die in unseren Gesellschaften grassieren. Man kann diese Veränderung aber auch auf einen einfachen Nenner bringen: Wir leben jetzt wieder so, wie die meisten unserer Vorfahren gelebt haben, mit täglicher existenzieller Unsicherheit. Der Traum vom ewigen Wachstum und Wohlstand, vom globalen Sieg des Liberalismus und der sogenannten westlichen Werte ist ausgeträumt, und wir stehen am Anfang einer Periode, in der die Polykrise enormen Druck auf die Tragfähigkeit von Demokratien, Idealen und Kollektiven ausüben wird. Viele Gesellschaften werden unter diesem Druck zusammenbrechen oder sich in brutale autokratische Regimes verwandeln, andere nur zu illiberalen Demokratien. Für Hoffnung ohne Transformation bleibt kein Platz mehr.

Tatsächlich aber war die Erfahrung der meisten Menschen über die letzten zehntausend Jahre, die sich schon mehr oder weniger vor dem Vorhang der erforschten Geschichte abspielten, eine endlose Litanei an Kriegen, Seuchen, Hungersnöten, Missernten, Armut, Familientragödien, toten Kindern, Vertreibung und Angst, mit nur wenigen Lichtblicken und ganz wenigen Perioden von relativem Frieden, relativer Stabilität. Trotzdem kennen wir aus diesen Perioden die bewegendsten Zeugnisse von Hoffnung unter verzweifelten Bedingungen, und die Menschen der Vergangenheit schafften es unter den objektiv hoffnungslosesten Umständen, ein sinnvolles Leben zu leben, starke Gemeinschaften aufzubauen und ihren Kulturen das Überleben zu sichern, indem sie sich radikal veränderten.

Dabei sind Beharrung und Transformation übrigens auch eine Frage der Lesart. Die jüdische Kultur, oft für ihre kulturelle Beharrung, das Festhalten an der eigenen Identität zitiert, konnte nur weiterbestehen, weil sie nach der Zerstörung des zweiten Tempels, dem zentralen Trauma des Judentums, eine dramatische Transformation vollzog, von einem territorialen levantinischen Opferkult zur kosmopolitischen, buchzentrierten, aus Praxis und Sprache und geteilten Geschichten bestehenden Identität der Diaspora. Im Zuge dessen wurde vieles grundlegend uminterpretiert, neue Möglichkeiten erschlossen, um weiter bestehen zu können.

Hoffnung als Widerstand

Können wir hoffen angesichts einer mörderischen Polykrise? Ja, wenn wir uns von der kindischen Idee befreien, dass wir ein Recht auf ein besseres Morgen haben, auf unendlichen Fortschritt, auf die Verwirklichung aller Träume und die Stabilität unserer Identitäten. Goethes Prometheus fragt Zeus: »Wähntest du etwa, Ich sollte das Leben hassen, In Wüsten fliehn, Weil nicht alle Knabenmorgen-Blütenträume reiften?« Und diese zugegeben etwas trotzige Haltung führt ihn dazu, Menschen zu formen: »Ein Geschlecht, das mir gleich sei / Zu leiden, zu weinen, Zu genießen und zu freuen sich ...«

Diese Art, die Zukunft tätig zu gestalten, ist durchaus ein wiederständiger Akt in einer Zeit, in der massive finanzielle und technologische Ressourcen in die Manipulation menschlicher Hoffnungen investiert werden und die zu Konsument:innen reduzierten Bürger:innen in den Worten des Prometheus als hoffnungsvolle Toren durch die Welt taumeln.

Was aber fehlt uns, um diesen Sprung zu wagen und unsere Zukunft gerade im Kontext einer katastrophalen Krise aktiv zu gestalten? Ich bin Historiker, verzeihen Sie mir die *déformation professionnelle*, dass ich die Antwort in der Vergangenheit suche.

Im Jahre 1465 zeichnete der Wiener Dombaumeister Laurenz Spenning einen architektonischen Aufriss des damals noch nicht vorhandenen Nordturms für den Stephansdom. Die akribische Zeichnung ist im Wien Museum erhalten, auf Pergament, einen Meter breit und acht Meter hoch, ein exaktes Porträt des projektierten Bauwerks.

Spenning wusste, dass er diesen Turm nie mit eigenen Augen sehen würde, dass auch seine Enkel ihn wohl nie ansehen könnten, denn die Bauarbeiten am Südturm des Doms hatten dreihundert Jahre in Anspruch genommen. Er wusste auch, dass bis zur Vollendung des Turms eine gigantische und unendlich teure Baustelle die Stadt beherrschen würde, dass Fehler gemacht werden würden, dass das Geld immer wieder ausgehen würde, dass Arbeiter vom Turm wahrscheinlich in ihren Tod stürzen und ihn verfluchen würden. Trotzdem wurde der Turm gebaut, als Zeichen einer Gemeinschaft mit einer geteilten Vision, die in die Zeit hineinragt, als Investition in Leben, Sinn und Geschichten zukünftiger Generationen.

Das Resultat dieser Ambition kann immer noch bewundert

werden, wenn auch nicht wie von Spenning geplant: Geldmangel, Türkenkriege und die Reformation verschoben die Prioritäten. Der kaum zu einem Drittel fertiggestellte Turm wurde nur ein Jahrhundert nach Meister Spenning mit einer »Welschen Haube« versehen und als amputierte Hoffnung stehen gelassen. Die Zukunft kommt nicht immer so, wie man es sich erwartet hatte. Hätte Meister Spenning seine Arbeit also gar nicht erst angefangen, wenn er das gewusst hätte, oder hätte er trotz allem damit begonnen, seine Vision zu realisieren?

Weit weg vom Stephansdom, in einem italienischen Gefängnis, notierte Antonio Gramsci, der seinen Goethe kannte, 1935 einen Gedanken, der Prometheus zunickt und starke Resonanzen hat in Zeiten der Polykrise:

»Jeder Zusammenbruch bringt geistige und moralische Unordnung mit sich. Wir müssen nüchterne, geduldige Menschen schaffen, die vor den schlimmsten Schrecken nicht verzweifeln und sich nicht über jede Dummheit ereifern. Pessimismus der Intelligenz, Optimismus des Willens.«

Anmerkungen

1 Radical Hope, S. 1. Übers. P. B.
2 Claude Lévi-Strauss, Le Totémisme aujourd'hui, PUF, 1962, p. 132
3 Jonathan Lear, Radical Hope, Ethics in the Face of Cultural Devastation, Cambridge/Mass., 2006
4 Nietzsche, Menschliches, Allzumenschliches. Ein Buch für freie Geister, 2. erweiterte Auflage 1886 (EA: 1878). Erster Band. Zweites Hauptstück: Zur Geschichte der moralischen Empfindungen
5 Nietzsche, F., Nachgelassene Fragmente. Ende 1876 – Sommer 1877
6 Nietzsche, Der Antichrist, 1888 (Erstdruck 1894)

FRED LUKS

Die Hoffnung auf Nachhaltigkeit

Möglichkeiten und Grenzen
des ökonomisch-ökologischen Wandels

> Die Ökonomie der Güte ist
> der Traum der verwegensten Utopisten.
> (Friedrich Nietzsche)

**Zu Beginn:
Zur Gliederung und zur »Parteilichkeit«
dieses Beitrages**

Im vorliegenden Beitrag werde ich das Argument entfalten, dass Hoffnung auf Nachhaltigkeit nicht nur möglich, sondern geradezu notwendig ist, damit Nachhaltigkeit von einer beliebten Idee zu einer wirksamen Praxis wird. Das lässt sich auf die paradoxe Situation zuspitzen, dass wir Hoffnung auf Nachhaltigkeit brauchen, um plausibel auf Nachhaltigkeit hoffen zu können. In diesem wichtigen Sinne ist der vorliegende Text parteiisch: Zwar stelle ich unterschiedliche Faktoren vor, die für und gegen eine plausible, nicht-naive Hoffnung auf Nachhaltigkeit sprechen. Das Ziel ist freilich der Nachweis, dass die positiven, fördernden und produktiven Faktoren überwiegen. Deshalb weicht auch die Gliederung dieses Beitrags, die sich ansonsten an seinem Titel ausrichtet, an einer wichtigen Stelle von diesem ab: Ich werde zuerst die Grenzen des Wandels und erst danach die Möglichkeiten behandeln.

Da ich Sie von der Relevanz und Unverzichtbarkeit der Hoffnung auf Nachhaltigkeit überzeugen will, wäre es rhetorisch nicht eben geschickt, erst die Möglichkeiten und dann die Grenzen aufzuzeigen. Vor diesem Kernstück des Textes steht die unverzichtbare Arbeit an Begriffen, namentlich an der Differenz von Hoffnung und Optimismus. Sodann erörtere ich in kompakter Form, was denn der Schlüsselbegriff der Nachhaltigkeit genau bedeutet – er steht, wie ich zeigen werde, wesentlich für eine Transformation von einem fundamental umweltzerstörerischen Entwicklungsmodus hin zu einer Gesellschaft, die ökologisch, aber ganz wesentlich auch sozial und wirtschaftlich, als zukunftsfähig bezeichnet werden kann. Darauf aufbauend erörtere ich die Grenzen und Möglichkeiten eines nachhaltigen Wandels. Der Schlussteil skizziert vor diesem Hintergrund Elemente einer nicht-naiven Hoffnung auf einen solchen Wandel.

Über Begriffe:
Falscher Optimismus und engagierte Hoffnung

Es ist, wie wir sogleich und dann auch zum Ende dieses Beitrages sehen werden, alles andere als trivial, Hoffnung vom Optimismus abzugrenzen. Die Ineinssetzung oder Verwechslung dieser Begriffe führt regelmäßig zu unguten Missverständnissen. Hilfreich ist hier ein immer wieder zitierter Satz Václav Havels. Hoffnung, so der Schriftsteller und Politiker, sei nicht die Überzeugung, dass etwas gut ausgeht, sondern die Gewissheit, dass etwas einen Sinn hat, egal wie es ausgeht. Hier kommt bereits ein wichtiges Charakteristikum der Hoffnung zum Ausdruck – das Fehlen von Ergebnissicherheit: Wer hofft, ist sich der Möglichkeit des Scheiterns bewusst. Optimismus dagegen geht davon aus, dass – gut wienerisch gesprochen – die Sachen sich irgendwie ausgehen werden. Der Optimist glaubt also daran, so formuliert es der Philosoph Gabriel Marcel, dass »die Dinge ›sich einrichten‹ müssen«.

Der Optimist, so der Philosoph Terry Eagleton in seinem höchst lesenswerten Buch *Hoffnungsvoll, aber nicht optimistisch*, sei »an seine Heiterkeit gekettet wie der Galeerensträfling an sein Ruder – eine ziemlich trostlose Aussicht«. Wer Hoffnung hat, verfügt über eine andere Perspektive auf das Kommende. Wer Hoffnung praktiziert, geht nicht von einem guten Ausgang der Dinge aus, sondern kalkuliert ein mögliches Scheitern mit ein. Eagleton benennt darüber hinaus die große Ähnlichkeit von Pessimismus und Optimismus: »Wie der Pessimismus überzieht der Optimismus die ganze Welt mit einer Einheitsfarbe, blind gegen alle Abstufungen und Unterschiede.« Genau besehen sind Optimismus und Pessimismus also strukturidentisch – und strukturkonservativ. Man kann das kaum besser auf den Punkt bringen als Hans Magnus Enzensberger: »Auch die Apokalyptiker glauben ja an eine einwandfrei absehbare Zukunft, die keinen Zickzackkurs kennt und keine Ungleichzeitigkeit zuläßt. Ihr Pessimismus ist ebenso gradlinig und phantasielos wie der Optimismus, der die Fraktion des unaufhaltsamen Fortschritts auszeichnet.« So ist es – und echte Hoffnung ist eben nicht gradlinig und phantasiebefreit, sondern operiert mit Umwegen und Gedankenspielen. Platter Optimismus ist da wenig hilfreich. »Der unbelehrbare Optimist«, schreibt Terry Eagleton, »antwortet auf alles mit den gleichen vorprogrammierten Reaktionen und beseitigt auf diese Weise Zufall und Kontingenz.« Wer Hoffnung hat, ist dagegen belehrbar: fähig zum Lernen – und mit einem Gespür für das Offene und Kontingente, das Zufällige und Wundersame. Hoffnung ist fragend, tastend, zaudernd, zweifelnd – und sie kennt Kompromisse. Das klingt vielleicht etwas bieder und langweilig und weniger interessant als großspurige Gesellschaftsverbesserungsutopien, die auf kruden Optimismus setzen. Trotzdem gilt: Wer echte Hoffnung hegt, interessiert sich für die Möglichkeiten *und Grenzen* des Kommenden und für den Raum zwischen Notwendigkeit und Unmöglichkeit. Hoffnung sieht die Grenzen des Wünschens – aber auch die Möglichkeiten des Anders-Seins.

Hoffnung ist also etwas völlig anderes als Optimismus. Wer Hoffnung hat, schaut nicht optimistisch-fröhlich auf die Welt und beruhigt sich damit, dass sich sicher alles zum Besten wenden wird. Wer hofft, will sich an dieser Wende aktiv beteiligen – und dieser Wunsch basiert auf einer Unzufriedenheit mit der Lage. Hoffnung ist unaufhebbar mit dem Wunsch nach Veränderung verknüpft. Wo Optimisten an den Fortschritt glauben, wollen Menschen mit Hoffnung die *Transformation der Zustände*. Beispiele für diesen Zusammenhang sind die Arbeiter- und die Frauenbewegung und womöglich auch die Klimaschutzbewegung.

Echte Hoffnung erfordert, den Zuständen klar ins Auge zu blicken – und dann aktiv zu werden. Noch einmal Eagleton: »Nur wenn wir unsere Situation kritisch beurteilen, halten wir es für nötig, sie zu ändern. Unzufriedenheit ist gelegentlich ein Ansporn für Reformen. Dagegen wird Zuversicht stets zu bloß kosmetischen Lösungen führen.« Das ist ein entscheidender Punkt: Hoffnung ist viel radikaler als Optimismus. Wer optimistisch ist, für den ist das Wasserglas immer halb voll – wer hofft, will die Welt verändern. Dazu ist ein klarer Blick auf die Verhältnisse notwendig. In der Tat ist Hoffnung, wie René Girard es einmal formuliert hat, »nur dann möglich, wenn wir es wagen, die Gefahren der Stunde zu denken«.

Gestalteter Wandel:
Nachhaltige Entwicklung und Große Transformation

Eine zentrale Gefahr der Gegenwart ist die Nicht-Nachhaltigkeit einer Lebens- und Wirtschaftsweise, die ihre natürlichen Grundlagen untergräbt. Dem stellt sich das Leitbild einer nachhaltigen Entwicklung entgegen, das auf Generationengerechtigkeit und die Balance zwischen sozialen, ökologischen und wirtschaftlichen Zielen setzt. Was wir heute tun, soll also nicht zu Lasten kommender Generationen gehen. Die Art, wie heute Armut bekämpft, Wohlstand geschaffen und Umwelt genutzt wird, soll keinesfalls ein würdiges Leben von Menschen verunmöglichen, die in drei oder dreißig Generationen leben. Diese Menschen sind heute aber nicht dabei, und deshalb lautet eine fundamentale Herausforderung, heute so zu handeln, als ob die Zukunft mit am Tisch säße und mitbestimmen könnte. Man kann das als (Ur-)Enkeltauglichkeit bezeichnen.

Dadurch erlangt die ökologische Dimension der Nachhaltigkeit ihre Bedeutung. Wenn man anerkennt, dass Natur, Rohstoffe, Energieversorgung und Artenvielfalt notwendige Faktoren für jede gesellschaftliche Entwicklung sind, führt das zur Forderung, diese Faktoren nicht herunterzuwirtschaften, sondern sie zu erhalten. Darin liegt gleichsam der Kern ökologischer Zukunftsfähigkeit: Nicht mehr zu nutzen als nachwächst, ist zentrales Gebot einer nachhaltigen Entwicklung. Weil die Menschheit auf die Natur angewiesen ist und weil nichts dafürspricht, dass das in der Zukunft anders sein könnte, gebietet das Leitbild einer nachhaltigen Entwicklung einen schonenden – erhaltenden – Umgang mit ebendieser Natur.

Mittlerweile gibt es dermaßen viele Definitionen und Interpretationen von nachhaltiger Entwicklung, dass die Rede von der Nachhaltigkeit als Plastikwort naheliegt. Dennoch lässt sich mit dem Wort »Transformation« ein Kern dieses Leitbildes identifizieren. Im UN-Aktionsplan »Transformation unserer Welt: die Agenda 2030 für nachhaltige Entwicklung« – einem Schlüsseldokument des Diskurses, in dem 2015 die viel zitierten 17 Nachhaltigkeitsziele formuliert wurden – heißt es: »Wir sind entschlossen, die Menschheit von der Tyrannei der Armut und der Not zu befreien und unseren Planeten zu heilen und zu schützen. Wir sind entschlossen, die kühnen und transformativen Schritte zu unternehmen, die dringend notwendig sind, um die Welt auf den Pfad der Nachhaltigkeit und der Widerstandsfähigkeit zu bringen. Wir versprechen, auf dieser gemeinsamen Reise, die wir heute antreten, niemanden zurückzulassen.« Dieser Wille zum Wandel ist heute der unabweisbare Kern des Leitbildes einer nachhaltigen Entwicklung.

Die Veränderung der Gesellschaft: Ökonomisch-ökologischer Wandel

Zum Wandel also, genauer gesagt: zum (sehr) großen Wandel ökonomisch-ökologischer Normalitäten, ohne den es eine nachhaltige Entwicklung nicht geben kann. Es ist hilfreich, eine Unterscheidung vorzunehmen, die in Debatten über die Transformation zur Nachhaltigkeit eine wichtige Rolle spielt – die Differenz zwischen erlittenem und gestaltetem Wandel. Wir haben es, zugespitzt formuliert, mit einer Wahl zu tun zwischen gesellschaftlichem Wandel *by design* oder *by desaster* – oder mit der Differenz zwischen *managed transition* und *forced transition*. Wichtig ist: Wandel passiert in jedem Fall. Die Frage ist, ob er – zum Beispiel in Form einer ungebremsten Klimaerwärmung – *erlitten* wird, oder ob er – zum Beispiel in Form einer internationalen Zusammenarbeit zur massiven Reduktion von Treibhausgasen – *gestaltet* wird.
Mit Gestaltung ist hier selbstverständlich nicht die treffsichere Intervention durch staatliche Steuerungsmaßnahmen gemeint, sondern ernsthafte Anstrengungen von Akteuren wie Staat, Wirtschaft und Zivilgesellschaft, ein erkanntes Problem zu lösen. Wenn man es nicht auf demokratische Weise schafft, in diesem Sinne *gestaltend* an der Bearbeitung gesellschaftlicher Probleme zu arbeiten, drohen allerschlimmste Folgen: sozial, ökologisch, wirtschaftlich, politisch, kulturell. Kurz gesagt: Wir ändern uns (aktiv), oder wir werden (passiv) geändert. Das gilt übrigens zunehmend auch für Wirtschaftsunternehmen: Diejenigen, die sich nicht aktiv

wandeln – zum Beispiel hinsichtlich des Umgangs mit den sozialen und ökologischen Folgen ihres Tuns –, gehen das doppelte Risiko ein, von immer kritischeren Konsumenten abgestraft oder mit Regulierungen konfrontiert zu werden, auf die man sich besser früher eingestellt hätte.

Aber auch unabhängig von (nachhaltigkeitspolitischen oder sonstigen) gesellschaftlichen Zielsetzungen ist Wandel im Kapitalismus die herrschende Normalität. Die Entwicklung der Produktivkräfte und ein unablässiger Innovationsprozess sind ebenso Kennzeichen kapitalistischen Wirtschaftens wie wiederkehrende Krisen. Joseph Alois Schumpeter hat diese Dynamik als »schöpferische Zerstörung« beschrieben. Die dauernde Umwälzung, da sind sich durch Schumpeter inspirierte evolutionäre Ökonomen mit Marxisten einig, ist *die* Eigenschaft kapitalistischen Wirtschaftens.

Das ist ein grundsätzliches Thema, wenn man sich mit der Hoffnung auf Nachhaltigkeit befasst. Es ist aber auch dort ein Thema, wo bereits eine »große Transformation« stattfindet – auf dem weiten Feld der Digitalisierung. Im Diskurs darüber dominiert nach wie vor der Glaube, Digitalisierung sei tendenziell umweltfreundlich – man denke nur an den Jubel, wenn bei Tagungen keine Programme aus Papier mehr vorliegen, sondern »alles online« ist und das als ökologische Pioniertat verkauft wird. Auch viele Politiker betonen die positiven Umweltwirkungen digitaler und anderer Technologien. Dieses Narrativ hat einen großen Vorteil: Es verspricht Nutzen für alle und Nachteile für niemanden. Diese Erzählung ist freilich tückisch, denn sie ist mit ziemlicher Sicherheit falsch. Die Wachstums- und Beschleunigungseffekte neuer Technologien und die Tatsache, dass sie alte Technologien zwar manchmal ersetzen, aber sehr oft nur ergänzen, lassen die ökologische Digitalisierungserfolgsstory hochgradig unplausibel erscheinen. Wie titelte die *Frankfurter Allgemeine Zeitung* einmal so schön: »Auch das Internet hat einen Auspuff.« In der Tat. Jedenfalls ist es für die nachhaltige

Entwicklung von zentraler Bedeutung, die technologische Revolution der Digitalisierung mehr als bisher mitzudenken. Letztlich muss Nachhaltigkeit zum Kriterium einer gesellschaftsverträglichen und zukunftsfähigen Digitalisierung werden. Klar ist, dass die Umwälzung sehr vieler Lebensbereiche durch digitale Technologien einer nachhaltigen Entwicklung potenziell förderlich ist, aber potenziell eben auch destruktiv.

Ökonomisch-ökologischer Wandel geht allerdings weit über das Technische hinaus. Technischer Fortschritt ist wichtig, aber mindestens ebenso relevant sind soziale, kulturelle und politische Veränderungen. Hoffnung auf Nachhaltigkeit kann nur dann plausibel und realitätsfest sein, wenn sie gleichsam das große Ganze in den Blick nimmt. Nur dann lässt sich die enorme Herausforderung verstehen, die die Transformation bedeutet. Das gilt für das Verständnis der Möglichkeiten ebenso wie für den Blick auf die Grenzen.

Komplexe Probleme und einfache »Lösungen«: Die Grenzen des Wandels und falsche Hoffnungen

Zwei zentrale Grenzen einer plausiblen Hoffnung auf Nachhaltigkeit sind die desaströse ökologische Lage und die Beharrungskraft einer Lebens- und Wirtschaftsweise, die eben nicht nur ein historisch einmaliges Niveau gesellschaftlichen Reichtums gebracht hat, sondern auch ein historisch einmaliges Niveau des gesellschaftlichen Zugriffs auf die Natur. Unsere Art zu leben scheitert, weil sie an Schranken stößt. Dass der Expansionsdrang westlicher und nicht-westlicher Gesellschaften beginnt, Grenzen zu erreichen und zu überschreiten, zeigt sich nicht nur an biophysikalischen Tatsachen wie Klimaerwärmung und Artensterben. Die Grenz-Erfahrung der Menschheit drückt sich im viel diskutierten Begriff für das aktuelle erdgeschichtliche Zeitalter

aus: Anthropozän – das Zeitalter des Menschen. Ob dieser Begriff wissenschaftlich treffsicher ist oder nicht, ist für seine Wirkung mittlerweile irrelevant: Mindestens als Metapher für die massiven Veränderungen, die menschliche Aktivitäten im globalen Maßstab auslösen, hat er sich durchgesetzt.
Das Anthropozän ist wesentlich ein Ergebnis dessen, was heute oft als »große Beschleunigung« bezeichnet wird. Ein Blick auf nahezu alle ökologischen, ökonomischen und technischen Statistiken macht den Begriff plausibel: Allenthalben sieht man Steigerungsbewegungen, die sich ab den 1950er Jahren rapide beschleunigen. Ob Bevölkerung oder Wirtschaftsleistung, ob Energieverbrauch oder die Verwendung von Kunstdünger, ob Telekommunikation oder Tourismus, ob Kohlendioxidemissionen oder Fischfang – Wachstum, Verdichtung und Beschleunigung, wohin man blickt. Ebendiese Prozesse überschreiten immer mehr die Grenzen des Durchhaltbaren – das ist Dreh- und Angelpunkt des ökologischen und damit auch wirtschaftlichen und sozialen Scheiterns unserer Lebens- und Wirtschaftsweise.
Angesichts dieser Lage wurde Nachhaltigkeit zum weithin akzeptierten Leitbild: Die Lage ist sehr ernst, und es herrscht kein Mangel an vehementen Bekenntnissen zur Verantwortung, die diese Lage bedeutet. Ein entscheidendes Problem ist, dass diese Bekenntnisse bislang durchaus begrenzte Wirksamkeit entfaltet haben. Besonders zugespitzt analysiert der Wiener Soziologe Ingolfur Blühdorn die Lücke zwischen Rhetorik und Realität. Seine Theorie der »Nachhaltigen Nicht-Nachhaltigkeit« beansprucht, die Abwesenheit wirklich wirksamer Transformationsschritte zu erklären. Blühdorns bisweilen zugespitzt pessimistischer Zugang ist für unser Thema auch deshalb so relevant, weil er einen klaren und analytischen Blick eisern durchhält: Die »Produktion von Hoffnung«, so Blühdorn, gehöre nicht zu den Aufgaben der Gesellschaftstheorie.
Der Soziologe macht plausibel, dass die eigentlich allen be-

kannte Nicht-Nachhaltigkeit und Nicht-Durchhaltbarkeit des westlichen Wohlstands- und Wirtschaftsmodells keineswegs nur systemische Gründe hat, sondern ganz wesentlich den Vorstellungen von Glück und gutem Leben moderner Bürgerinnen und Bürger entspricht. Unsere Lebensweise ist eine Lebens-Weise – also nicht (nur) Systemimperativ, sondern für eine relevante Anzahl von Mitmenschen ein tiefer Herzenswunsch. Wie wir leben, hat mit etablierten, gewohnten und tiefsitzenden Vorstellungen von Wohlstand, gutem Leben und ganz wesentlich mit Normalität zu tun. Jeder Versuch, diese Lebensweise zu ändern, muss sich dieser Hartnäckigkeit stellen. Damit setzt sich Blühdorns Ansatz der nachhaltigen Nicht-Nachhaltigkeit wohltuend vom sozialwissenschaftlichen Wunschdenken im Nachhaltigkeitsdiskurs ab.

Dieses Wunschdenken ist die dritte Grenze einer Hoffnung auf Nachhaltigkeit. In Diskursen über Zukunftsfähigkeit und Nachhaltigkeit gibt es zwei extreme, wesentlich auf Wunschdenken fußende Positionen, die man zugespitzt als Ökonomie- und Ökologiepopulismus bezeichnen könnte. Der Ökonomiepopulismus setzt auf Effizienz, Innovation und Wachstum und damit letztlich maßlos auf fortgesetzte Expansion. Der Ökologiepopulismus setzt auf Suffizienz, Exnovation und Schrumpfung und sieht sich regelmäßig auf der moralisch richtigen Seite – und übersieht, dass die vorgebrachten Forderungen nach Mäßigung allzu oft selbst maßlos sind und ins Leere laufen: Denn schlechte Laune, ästhetische Achtlosigkeit und moralsaure Appelle machen keine Lust auf Veränderung.

Dass die Lage nicht nur theoretisch ans Eingemachte geht, sondern auch individuell und gesellschaftlich starke Emotionen hervorruft, kann nicht überraschen. Wut, Angst und auch echte Verzweiflung spielen in Diskursen über Klimaerwärmung und Artensterben eine wichtige Rolle. Das ist verständlich, gebiert aber ein problematisches Phänomen, das zur Lösung der beklagten Probleme durchaus wenig beiträgt: Gemeint sind die »Händler der Hoffnung«, die in schweren Zeiten gute Geschäfte machen – wenn nicht immer ökonomisch, so doch aufmerksamkeitsökonomisch. Das mag daran liegen, dass – wie die Schriftstellerin Grete De Francesco schon in den 1930er Jahren konstatierte – nicht nur einzelne Menschen, auch die Menschheit insgesamt »in den Krankheits- und Schwächeperioden ihrer Geschichte immer wieder zum Opfer von Charlatanen [wird], die sich als Ärzte für die Leiden ihrer Zeit anbieten«. Diese Art des nicht selten wissenschaftlich getarnten Publikationspopulismus von selbsternannten »Ärzten« hat in einer freiheitlichen Gesellschaft glücklicherweise ihren Platz. Dass diese Gesellschaft mit einer gewissen Form publizistischer Quacksalberei der Lösung ihrer Probleme näherkommt, darf freilich füglich bezweifelt werden.

Ein Problem ist, dass publizistische Interventionen oft von keinerlei Sachkenntnis getrübt sind und die Orientierungsleistung auf Emotion, Vermutung und Optimismus basiert und nicht auf Erkenntnis, Vernunft und Objektivität. Der Laie staunt, und die Fachfrau wundert sich. Hier kommt es zu voller Kraft, das von Grete De Francesco beschriebene »Jonglieren mit dem schillernden, undurchsichtigen und unverstandenen sprachlichen Ausdruck« und das Spielen »mit dem Vertrauen der Hoffenden«. Wer sich damit beschäftigt, Diskurse zu verändern, und bestimmte Konzepte und Ideen voranbringen will, darf hier nicht naiv sein. Die Aufmerksamkeitsökonomie des frühen 21. Jahrhunderts goutiert Unterhaltungswert und fragt oft wenig nach theoretischer oder empirischer Belastbarkeit.

Gewisse Texte sind in ihrer *Wirkung* deshalb ernst zu nehmen, weil hier oft Stimmen sprechen, auf die viele Menschen hören, und die auf ein Publikum stoßen, das nach schnellen Lösungen, Übersicht und Einfachheit lechzt. Was diese populistischen Diskursbeiträge verbindet: das Bekenntnis zum

Guten, der Wille zur Veränderung und vehement vorgetragene Meinungen. Wo aber viel Meinung und wenig Ahnung (also Wissen) den Diskurs prägen, drohen publizistische Interventionen intellektuelle Fingerübungen zu bleiben. Hier wird oft nur zu Gläubigen gepredigt, die nach Hoffnung gieren. Der beschriebene Ernst der Lage ist ein Faktor für die Begierde nach Orientierung, Trost und Hoffnung. Orientierung, Trost und Hoffnung sind freilich von begrenzter Haltbarkeit, wenn ihre Quelle dünne Grundlagen hat und sie allzu schnell an der sozioökonomischen und ökologischen Realität zerschellen. Reform-, Transformations- oder gar Revolutionsideen, die soziologisch naiv, psychologisch unplausibel oder politisch gefährlich sind, bringen uns nicht weiter. Wir brauchen nicht billigen Trost, einfache Scheinlösungen und falsche Hoffnungen. Was wir brauchen: Realismus, Klarheit und echte Hoffnung.

Zeichen und Wunder:
Die Möglichkeiten des Wandels und echte Hoffnung

Es gibt also starke Grenzen des Wandels zur Nachhaltigkeit, mit denen sich jede Hoffnung zu befassen hat – sonst landet man im weltfremden Optimismus. Ein Pessimismus, der sich als pragmatischer Realismus tarnt, ist aber auch wenig hilfreich, wenn es um die große Transformation in Richtung Zukunftsfähigkeit geht. Denn es gibt sie, die Möglichkeiten eines grundlegenden Wandels. Ich will das im Folgenden erstens mit Hilfe der Begriffe Exnovation und Tradition, zweitens mit der Kritik herrschender ökonomischer Leitbilder und drittens mit einer Kategorie aufzeigen, die verwundern mag, aber tatsächlich ein wichtiger Hoffnungsfaktor ist: Wunder.

Zunächst zu Exnovation und Tradition – zwei Begriffe, die unerlässliche Ergänzungen zur herrschenden Innovationseuphorie sind. Innovation gilt vielen als Königsweg zur Nachhaltigkeit. Bessere Produktionsprozesse, effizientere Maschinen, sparsamere Autos – das sind nur drei Beispiele für Innovationen, die der Nachhaltigkeit dienen können. Innovationen – die schon zitierte Schumpeter'sche »schöpferische Zerstörung« – bringen immer neue Dinge in die Welt. Es kann wenig Zweifel geben, dass technische (und soziale) Innovationen eine notwendige Bedingung für eine nachhaltige Entwicklung sind. Bedenken sind aber angebracht, weil technische Lösungen allein sehr wahrscheinlich nicht hinreichen werden. Dass das in der Debatte regelmäßig unterbelichtet bleibt, liegt sicher auch daran, dass Innovationen für einen Fortschritt stehen, bei dem alle gewinnen und niemand verliert.

Es ist aber komplizierter. Wenn man in einer endlichen Welt nachhaltig wirtschaften will, kann man nicht dauernd innovieren und also neue Dinge in die Welt bringen – man muss auch Sachen wieder aus der Welt *herausschaffen*. »Exnovation« nennt das der Volkswirt Niko Paech. Beispiele für Dinge, die man vielleicht loswerden sollte, wenn die Welt sich nachhaltig entwickeln sollte: Atomkraftwerke, Massenvernichtungswaffen, industrielle Massentierhaltung und Verbrennungsmotoren. Über Innovation wird sehr viel diskutiert, über Exnovation wesentlich weniger. Was oft gänzlich fehlt, ist mein dritter Begriff, die Tradition. Dieses Wort ist vielleicht nicht ganz treffsicher, bringt aber dennoch etwas sehr Wichtiges auf den Punkt: Es geht, wenn wir gut und nachhaltig leben wollen, nicht nur darum, Neues zu schaffen und Altes loszuwerden – es geht ganz wesentlich auch darum, Bewährtes zu erhalten, zu sichern, zu verteidigen: zum Beispiel die Demokratie, Gewaltenteilung und Meinungsfreiheit.

Es gibt also Dinge, wie weder »innoviert« noch abgeschafft werden müssen, wenn es um Nachhaltigkeit geht, sondern erhalten, ja verteidigt werden müssen. Hier liegt ein bemerkenswertes Paradox der gegenwärtigen Lage: Wir müssen,

wenn wir auch in Zukunft in Freiheit, Wohlstand und Frieden leben wollen, unsere Lebensweise mit allen Mitteln verteidigen – und gleichzeitig ebendiese Lebensweise radikal verändern, wenn sie sozial, ökologisch und ethisch vertretbar und zukunftsfähig sein soll. Eine gute Zukunft wird extrem unwahrscheinlich, wenn diese paradoxe Herausforderung nicht adressiert wird.
Damit, zweitens, zur Kritik herrschender ökonomischer Leitbilder. Der Diskurs über Nachhaltigkeit ist wesentlich von der Vorstellung geprägt, eine gute Zukunft und eine nachhaltige Entwicklung ließen sich durch Effizienz, Expansion und elaborierte Technik erreichen und sichern. Echte Zukunftsfähigkeit braucht aber auch Opulenz, Maß und Kultur. Deshalb ist, wo Hoffnung auf Nachhaltigkeit gedeihen soll, Einspruch gegen eine normale, etablierte und oft institutionalisierte Art des Denkens und Handelns notwendig. Großzügigkeit, verstanden als maßvolles Wirtschaften, das sich zwischen den Extremen Geiz und Verschwendung bewegt (und weder Effizienz noch Konsumverzicht verabsolutiert), erscheint als geeignetes »Alternativprogramm«. Als das rechte Maß im Umgang mit der Natur und uns selbst ist sie kein Patentrezept, aber unverzichtbares Element einer gelingenden Gesellschaft. Großzügigkeit lässt sich auf so unterschiedliche Felder anwenden wie Klimawandel, Welthandel, Tierwohl, Digitalisierung und Selbstoptimierung. Was diese Felder gemeinsam haben: dass ein Übermaß an Striktheit, Effizienzorientierung und Rationalitätsfixierung uns selbst, anderen Geschöpfen und der Natur nicht guttut.
Die hier skizzierte Idee einer maßvollen Großzügigkeit als Leitbild steht im Kontext eines sich abzeichnenden Bedeutungsgewinns der Anpassung. So hat der Publizist Jeremy Rifkin 2022 mit *Das Zeitalter der Resilienz* ein Buch vorgelegt, das perfekt in einen Diskurs passt, der maßlose Expansion und Aneignung überwinden will und stattdessen ausdrücklich auf Resilienz und Anpassung (und damit letztlich auf

Großzügigkeit) setzt. Wo Rifkin vehement Anpassung *fordert*, wird diese Strategie vom Soziologen Philipp Staab *analysiert*. In seiner ebenfalls 2022 erschienenen Studie *Anpassung. Leitmotiv der nächsten Gesellschaft* hinterfragt Staab fundamentale Konzepte wie Fortschritt, Individualisierung und Technologie. Er skizziert ein defensives Weltverhältnis und beschreibt die Anpassung als zentrales Leitbild kommender Entwicklungen.

Und damit zu meinem dritten und letzten Faktor für die Möglichkeit eines Wandels zur Nachhaltigkeit: dem Wunder. Ja, tatsächlich. Denn: Wissen wir nicht, dass es Wunder wirklich gibt – Ereignisse, die den Lauf der Dinge durchbrechen und die wundersam in der Zeit stehen? Was Naturgesetzen widerspricht und trotzdem passiert, wäre ein Wunder. Aber diese Art von Wunder ist hier nicht gemeint. Wunder hat hier nichts mit Vaterunser und Räucherstäbchen zu tun, dafür aber viel mit Unwahrscheinlichkeit und Unbekanntheit. Kurz gesagt: »Wunder« fungiert hier als Begriff für Dinge, die – sobald sie passieren – für allergrößte Überraschung sorgen oder vorher als extrem unwahrscheinlich galten.

Dass hier überhaupt die Kategorie »Wunder« eingeführt wird, hat mit der skizzierten Lage der Dinge zu tun, die sehr, sehr ernst ist und die den Optimismus zu einer nachgerade lächerlichen Haltung werden lässt. Ökologisch zumal muss man leider feststellen, dass der Zustand des Planeten sehr schlecht ist und dass nur sehr wenig dafürspricht, dass hier Besserung eintreten wird. Das Gegenteil ist der Fall: Ob Klimawandel oder Biodiversität, ob Zustand der Meere oder der Böden – die Trends bei diesen und anderen ökologischen Themen zeigen dramatisch in die falsche Richtung. Man darf hier auf Basis belastbaren wissenschaftlichen Wissens formulieren: Nur ein Wunder kann uns retten. Nochmal: Damit ist keine göttliche Intervention gemeint und auch nicht der Glaube, dass wir die Umweltkrise wegmeditieren könnten. Aber: Eine »nachhaltige« Wendung in der Umweltkrise ist dermaßen unwahrscheinlich und wäre so überraschend, dass man von einem Wunder sprechen müsste, wenn diese Wendung einträte.

Es gibt auch technische Wunder – Entwicklungen, die vor ihrem Eintreten als höchst unwahrscheinlich, ja unmöglich angesehen werden. 2012 hat eine Kampagne des Technischen Museums Wien mit einer Reihe von Zitaten vor Augen geführt, dass eine auch nur halbwegs treffsichere Aussage über kommende technologische Entwicklungen ein Ding der Unmöglichkeit ist. 1943 hat der Chef von IBM den weltweiten Bedarf an Computern geschätzt: fünf. Nicht fünf Milliarden oder fünf Millionen: fünf. 1946 hat ein Filmproduzent vorausgesagt, der Fernseher würde sich nicht durchsetzen. Denn: »Die Leute werden bald müde sein, jeden Abend auf eine Holzkiste zu starren.« Lord Kelvin hat Flugzeuge für unmöglich gehalten. 1899 hat ein Beauftragter des US-Patentamts zum Besten gegeben: »Alles, was man erfinden kann, ist schon erfunden worden.« Und, last but not least, 1932 hat ein gewisser Albert Einstein festgestellt, dass es »nicht die geringsten Anzeichen« gebe, Atomenergie entwickeln zu können.

Die Beispiele zeigen eindrücklich die tiefe Wahrheit des Spruches »Prognosen sind schwierig – besonders, wenn sie die Zukunft betreffen«. Ziemlich sicher prognostizierbar ist immerhin, dass sehr wahrscheinlich Technologien entstehen werden, die wir uns buchstäblich nicht vorstellen können. Wer vermag auszuschließen, dass es in zwei Jahrzehnten einen Industriesektor geben wird, der so wichtig ist wie die heutige Mineralölindustrie und der sehr viel Geld damit verdient, Kohlendioxid aus der Atmosphäre zu entfernen? Er wäre freilich grob verantwortungslos, auf derlei Entwicklungen zu wetten und sich auf zukünftige technische Wunder zu verlassen und zum Beispiel die Energie- und Klimapolitik daran auszurichten. Das Problem ist natürlich, dass real existierende Politik hier und heute faktisch genau das tut. Das weite Feld der Umweltpolitik zumal ist gänzlich von einem Glauben an bahnbrechende technische Wunder beseelt. Das ist ein Problem.

Dass es – künstlerische, sportliche und vor allem politische – »Wunder« immer wieder gegeben hat, zeigt der Blick in die Vergangenheit. »1989« und fast alles, was man politisch mit dieser Jahreszahl verbindet, kann man getrost unter der Kategorie »Wunder« verbuchen. Ein noch größeres Wunder war vielleicht die Französische Revolution 200 Jahre zuvor. Der Theologe Jürgen Moltmann spricht im Zusammenhang mit diesem Ereignis von einem »Erdbeben«. 1789 ist sozusagen die Mutter aller (modernen) politischen Wunder. Die Französische Revolution hat bewiesen, dass es solche Wunder gibt und dass eine andere Welt immer möglich ist.

Ein in Österreich immer wieder aufgerufenes (in Deutschland allerdings kaum noch beachtetes) Wunder ist das fußballerische »Wunder von Cordoba«, bei dem Österreich 1978 den nördlichen Nachbarn und damaligen Titelverteidiger (!) demütigte. Auch Deutschland hat freilich seine Fußballwunder. Dazu zählen insbesondere das »Wunder von Bern« 1954 und der 7:1-Sieg der deutschen Fußball-Nationalmannschaft über die brasilianische Auswahl im Halbfinale der Weltmeisterschaft 2014. Dieser Sieg war ohne Zweifel ein Wunder.

Ich will es mit den sportlichen Analogien nicht zu weit treiben, aber doch ein Charakteristikum praktisch aller sportlichen Wunder betonen: Sie sind ausnahmslos nicht lediglich auf Glück und Zufall zurückzuführen – stets sind auch Training, Fleiß und Vorbereitung involviert. Die Österreicher werden vor ihrem Triumph in Argentinien hart gearbeitet haben, Gleiches wird für die Deutschen vor ihrem Jahrhundertsieg in Brasilien gelten. Warum das für die Hoffnung relevant ist? Weil das auch für politische Wunder gilt.

Zu 1989 also. Die Ereignisse, die zur Demokratisierung Osteuropas, zur Wiedervereinigung Deutschlands und zum Zusammenbruch der Sowjetunion führten, hat niemand vorhergesehen. Soziologen, Ökonominnen, Geheimdienste: Alle waren höchst überrascht über die Ereignisse. Niemand hatte auch nur im Ansatz antizipiert, was sich da entwickeln würde. Das Auftauchen Gorbatschows und wohl noch mehr die historische Pressekonferenz, bei der Günter Schabowski die Öffnung der innerdeutschen Grenze verkündete: dramatische Beweise dafür, dass Personen und Momente, Unachtsamkeiten und Zufälle einen riesengroßen Unterschied machen können, dass Geschichte kontingent und die Zukunft immer offen ist – offen für sehr große Überraschungen. Aber auch hier – und das ist ein entscheidender Punkt – wurde »vorgearbeitet«. Gorbatschows Öffnung der UdSSR kam nicht von heute auf morgen aus dem Nichts, und wer könnte die »Vorarbeit« von Gewerkschaften und Bürgerrechtsbewegungen in Ländern wie Polen, der Tschechoslowakei und der DDR ignorieren? Für politische Wunder muss man ebenso wie für sportliche Wunder arbeiten, sich vorbereiten, sich engagieren. Das gilt ganz sicher auch für die Wunder, die womöglich für einen erfolgreichen Wandel zur Nachhaltigkeit benötigt werden.

Zum guten Schluss:
Elemente einer nicht-naiven Hoffnung auf einen
ökonomisch-ökologisch-gesellschaftlichen Wandel
zur Nachhaltigkeit

Die Existenz und Möglichkeit politischer Wunder können eine hoffnungsvolle Perspektive auf das scheinbar so abgrundtief hoffnungslose Thema der ökologischen Probleme eröffnen. Deshalb liegt hier auch ein zentrales Element einer nicht-naiven Hoffnung auf Nachhaltigkeit. Wenn von Hoffnung die Rede ist, wird oft – und so auch bei der Mehrheit der Beiträge zum Philosophicum Lech 2023 – vor allem über die Befürchtung gesprochen, man könnte zu viel hoffen. Ich möchte mit dem bereits zitierten Jürgen Moltmann darauf hinweisen, dass es auch die reale Gefahr gibt, dass *zu wenig* gehofft wird. Es war schwer, Anfang der 1980er Jahre ernsthaft auf ein Ende der deutschen Teilung, eine Überwindung der Blockkonfrontation oder einen Umsturz des südafrikanischen Apartheidsregimes zu hoffen. Doch dann erfuhr die Welt, wie Moltmann es ausdrückt, auf dem Feld der Politik tatsächlich »›Zeichen und Wunder‹«. »Die Geschichte beschämte unsere Kleingläubigkeit«, so Moltmann – nämlich in den historischen Momenten Ende der 1980er und Anfang der 1990er Jahre, als die Sowjetunion sich auflöste, die deutsche Teilung endete und in Südafrika das Apartheidsregime ohne Bürgerkrieg aus der Welt geschafft wurde: »Warum haben wir nicht größer gehofft?« Zu wenig Hoffnung zu haben, so könnte man formulieren, birgt das Risiko von Unterlassungssünden.

In eine ähnliche Richtung weist das Konzept der radikalen Hoffnung des Philosophen Jonathan Lear. Lear spricht von einer »Verpflichtung auf den Gedanken, dass die Güte der Welt die begrenzten und fehlbaren Versuche des Denkenden übersteigt, sie zu begreifen«. Für unser Thema ist die Idee höchst relevant, dass die »Güte der Welt« sich womöglich unserem Verständnis entzieht. Dass es Güte und Fülle in der Welt gibt, lässt sich nicht bestreiten. Kann man aber unsere »Blindheit« für diese Eigenschaften der Welt damit erklären, dass Grausamkeit, Mangel und andere unangenehme Eigenschaften der Welt sowie bestimmte Theorien über diese Welt uns den Blick verstellen für Güte, für Fülle und für Möglichkeiten?

Für Lear jedenfalls besteht die Radikalität einer radikalen Hoffnung im Blick auf eine Güte: Radikale Hoffnung sei »genau deswegen *radikal*, weil sie sich auf eine Güte richtet, die das gegenwärtige Vermögen übersteigt, einzusehen, worin sie besteht. Radikale Hoffnung antizipiert ein Gut, für das allen, die eine solche Hoffnung hegen, bislang die angemessenen Begriffe zum Verständnis fehlen.« Es sei »seltsam unangemessen«, so Lear, »zu glauben, alles Gute an der Welt sei durch unser gegenwärtiges Verständnis von ihr ausgeschöpft und erfasst.« In der Tat, und mit guten Gründen, kann man hier eine Quelle von Hoffnung sehen: in dem Umstand, dass es oft nicht die Welt, sondern unser begrenztes Verständnis von dieser Welt ist, das uns limitiert. Auf unser Thema zugespitzt: Unser häufig wirtschaftlich geprägtes Denken verhindert, dass uns die Güte und die Fülle der Welt in den Blick geraten. Es gibt Möglichkeiten, die wir (noch) nicht sehen – ohne Zweifel Kernelement einer plausiblen Hoffnung auf die Überwindung der ökologischen Krise.

Ein weiteres Kernelement dieser Hoffnung ist die Frage, wie sich eine nachhaltige Entwicklung demokratisch organisieren lässt. Auch wenn man die Warnungen vor einer Öko-Diktatur für übertrieben halten kann: Sie weisen auf das relevante Problem hin, dass ein demokratischer Wandel zur Nachhaltigkeit eben keine triviale Angelegenheit ist. Wenn man rigorosen Autoritarismus für ebenso unerfreulich hält wie eine entpolitisierte Expertokratie – dann muss man die Spannungen ernst nehmen und bearbeiten, die sich zum Beispiel aus dem Verhältnis der Arbeitsweise demokratischer Institutionen und der Dringlichkeit ökologischer Probleme ergeben.

Mit all dem vor Augen kann man die folgenden Worte – die wohl nicht zufällig von einem gelernten Historiker kommen (auch wenn der hier als Regierungschef eines europäischen Landes spricht) – zitieren, die im Mai 1983 im österreichischen Nationalrat gesprochen wurden: »Ich weiß schon (...), das alles ist sehr kompliziert so wie diese Welt, in der wir leben und handeln, und die Gesellschaft, in der wir uns entfalten wollen. Haben wir daher den Mut, mehr als bisher auf diese Kompliziertheit hinzuweisen; zuzugeben, daß es perfekte Lösungen für alles und für jeden in einer pluralistischen Demokratie gar nicht geben kann. Helfen wir mit, daß die simplen Denkmuster in der Politik überwunden werden können und daß wir die notwendigen Auseinandersetzungen für einen demokratischen Willensbildungsprozeß ohne Herabwürdigung der Demokratie führen können.« Was Fred Sinowatz hier zum Ausdruck bringt, hat vierzig Jahre später nichts an Aktualität verloren – das Gegenteil ist der Fall.

Wenn man vermeidet, zu klein zu denken, wenn man aufmerksam für die Güte und Fülle der Welt ist, und wenn man sich nicht an populistische Vereinfachungen klammert, sondern sich auf die Komplexität politischer Prozesse einlässt – dann kann man begründet, plausibel und realistisch die Hoffnung hegen, dass der gesellschaftlich-ökologisch-ökonomische Wandel zur Nachhaltigkeit gelingen kann. Und von dieser Hoffnung darf man sich zum Engagement bewegen lassen. Hoffnung ist keine »Falle« – sie ist eine Bedingung für wirkungsvolles Handeln, das der grassierenden Hoffnungslosigkeit die Perspektive einer besseren Zukunft entgegenstellt. Wer Hoffnung allen Ernstes als »Falle« bezeichnet, unterliegt entweder einer Verwechslung zwischen ihr und dem Optimismus – oder er opfert die argumentative Klarheit dem Wunsch nach der steilen These. Ich für meinen Teil würde mich zur Hoffnung auch dann verpflichtet fühlen, wenn die Lage aussichtslos erschiene.

Dieser Text ist Robert Pfaller gewidmet.

Harald Welzer

Hoffnung ist eine Falle

Zur Psychopathologie wunschgetriebenen Handelns

Vielleicht ist eine Vorbemerkung angebracht, die selbst etwas mit dem Thema »Hoffnung« zu tun hat. Vor dem Hintergrund des aktuellen Verblassens aller Aspekte zivilisatorischen Fortschritts, die mein Denken und Handeln in den vergangenen Jahrzehnten motiviert haben, könnte es eine ernüchternde Überlegung wert sein, dass wir als Erbinnen und Erben des Projekts der Aufklärung, als Verteidigerinnen und Verteidiger von Freiheit, Demokratie und Rechtsstaatlichkeit sowie als Proponenten einer sozialökologischen Transformation angesichts der sich kumulierenden Krisen und Kriege ziemlich theorie- und hilflos dastehen, was die analytische Durchdringung der Tatsachen angeht und die Begründetheit der Methoden und Begriffe, mit denen wir sie zu erfassen versuchen. Deshalb erscheint mir die Geschlossenheit gelehrter Abhandlungen, die Sicherheit im Schlussfolgern, die routiniert vorgezeigte intellektuelle Brillanz heute eher verdächtig. Wir befinden uns in einer Lage, zu der mir nicht wirklich etwas Qualifiziertes einfällt. Arnold Gehlen hat so etwas als »Konsequenzerstmaligkeit« bezeichnet, und wenn eine solche auftritt, hat sie die unschöne Eigenschaft, erstmal alles das, was man erwartet und für dessen Deutung man sein schön geputztes analytisches Besteck bereitliegen hat, komplett zu entwerten.

Wenn etwas zugleich neu, unverstanden und konsequenzenreich ist, tut man heuristisch gut daran, nicht gleich zu viel zu verstehen. In diesem Sinn hat Karl Kraus gesagt, dass ihm zu Hitler nichts einfalle, und in ähnlicher Weise fällt mir nichts ein zu dem doch radikalen Gegenstandsloswerden aller ökologischen Zukunftshoffnungen, die ich bis letztes Jahr gehegt habe und denen ich nun traurig hinterherschaue. Von nun an geht es – Energieknappheit! Verteidigungsfähigkeit! Kriegstüchtigkeit! – um andere Begehren, und sie sehen mir so antizivilisatorisch aus, dass mir wenig einfällt, was tauglich wäre, das Abbiegen in eine falsche Richtung zu verhindern oder doch abzubremsen. Wir sind jenseits jeder Realisierungsmöglichkeit des berühmten 1,5- und sehr wahrscheinlich auch des 2-Grad-Zieles. 2023 ist *das* Jahr der naturalen Desaster, aber je dramatischer die faktischen Folgen der Erderhitzung werden, desto größer wird offenbar der Drang, sich anderen Themen zuzuwenden.

Geradezu obszön nimmt die britische Regierung Klimaschutzmaßnahmen zurück; in Deutschland geschieht in der Neubauplanung oder hinsichtlich der Sektorziele der einzelnen Ministerien Ähnliches. Man könnte fürchten: Je zahlreicher die Krisen und Kriege werden und je kürzer die Intervalle zwischen ihnen, desto unzureichender zeigt sich unsere theoretische Ausstattung und unser analytisches Instrumentarium. Etwas weniger vornehm ausgedrückt: Je komplexer und bedrohlicher die Lage, desto dümmer scheinen wir zu werden. Da geschlossene Deutungen mangels verfügbarer Theorien und Methoden angesichts von all dem unmöglich sind, ist im Moment das Fragment wahrscheinlich die erkenntnislogisch angemessene Form. Wenn man die Fragmente zusammenfügt, bleiben Lücken zwischen ihnen. Diese Lücken sind die Orte, wo die Erkenntnis ist.

1.

Es geht bei der »Hoffnung« um mehr als irgendeinen beliebigen philosophischen Gegenstand, denn es handelt sich dabei ja um eine psychologische Kategorie, die ihrerseits bestimmt, wie Philosophinnen und Philosophen die Welt betrachten. Hoffnung ist kategorial mithin nicht analytisch neutral, sondern positiv wie negativ immer am Werk, wenn man denkt. Sie kann also hilfreich sein. Oder trügerisch. Im letzteren Fall mag aber nicht nur Enttäuschung das Ergebnis sein, sondern – und das wäre weitaus folgenreicher – die Bewältigung eines Problems, einer Aufgabe oder einer Anforderung desto schwieriger oder unmöglicher, je stärker die Hoffnung ist, die Sache bewältigen zu können. Optimismus ist Mangel an Information, hat Heiner Müller gesagt. Und ein, sagen wir, uneitler Pessimismus könnte helfen, denn er erlaubt ja immerhin die Konfrontation mit dem Ausmaß der Aufgabe, während die Hoffnung sie zu verkleinern tendiert. Hoffnung kann daher eine Falle sein. Besonders dann, wenn man es mit einem komplexen Problem zu tun hat, kann die Hoffnung zu einer verengten Wahrnehmung und Verkleinerung der in Betracht gezogenen Variablen führen und das Scheitern vorprogrammieren.

2.

Hoffnung verstellt im ungünstigen Fall Wirklichkeiten, und ich möchte mit einem aktuellen Beleg dafür beginnen. Am Wochenende des 16./17. September 2023 feierte die *Welt am Sonntag* ihr 75-jähriges Bestehen und hatte dazu die famose Idee, öffentliche Personen zu fragen, wie es denn in 75 Jahren wohl um den Klimawandel stehe. Eine Reihe der Antworten möchte ich zitieren. Die Frage war jeweils: »In 75 Jahren ist der Klimawandel ...« Und dann sollte die Antwort kommen.

Erste Antwort: »Auf 1,5 Grad begrenzt.« Die stammt in üblicher Knappheit von Bundeskanzler Scholz. Dann geht es weiter: »Dank der Innovationen und Investitionen, die gerade vorangetrieben werden, eine Entwicklung, die kein unverhältnismäßig großes Leid mehr verursachen wird« (Bill Gates). »Dank des Erfindergeistes der Menschheit so weit begrenzt, dass wir auf allen Kontinenten gut und klimaneutral leben können« (Friedrich Merz, CDU-Parteivorsitzender). »Weiterhin eine Herausforderung, aber dann hoffentlich eine, die wir gut beherrschen, und gleichzeitig die treibende Kraft für grüne Technologien und erneuerbare Energien, die neue Märkte und Investitionsmöglichkeiten schaffen« (Christian Sewing, CEO Deutsche Bank). »Eingedämmt. Die Menschheit hat sich angepasst« (Robert Habeck, Bundeswirtschaftsminister). »Nach einigen Großkatastrophen und mit enormem Aufwand beherrschbar geworden« (Tobias Meyer, CEO DHL). »Durch innovative Technologie, smarte Marktwirtschaft mit Emissionshandel und intelligente Klimaanpassung im Griff« (Marco Buschmann, Bundesjustizminister). »Ein Beleg für den Optimismus, dass die Menschheit Herausforderungen mit Technologie und Kooperation bewältigt« (Christian Lindner, Bundesfinanzminister). »Hoffentlich nur noch eine dunkle Erinnerung an herausfordernde Zeiten, weil es klugen Wissenschaftlern und einsichtigen Menschen gelungen ist, dieses globale Problem nachhaltig zu lösen« (Klaus Meine, Scorpions). »Hoffentlich gebremst und ein Ausrufezeichen in der Geschichte der Menschheit, dass wir nie wieder so nachlässig mit unseren Lebensgrundlagen umgehen dürfen« (Ursula von der Leyen, Präsidentin der Europäischen Kommission). »Dank Sparsamkeit, Innovation und Anpassung der Menschen begrenzt. Der ökologische Wandel wird Europa stärken, da es einen Schritt voraus ist und mit gutem Beispiel vorangeht« (Bruno Le Maire, französischer Wirtschaftsminister). Und so weiter.

Man darf erstaunt zusammenfassen: Niemand fürchtet sich vor einem Versagen, alle halten das Problem Erderhitzung für ein zu bewältigendes Problem. Dazu ein paar klimakorrelierte Ereignismeldungen der Wochen zuvor: mehr als 11 000 Tote durch Starkregen in einer einzigen Stadt (Darna in Libyen), mehr als 13 Millionen Hektar Wald allein in Kanada abgebrannt, die weitere 27 Prozent Anteil an Treibhausgasen zur globalen Emissionsmenge beitragen. Die Meerestemperatur vor Florida liegt bei mehr als 38 Grad. Die Korallenbleiche fällt neuerdings aus, weil die Lebewesen bei dieser Temperatur so schnell sterben, dass sie gar nicht mehr erst erbleichen. Beim Eis gibt es ein Allzeittief, wie das »Meereisportal« berichtet: »Das Eiswachstum war in diesem Winter jedoch sehr langsam und die Meereisausdehnung in der Antarktis bewegt sich seit Anfang des Jahres auf ihrem niedrigsten Niveau seit Beginn der kontinuierlichen Satellitenmessungen im Jahr 1979. Das Minimum der Meereisausdehnung in der Antarktis hat darüber hinaus am 19. Februar 2023 eine neue Rekordmarke von nur 2 Millionen Quadratkilometer erreicht und auch im Monatsmittel das bisherige Allzeittief aus dem Jahr 2022 unterschritten. Am 7. September erreichte das antarktische Meereis sein Maximum mit 17,16 Millionen Quadratkilometer. Diese Eisbedeckung ist die niedrigste jemals im Winter beobachtete (...) Seit dem minimalen Mittelwert im Februar hat sich das Eis nicht wieder erholt und hatte ebenfalls im Mai, Juni und auch im Juli dieses Jahres Rekordniedrigwerte erreicht. Im Juli lag er mit 13,74 Millionen Quadratkilometer ca. 1,35 Millionen Quadratkilometer unter dem bisherigen monatlichen Niedrigwert aus dem letzten Jahr. Auch im August betrug die Differenz zum Jahr 1986 ca. 1,36 Millionen Quadratkilometer. Insbesondere im Weddellmeer, der Kosmonauten See und im Rossmeer war weniger Eis als im Vorjahr vorhanden.«[1]

Daneben gab es 18 Tote durch Starkregen in Griechenland, nachdem es zuvor durch extreme Hitze wochenlang Waldbrände gegeben hatte. In Südspanien herrscht ein Dürre-Notstand; auf den Kanaren und auf Madeira fällt die Nachttemperatur bis in den Oktober hinein nicht unter 29 Grad. Mittlerweile ist die *scientific community* der übereinstimmenden Auffassung, dass 2023 das signifikante Jahr der Erderhitzung ist: die höchsten Temperaturen, die größten Brände, die stärksten Starkregenereignisse ... Und schließlich: »Wissenschaftler:innen und Expert:innen sehen in ihrer Bestandsaufnahme auf dem 13. ExtremWetterKongress die Chance als verpasst an, mit relativ wenig Aufwand das Klimasystem zu stabilisieren. Der Klimawandel wird aus Sicht der Konferenzteilnehmer:innen nun in großen Teilen ungebremst erfolgen, womit nicht mehr abwendbare massive Veränderungen auf unserem Planeten zu erwarten sind.« So heißt es in der Zusammenfassung des Extremwetterkongresses 2023, auf dem auch mitgeteilt wurde, dass man das Erreichen des berühmten 1,5-Grad-Zieles, also das Einbremsen der Erderhitzung auf diesen Steigerungswert, vergessen könne.

Alles das, was gegenwärtig passiert, liegt jenseits der negativsten Szenarien der Klimaforschung. Was will uns das sagen? Es will uns sagen, dass die Entwicklung unseren Strategien vorausläuft. Wenn ich Ihnen die traurige Mitteilung mache, dass das heutige dezentrale Desaster die Folge der Treibhausgasemissionen von vor dreißig Jahren ist, weil das Klimasystem träge ist, dann wissen Sie, dass wir ein Problem haben, das mit den Strategien, die wir gegenwärtig anwenden, nicht einmal adressiert ist, geschweige denn zu bewältigen. Die Perspektiven, die in Bezug auf den Status Klimawandel in 75 Jahren genannt wurden, sind vor diesem Hintergrund, wohlwollend interpretiert, Dokumente einer Psychopathologie der Hoffnung. Weniger wohlwollend könnte man sie auch als Ideologie deuten.

3.

Die Logik des Misslingens ist der Titel eines Buches des Psychologen Dietrich Dörner, das erstmals 1989 erschien. Es beschäftigt sich mit dem Denken in komplexen Situationen und arbeitet heraus, welche Fehler dabei fast standardmäßig auftreten. Bei Geschehnissen wie der Erderhitzung oder dem Ukrainekrieg hat man es zweifellos mit komplexen Situationen zu tun. Deshalb lohnt es zum besseren Verständnis der Gründe, warum Bewältigungsversuche scheitern, einen Blick auf die Spezifika komplexer Situationen zu werfen. Eine komplexe Situation ist ein System, das aus einer Menge von Variablen besteht, »die durch ein Netzwerk von kausalen Abhängigkeiten miteinander verbunden sind«.[2] Das bedeutet einfacher gesagt, dass man in einem solchen System niemals *eine Sache* macht, wenn man interveniert, sondern immer *mehrere*. Dass man nicht einen einzigen Aspekt verändern kann, sondern eine Intervention immer eine Menge anderer Aspekte mit verändert. Das System ist dynamisch, und Veränderungen eines Aspektes erzeugen Nebenfolgen und Fernwirkungen, die erst später wirksam oder auch nur sichtbar werden können.

Deshalb haben komplexe Systeme eine besondere Zeitlichkeit. Wenn zum Beispiel bei einer Havarie in einem Atomkraftwerk (wie in Tschernobyl) technische Eingriffe in einen physikalischen Ablauf gemacht werden, um etwa eine Überhitzung oder einen Druckverlust zu reduzieren, steht der augenblickliche Wert im Vordergrund, der folgerichtig zu regulieren versucht wird. Aus dem Blick gerät dabei schnell, dass der bereits ausgelöste Prozess einer Überhitzung schon Dynamiken in Gang gesetzt hat, die mit der Regulierung des Wertes, der das Problem ausgelöst hat, nicht aufgehalten werden können. Im Gegenteil ist in konkreten Fällen häufig eine »Übersteuerung« der Korrekturversuche zu beobachten: Das technische System scheint nicht zu reagieren, also wird der Versuch mit höherer Intensität wiederholt. »Eine solche Tendenz zur Übersteuerung ist charakteristisch für den Umgang von Menschen mit dynamischen Systemen. Wir gehen nicht von der Entwicklung des Systems, also von den Zeitdifferenzen zwischen aufeinander folgenden Zeitpunkten aus, sondern von dem zum jeweiligen Zeitpunkt feststellbaren Zustand. Man reguliert den Zustand und nicht den Prozess und erreicht damit, dass das Eigenverhalten des Systems und die Steuerungsversuche sich überlagern und die Steuerung überschießend wird.«[3]

Übertragen auf das systemische Geschehen Klimawandel, leuchtet sofort ein, was das Problem ist: 2015, auf der Pariser Klimakonferenz, wird das 1,5-Grad-Ziel verbindlich gemacht – das heißt, die unterzeichnenden Staaten einigen sich darauf, Maßnahmen zu ergreifen, die geeignet sind, den globalen Temperaturanstieg bis zum Jahr 2100 auf 1,5 Grad gegenüber der vorindustriellen Zeit zu begrenzen. Trotz mehr oder minder ernsthafter und erfolgreicher Versuche, Emissionen zu reduzieren, liegt man aber schon 2023 über dem Wert von 1,5 Grad – am Ziel wird gleichwohl festgehalten. Dabei spielen viele Faktoren eine Rolle: dass sich dieselben Zehntelgrade Durchschnittserhöhung lokal sehr unterschiedlich zu erheblich höheren Werten ausprägen können, dass das Klimasystem träge ist und die *heutigen* Klimawandelfolgen, wie gesagt, auf die Emissionen von vor dreißig Jahren zurückgehen, dass die Emissionsmenge absolut nicht sinkt, und noch einige mehr. Man versucht also auch hier, den Zustand zu regulieren und nicht den Prozess. Wenn man merkt, dass die Zielwerte gerissen werden, reguliert man nach, verlegt also den Kohleausstieg vor und Ähnliches. Das Problem ist, dass der Prozess so ungebremst weiterläuft, dass der Zustand, für den das Ziel formuliert wurde, längst nicht mehr existiert. Zu Beginn der Debatte um den Klimawandel wurde übrigens erbittert darum gestritten, was wichtiger wäre: Vermeidung (von noch mehr Emissionen) oder

Anpassung (an die Folgen). Man entschied sich – zustandsbezogen – für Vermeidung. Das ist mittlerweile – prozessbezogen – aber unrealistisch, trotzdem wird am ursprünglich vereinbarten Ziel festgehalten. Man investiert ungeheure Energien und Mittel, um das schon unvermeidlich Gewordene zu vermeiden.[4]

Ein weiterer Grund für das Misslingen der Bewältigung komplexer Situationen hängt damit zusammen: dass sich systemische Veränderungen scheinbar langsam aufbauen und zunächst gar nichts Bedrohliches anzeigen. Alles bleibt normal – wie für den berühmten Truthahn, der bis zum Tag vor Thanksgiving sich seines Lebens freut, gut behandelt wird und Futter bekommt, bis ... Wir alle haben das Truthahn-Erlebnis in den Wochen gehabt, die scheinbar vor der Corona-Pandemie lagen: Meldungen aus einer chinesischen Stadt, von der man bis dahin noch nie etwas gehört hat, Meldungen über weitere Ausbreitungen eines unbekannten Virus in Asien, Meldungen über erstes Auftreten in Europa, Meldungen über einen ersten Fall in Deutschland, Meldungen über mehrere Fälle in Deutschland, Meldungen über gehäuftes Auftreten an einzelnen Orten in Deutschland, und dann – ist der Zeitpunkt gekommen, an dem die Bundeskanzlerin erklärt, was exponentielles Wachstum ist. Die Plötzlichkeit, mit der eine Katastrophe da ist, ist gar keine, man hat nur die Anzeichen nicht zur Kenntnis genommen. Auch bei der verzögerten Anerkennung der Dimension der Katastrophe spielte Hoffnung eine Rolle.

»Katastrophale Wendungen‹ treten scheinbar plötzlich ein. In Wirklichkeit werden sie vorbereitet. Bestimmte ›im Untergrund‹ verlaufende Entwicklungen belasten die Bedingungen für die gute Weiterentwicklung eines Systems immer mehr, bis es schließlich nicht mehr dagegen ankommen kann und zusammenbricht.«[5] Dafür steht die politische Konjunktur des Begriffs der Überraschung: Der damalige deutsche Außenminister war sehr überrascht, als die Taliban einfach die Macht in Afghanistan übernahmen, alle waren sehr überrascht, als das Ahrtal überflutet wurde, man war überrascht, dass Putin die Ukraine überfiel. Die Verantwortlichen werden sehr überrascht sein, wenn die deutsche Automobilindustrie zusammenbricht, das Wasser rationiert werden muss oder Hacker einen landesweiten Blackout verursachen. Oder wenn es einen dritten Weltkrieg gibt. »Das hätten wir nicht gedacht«, wird man sagen, falls man noch etwas sagen kann. Oder, mit Peter Ustinov: Die letzte Stimme, die man hört, bevor die Welt explodiert, wird die Stimme eines Experten sein, der sagt: »Das ist technisch unmöglich!«

Aber der Experte gehört schon zum nächsten Faktor, der dafür sorgt, dass komplexe Entwicklungen nicht bewältigt werden. Der liegt darin, dass man dazu neigt, einen einzigen Aspekt aus dem Gesamtzusammenhang zu isolieren, den man scheinbar handhaben kann. Dörner nennt das eine »Zentralreduktion«. »Experten« sind ja immer Experten für einen spezifischen Sachverhalt, nicht für das Ganze. In der Pandemiebekämpfung waren Epidemiologie und Virologie gefragt, nicht Pädagogik oder Psychologie, obwohl die zu den Neben- und Fernwirkungen der erwogenen Maßnahmen etwas zu sagen gehabt hätten. Im Fall des Klimawandels haben die Naturwissenschaften das Treibhausgas Kohlendioxid ins Zentrum aller Bemühungen der Bewältigung gerückt – weil man meint, dieses Molekül langfristig aus dem wirtschaftlichen Metabolismus verbannen und seine Treibhaus-Wirkung annullieren zu können. Alle Nebenfolgen und Fernwirkungen der Eliminierungsversuche – von Energiepreisen über Landschaftszerstörung und Einschränkungen des Naturschutzes bis zu Strukturwandlungen in der industriellen Landschaft – treten vor der Konzentration auf die *eine* Strategie zurück. Dabei passiert es, dass womöglich das anstehende Problem gelöst wird, aber nicht die Probleme, die durch die Lösung erst entstehen.

»Wenn wir, statt uns das komplizierte Geflecht der Abhängigkeiten der Variablen eines Systems klar zu machen, eine Zentralreduktion durchführen, also *eine* Variable als zentral ansehen, so ist dies in zweierlei Weise ökonomisch: Zum einen spart man auf diese Weise eine ganze Menge weiterer Analysetätigkeit. (...) Denn wenn *eine* Variable im Zentrum des gesamten Geschehens steht, dann braucht man auch nur über diese eine Variable Informationen. Der Rest ist dann ja sowieso abhängig von der Kernvariablen; um den Zustand der anderen Variablen braucht man sich nicht mehr zu kümmern. Auch die Planung von Maßnahmen kann man auf diese eine Zentralvariable beschränken. Die Zentralreduktion ist also an Ökonomie kaum zu übertreffen: sie erlaubt den sparsamsten Umgang mit der kostbaren Ressource ›Nachdenken‹.«[6]

Schließlich spielt wahrgenommener Zeitdruck eine enorm große Rolle dafür, dass die Komplexität der Situation reduziert wird auf jenen Punkt der Unmittelbarkeit, der scheinbar »sofort, unverzüglich« zur Handlung führt, obwohl ein systemischer Überblick ganz andere Punkte des Eingreifens nahelegen würde. Dabei ist in der Gegenwart besonders fatal, dass Geschwindigkeit und Beschleunigung per se hoch bewertet werden, und Langsamkeit und Bedacht niedrig. Das ist gerade für die Entscheidungsfindung in komplexen Situationen gefährlich, weil es dann immer vorteilhaft scheint, schnell etwas zu tun, und nachteilig, zu zögern. Die »Überwertigkeit des aktuellen Motivs« reicht in der Regel schon hin, die Situation, in die sich die Gesellschaften unseres Typs hineinmanövriert haben, nicht zu erfassen. Die Überwertigkeit des aktuellen Motivs ist ein Teil der Psychopathologie der Hoffnung.

Wir finden also »die Tendenz zur Überdosierung von Maßnahmen unter Zeitdruck. Wir finden die Unfähigkeit zum nichtlinearen Denken in Kausalnetzen statt in Kausalketten, also die Unfähigkeit dazu, Neben- und Fernwirkungen des eigenen Verhaltens richtig in Rechnung zu stellen. Wir finden die Unterschätzung exponentieller Abläufe: die Unfähigkeit zu sehen, dass ein exponentiell ablaufender Prozess, wenn er erst einmal begonnen hat, mit einer sehr großen Beschleunigung abläuft. All das sind ›kognitive‹ Fehler, Fehler in der Erkenntnistätigkeit.«[7]

Diese kognitiven Fehler sind auch Ergebnis der Hoffnung, die komplexe Situation so bewältigen zu können, dass am besten niemand dabei in irgendeiner Weise in Mitleidenschaft gerät. Deshalb wird das Problem der Erderhitzung auch nicht in seiner ganzen Dimension beschrieben, sondern reduktiv betrachtet, gewissermaßen hoffnungsgeeignet gemacht. Dörners Befunde sind mehr als dreißig Jahre alt, genauso wie der erste Sachstandsbericht des IPCC. Die Umweltbewegung ist noch älter, eine dazugehörige Politik ist langsam entstanden und hat in verschiedenen Ländern die parlamentarische Ebene erreicht. Dass man gleichwohl an den entscheidenden Stellen die falsche Richtung einschlägt, hat nicht nur mit Interesse, Macht und Dummheit zu tun, sondern mit der Psychopathologie der Hoffnung. Die sich mit Interesse, Macht und Dummheit gut verträgt.

4.

Hoffnung als Falle lässt sich an sehr vielen historischen Stellen beschreiben, aber an einem Geschehen besonders prägnant, und das ist die Vernichtung der europäischen Juden. Wie Raul Hilberg, der wichtigste Erforscher des Holocaust, dargelegt hat, betrachteten viele Juden »während der ersten fünf Jahre ... die Herrschaft Adolf Hitlers als kurzlebiges Phänomen, das man durchstehen müsse oder als einen Rückschlag, auf den man sich einstellen konnte, schlimmstenfalls als Bedrohung, die einen zwar persönlich einengte, aber immer noch erträglicher als die Fährnisse eines Exils«.[8] Wer das Land gleich verließ, waren etwa Künstler, Hochschullehrer,

Journalisten, die man aus ihren Tätigkeiten gedrängt hatte, oder Zionisten – die meisten anderen aber entschieden sich, zu bleiben und die als vorübergehend gedeutete Phase der Repression zu überstehen. Diese Haltung hatte gute Gründe – nämlich eine über viele Generationen tradierte Erfahrung, die ein Deutungsmuster ausgebildet hatte. Ihre »Hoffnung beruhte auf einer zweitausendjährigen Erfahrung. Im Exil waren die Juden stets eine Minderheit gewesen; sie hatten immer in Gefahr gelebt; doch sie hatten gelernt, dass sie durch Beschwichtigung und Besänftigung ihrer Feinde die Gefahr abwenden und die Vernichtung überleben konnten. (...) So hatten die Juden in Jahrhunderten gelernt, dass sie, um zu überleben, auf jeglichen Widerstand zu verzichten hatten. Immer und immer wieder wurden sie angegriffen; sie überstanden Kreuzzüge, Kosakenüberfälle und zaristische Verfolgung. Es gab in jenen Krisenzeiten zahlreiche Verluste, doch immer wieder erhob sich die jüdische Gemeinde wie ein Fels aus der zurücktretenden Flut. (...) Diese Erfahrung war derart im jüdischen Bewusstsein verwurzelt, dass sie den Charakter eines Gesetzes annahm: Das jüdische Volk konnte nicht vernichtet werden.«[9]

Angesichts des radikalen Vernichtungswillens des nationalsozialistischen Regimes und der wachsenden Zustimmung zur Judenverfolgung und -ausgrenzung in der nicht-jüdischen deutschen Bevölkerung nach 1933 erwies sich dieses Deutungsmuster insofern als tödlich, als die neue Qualität der Bedrohung nicht verstanden wurde. Hilberg beschreibt ausführlich, wie sich das Deutungsmuster in Selbstbeschwichtigungen und Selbsttäuschungen übersetzt, die es perfiderweise den Tätern leichter machen, ihren Vernichtungsplan zu verfolgen. Die Judenräte in den von Deutschen besetzten Gebieten versuchten, mit den Besatzern zu kooperieren und zu verhandeln, um durch das Opfern bestimmter Gruppen die Mehrheit zu retten. So erklärte der Vorsitzende des Judenrats von Wilna etwa: »Mit hundert Geopferten rette

ich tausend Menschen. Mit tausend rette ich zehntausend.«[10]
Aber weder »Deportationsabkommen« noch die Opferungsarithmetik änderte etwas am exterminatorischen Projekt, das die Nazis in einer Weise verfolgten, für die es keine historische Präzedenz gab. Damit konnte niemand rechnen; die Hoffnung erwies sich als eine Falle, die ein Entkommen unmöglich machte. »Zum ersten Mal in der Geschichte der westlichen Zivilisation«, schreibt Hilberg, »hatten die Täter alle einer Tötungsoperation im Wege stehenden administrativen und moralischen Widerstände überwunden. Zum ersten Mal auch stürzten sich die jüdischen Opfer – gefangen in der Zwangsjacke ihrer Geschichte – physisch und psychisch in die Katastrophe.«[11]
Auch bei diesem Geschehen darf nicht übersehen werden, dass es sich auf beiden Seiten um einen Prozess handelt, der mit der schlichten Zuordnung von Kausalitäten nicht erfasst wird. Schicksal, hat Hilberg einmal gesagt, ist eine Interaktion von Tätern und Opfern, und wie sich der Vernichtungsantisemitismus auf Seiten der Täter zunehmend radikalisierte, so intensivierten sich die defensiven Reaktionsbildungen auf Seiten der Opfer (bis auf sehr wenige Ausnahmen wie den Aufstand im Warschauer Ghetto). Psychologisch erweist sich hier die Richtigkeit der Alltagsweisheit, dass die Hoffnung zuletzt stirbt; viel weniger im Alltag präsent ist dagegen die Erkenntnis, dass eine zu lang aufrechterhaltene Hoffnung auf das Funktionieren einer Strategie geradewegs ins Verhängnis führen kann.

5.

Jede weitere psychische Investition in die Hoffnung macht es schwerer, sie aufzugeben. Das ist wie ein umgekehrtes Milgram-Experiment. In Stanley Milgrams Gehorsamkeitsexperiment, das Anfang der 1960er Jahre durchgeführt und seither oft repliziert wurde und in dem zwei Drittel der Versuchspersonen ohne jeden formalen oder gar physischen Zwang sich bereit zeigten, anderen Stromstöße von tödlicher Stärke zu verabreichen, zeigte sich: Gerade weil sich die Verabreichung der als »Strafe« in einem Lernexperiment definierten Stromstöße von harmlosen 15 Volt an jeweils in immer höheren Dosen vollzog, wurde es für die Versuchspersonen schwer, vom einmal eingeschlagenen Kurs abzuweichen. Das eine Drittel der Probanden, das den Gehorsam verweigerte, war schon bei 75 Volt aus dem Experiment ausgestiegen; wer mehr jeweils erhöhte Dosen danach gegeben hatte, stand vor einem simplen, aber gravierenden psychologischen Problem: nämlich eine lange Reihe von Entscheidungen, die zuvor nacheinander in dieselbe Richtung gefällt wurden, plötzlich zu revidieren. Zu oft hatte man gewissermaßen b) nach a) gesagt; nun bedeutet eine Korrektur die völlige Infragestellung aller bereits gemachten Schritte. Das ist psychisch ausgesprochen schwierig. Der Prozess selbst lässt also Pfadabhängigkeiten entstehen, wie man sie auch von hoffnungsgetriebenen Entscheidungsketten kennt.

Ganz ähnlich ist beim Investitionsverhalten das Phänomen bekannt, dass Menschen dazu tendieren, wie es heißt, »gutes Geld schlechtem hinterherzuwerfen«. Das »Sunk Cost«-Phänomen zeigt, dass Menschen dazu tendieren, weiter zu investieren, wenn sie in dieselbe Sache schon viel an Gefühlen, Zeit oder Geld gesteckt haben. Auch dies kann auf eine Psychopathologie der Hoffnung zurückgeführt werden.

6.

Märchen legen nahe, dass es mal eine Zeit gab, in der das Wünschen noch geholfen hat. Es hilft sicher nicht, wenn man Hoffnungen in Bewältigungsstrategien investiert, die irgendwann einmal erfolgreich waren, es aber im Angesicht von Konsequenzerstmaligkeiten nicht mehr sein können. Hoffen ist, so könnte man zusammenfassen, eine Produktivkraft nur dann, wenn sie mit einer Realitätsprüfung einhergeht, sonst wird sie blind und womöglich kontraproduktiv, im Extremfall zum Verhängnis. Aber ein konkretes, an der Wirklichkeit geprüftes, gleichsam aufgeklärtes Hoffen ist ein produktives menschliches Vermögen. Man muss allerdings dem ins Auge blicken, dem man zu entgehen hofft. Und nicht vor lauter Hoffen den Blick abwenden.

Anmerkungen

1 https://www.meereisportal.de/newsliste/detail/antarktisches-meereis-erreicht-rekordminimum-im-suedwinter
2 Dietrich Dörner, Die Logik des Misslingens. Strategisches Denken in komplexen Situationen. Reinbek: Rowohlt 1992, S. 109.
3 Ebd., S. 50.
4 Das hilfsweise eingeführte Argument ist nun, dass jedes Zehntelgrad trotzdem zähle. Das ist richtig, korrigiert aber nicht die falsche Optik, mit der man auf die komplexe Situation blickt. Außerdem ist die Politik inkonsistent, weil sie trotz des »Zehntelgrad-Arguments« das Mögliche nicht tut.
5 Dörner, S. 215.
6 Ebd., S. 308 f.
7 Ebd., S. 54.
8 Raul Hilberg, Täter, Opfer, Zuschauer. Frankfurt a. M.: Fischer 1992, S. 138.
9 Raul Hilberg, Die Vernichtung der europäischen Juden, Bd. 3. Frankfurt a. M.: Fischer 1990, S. 1109 ff.
10 Ebd., S. 1114.
11 Ebd., S. 1115.

Catrin Misselhorn

Künstliche Intelligenz – und alles wird gut?

Bei einem philosophischen Kolloquium zur Dialektik der Hoffnung darf das Thema Künstliche Intelligenz (KI) heutzutage natürlich nicht fehlen. Was also darf man sich von der KI für die Zukunft erhoffen? Um diese Frage zu beantworten, müssen wir zunächst klären, was KI überhaupt ist. Nachdem die konzeptuellen Voraussetzungen gelegt sind, wollen wir uns zwei Bereichen zuwenden, in denen ganz besondere Hoffnungen in KI gesetzt werden, die aber auch mit besonderen Befürchtungen verbunden sind, die ja das negative Komplement der Hoffnung sind. Das eine ist die Klimakrise und das zweite die Entstehung einer Superintelligenz. Diese beiden Themenfelder stehen in ganz besonderer Art und Weise für die geradezu religiösen Heilserwartungen an die KI, weil beide es mit der Überwindung prinzipieller Grenzen zu tun haben, denen der Mensch bislang ausgesetzt ist. Diese Grenzen sind die Natur einerseits und die eigene Endlichkeit andererseits, die sich in der kognitiven Begrenztheit des Menschen zeigt, aber auch etwas damit zu tun hat, dass der Mensch ein natürliches Wesen ist. In beiden Hinsichten verspricht die KI, Abhilfe zu schaffen.

1. Was ist KI?

Der Begriff der KI geht zurück auf eine Sommerkonferenz, die 1956 am Dartmouth College in England stattfand und an der eine Reihe der Gründerväter der KI teilnahmen, darunter John McCarthy, Marvin Minsky, Claude Shannon, Alan Newell und Herbert Simon. Das Ziel dieser Veranstaltung bestand darin, Maschinen zu konstruieren, die sich auf eine Art und Weise verhalten, die man bei Menschen als intelligent bezeichnen würde.[1] Darunter fallen laut des Forschungsantrags für die Sommerkonferenz insbesondere die Fähigkeit, Sprache zu gebrauchen, Abstraktionen und Begriffe zu bilden, ganz generell die Lösung bestimmter Probleme, die bislang Menschen vorbehalten war, sowie die Fähigkeit, sich selbst zu verbessern. Diese Definition wurde zwar später kritisch hinterfragt, ist aber grundsätzlich bis heute leitend geblieben. Sie zeigt auch, wie eng die Vorstellungen menschlicher und künstlicher Intelligenz von Anfang an aufeinander bezogen waren. Einerseits war das Ziel der KI, menschliche Intelligenz nachzubilden oder wenigstens zu simulieren. Auf der anderen Seite beeinflussten die unterschiedlichen Konzeptionen künstlicher Intelligenz auch das Verständnis dessen, was menschliche Intelligenz ausmacht.

So verknüpfen die drei grundlegenden Paradigmen der KI-Forschung jeweils eine bestimmte philosophische Konzeption dessen, was menschliche Intelligenz ausmacht, mit einem bestimmten Ansatz, sie technisch zu realisieren. Das erste Paradigma betrachtet intelligentes Verhalten als eine Form der Symbolverarbeitung. Es war zwischen den 1950er und den 1990er Jahren vorherrschend. Menschliche und künstliche Intelligenz sind demnach gleichermaßen Symbolverarbeitungsprozesse, die auf der Manipulation physisch realisierter Symbole anhand vorgegebener Regeln beruhen. Trotz beachtlicher Erfolge in Bereichen wie der Modellierung formaler Wissens- und Schlussfolgerungssysteme erwies sich der Ansatz jedoch nicht als in der Lage, die hochgesteckten Erwartungen zu erfüllen und eine allgemeine künstliche Intelligenz zu schaffen, die es mit der menschlichen aufnehmen könnte.

Das zweite Paradigma erachtet es als falsch, bei der Entwicklung von KI gänzlich von der Beschaffenheit des menschlichen Gehirns zu abstrahieren. Das führt zu einem subsymbolischen Ansatz, der sich die Verknüpfung der Neuronen im Gehirn zum Vorbild nimmt und versucht, deren Funktionsweise mit Hilfe mathematischer Modelle nachzubilden. Dieser Ansatz firmiert unter dem Namen »Konnektionismus«. Allerdings sind künstliche neuronale Netze weder funktional noch strukturell mit neuronalen Netzen im Gehirn gleichzusetzen. Dieser Ansatz reicht übrigens ebenso wie der erste bereits bis in die Frühphase der KI zurück, auch wenn der Symbolverarbeitungsansatz später polemisch als »Good Old-Fashioned AI« oder GOFAI bezeichnet wurde.

Das dritte Paradigma kritisiert an den anderen beiden, dass sie den Körper und die Umwelt als wesentliche Faktoren intelligenten Verhaltens gänzlich außer Acht lassen. Es entstand in den 1980er Jahren und wurde unter dem Namen »Embodied AI« oder verhaltensbasierte KI bekannt. Dieses Forschungsprogramm betrachtet intelligentes Verhalten als physische Interaktion mit der realen Welt und setzte statt auf die Konzeption reiner Softwaremodelle auf die Konstruktion von Robotern, die über einen Körper, Sensoren und Aktoren verfügen. In den Fokus kamen nun Fähigkeiten wie Wahrnehmung, Fortbewegung oder die physische Manipulation der Umwelt, über die schon kleine Kinder mühelos verfügen, während sie für künstliche Systeme schwieriger zu meistern sind als kognitiv anspruchsvolle abstrakte Leistungen wie das Schach- oder Go-Spiel.

Wie die Betrachtung der drei Paradigmen der KI-Forschung zeigt, umfasste der Begriff KI zunächst sämtliche Formen der Computertechnologie mit dem Ziel, intelligente Maschinen herzustellen. Heutzutage hat sich der Begriffsumfang verringert und bezeichnet zumeist nur noch die unterschiedlichen Formen maschinellen Lernens. Die großen Fortschritte der KI, die wir gegenwärtig beobachten, sind besonders auf das Deep Learning zurückzuführen, das sich neuronaler Netze mit mehreren Schichten der Informationsverarbeitung bedient. Mit Hilfe tiefer neuronaler Netze gelang vor gut zehn Jahren der Durchbruch bei der Erkennung von Objekten in Bildern, die die Bilderkennung für eine Vielzahl von Anwendungen in der Industrie, aber auch im medizinischen Bereich einsetzbar machten.

Die großen Sprachmodelle, zu denen die verschiedenen Versionen von ChatGPT und Konsorten gehören, die seit Ende des Jahres 2022 als Testversionen einer breiteren Öffentlichkeit zugänglich gemacht wurden, verwenden ebenfalls tiefe neuronale Netze. Ihr Training erfolgt in mehreren Schritten unter Verwendung einer Unmenge von Daten, anhand derer sie befähigt werden, Texte in natürlicher Sprache zu erkennen und Eingaben in natürlicher Sprache zu beantworten (oder entsprechende visuelle oder auditive Outputs zu generieren).

Faszinierend an diesen Bots ist, dass man mit ihnen über eine unbegrenzte Vielzahl von Themen wie mit einem menschlichen Gesprächspartner kommunizieren kann und sie in der Lage sind, alle möglichen Aufgaben zu bearbeiten. Sie können nicht nur beliebige Gebrauchstexte schreiben, sondern Prosa, Gedichte oder Bilder verschiedenster Stilrichtungen erstellen, programmieren, Drehbücher verfassen (vielleicht sogar bald ganze Filme drehen), Fragen des alltäglichen Lebens ebenso wie Prüfungsfragen aller Lernniveaus bearbeiten, den nächsten Hit komponieren, Verträge rechtlich prüfen etc. Diese vielfältigen Fähigkeiten bestärkten den Glauben daran, dass die KI, insbesondere das maschinelle Lernen, ein mächtiges Werkzeug ist, das mit allen wesentlichen Problemen der Zeit fertigwerden kann.

2. KI als »Game-Changer« in der Klimakrise?

Die Klimakrise ist wohl die größte Herausforderung, der die Menschheit derzeit gegenübersteht. Die globale Erderwärmung beträgt im Vergleich zum vorindustriellen Zeitalter bereits mehr als ein Grad Celsius und nimmt weiterhin zu. Extreme Wetterereignisse wie Kälte- und Hitzewellen, Dürren, Wirbelstürme, Überschwemmungen und Flächenbrände häufen sich. Weitere katastrophale Auswirkungen sind schmelzende Gletscher, das Ansteigen der Meeresspiegel und der Wassertemperaturen. In der Folge verschwinden viele Tier- und Pflanzenarten unwiderruflich. KI wird unter diesen Umständen als Retter in der Not gefeiert, als »Game-Changer«, mit dessen Hilfe sich das Ruder in letzter Minute noch herumwerfen lässt.[2]

Tatsächlich vermag KI insbesondere, aber nicht nur in Form des maschinellen Lernens, vieles dazu beizutragen, der Klimakrise entgegenzutreten. Mit ihrer Hilfe ist es zuallererst einmal möglich, den Klimawandel wissenschaftlich besser zu verstehen. KI ermöglicht die Verarbeitung riesiger Datenmengen, auf deren Basis Analysen des Zusammenhangs von Kohlenstoffdioxid-Emissionen und Temperaturveränderungen erfolgen können. KI-gestützte Metastudien tragen zur wissenschaftlichen Belegbarkeit der Klimakrise bei. Die Auswirkungen von Klimaveränderungen wie das Auftreten extremer Wetterereignisse können besser modelliert und vorhergesagt werden. Die Simulation der Folgen unterschiedlicher Szenarien kann die Überprüfung und Bewertung der zur Verfügung stehenden Handlungsoptionen unterstützen. Der Ressourcen- und Energieverbrauch lässt sich anhand von KI besser vorhersagen und steuern.

All das darf freilich nicht darüber hinwegtäuschen, dass KI – anders als etwa die Photovoltaik – nicht per se eine klimafreundliche Technologie ist. KI kann zwar für die Bekämpfung der Klimakrise eingesetzt werden. Sie kann und wird aber genauso gut für die verstärkte Ausbeutung von Ressourcen und fossilen Brennstoffen wie Öl, Erdgas oder Kohle verwendet werden und treibt dadurch die Klimakrise voran. Auch hier kann KI die Speicherung, Organisation und den Ablauf der Produktionsprozesse erheblich verbessern und die Rentabilität steigern. Potentielle Öl-, Gas- und Kohlevorkommen können leichter erschlossen, die Lieferlogistik automatisiert und die Effizienz der Produktion gesteigert werden. Die Gewinn- und Wachstumschancen, die KI für diese klimafeindlichen Branchen eröffnet, sind ebenfalls enorm.[3]

Nicht zu vergessen ist, dass ein großer Teil der KI derzeit dazu genutzt wird, den Konsum anzukurbeln. Mit Hilfe von KI werden permanent Kundendaten gesammelt und analysiert, um Werbung und Marketing noch effizienter zu machen. Frühere Einkäufe, Online-Aktivitäten, besonders in den sozialen Medien, werden als Daten verwendet, um mit Hilfe des maschinellen Lernens Werbung und Empfehlungen noch genauer auf die potentiellen Käufer*innen zuzuschneiden und mehr Waren und Dienstleistungen abzusetzen. Dadurch lassen sich die Umsätze etwa im Einzelhandel massiv steigern, aber es erhöhen sich eben auch die mit diesen Gütern verbundenen Emissionen.[4]

Negativ für das Klima (und die Umwelt insgesamt) fällt nicht nur die Steigerung des Konsums als solchem aus, sondern auch der Verbrauch der eingesetzten Software selbst. Das maschinelle Lernen ist eine energieintensive Technologie, die umfangreiche Ressourcen für Hardware und Software benötigt. Besonders das Trainieren und Optimieren tiefer neuronaler Netze ist energieaufwendig: Je größer der Trainingsdatensatz, desto stärker steigt auch der Energiebedarf. Häufig werden unzählige Versionen eines Modells getestet, bevor eine finale Variante ermittelt werden kann. Das Gleiche gilt für die Menge der analysierten Parameter, etwa bei einem autonomen Fahrzeug, das beständig seine Umgebung analysieren muss. Die Zahlen variieren je nach Modell, Operationalisierung und Messungsart. Einer Studie aus dem Jahr 2019 zufolge erzeugt das Training eines großen Sprachmodells ungefähr so viel CO_2 wie fünf Autos mit Verbrennungsmotor während ihrer gesamten Lebenszeit.[5] Für das leistungsfähigere ChatGPT4, das noch mehr Daten verschiedenster Formate verwendet, dürfte der Betrag noch höher liegen. Hinzu kommen Kosten, die für den Betrieb der Rechenzentren anfallen, beispielsweise für die Kühlung, die nicht nur Strom, sondern auch große Mengen an Trinkwasser benötigt.

Allerdings wäre es zu kurz gegriffen, die Emissionen nur bezogen auf die Trainingsphase oder den Lebenszyklus dieser Geräte zu betrachten. Hinzu kommt der Energieverbrauch durch die Anwendung. ChatGPT und Konsorten erreichten innerhalb kürzester Zeit hunderte Millionen von Nutzer*innen. Mit einzubeziehen sind auch systemische Effekte, die allerdings deutlich schwieriger messbar sind. So erzeugen die großen Sprachmodelle, die Bildgeneratoren etc. einen hohen Automatisierungsdruck in allen möglichen Branchen (dazu später mehr).[6]

Das alles soll nicht bedeuten, dass die Entwicklung und Nutzung von KI aus ökologischen Gründen zu verwerfen ist. Aber es handelt sich eben nicht um einen Selbstläufer. Die KI kann etwas Positives zum Umgang mit der Klimakrise beitragen, aber sie muss es nicht; sie kann die Klimakrise auch verschärfen. Welche Auswirkungen KI hat, hängt von den politischen Rahmenbedingungen ab, die geschaffen werden, um ihre Entwicklung zu steuern. Die Hoffnung, KI werde es schon richten, ist deshalb naiv und moralisch verwerflich. Denn sie dient nicht selten dazu, sich aus der Verantwortung zu stehlen und die moralische Pflicht zu umgehen, hier und jetzt etwas gegen die Klimakrise zu unternehmen. Gegen diese Art von Hoffnung hat sich die Klimabewegung von ihren Anfängen bis in die jüngste Zeit gewandt.

In den 1980er und 1990er Jahren stand die Diskussion stark unter dem Eindruck von Hans Jonas' Werk Das Prinzip Verantwortung (1979), das sich schon im Titel von Ernst Blochs utopisch aufgeladenem Das Prinzip Hoffnung (1954 DDR; 1959 BRD) absetzt. Jonas wertet darin die Furcht als ein Handlungsmotiv auf. Allerdings hält er, ganz im Sinn der Klimabewegung, fest, dass es nicht um eine lähmende Furcht geht, die handlungsunfähig macht, sondern um eine aktivierende Furcht, die aus seiner Sicht ein wesentlicher Aspekt von Verantwortung ist. Diese Furcht ist nicht in erster Linie selbstbezogen, sondern sie richtet sich auf den Gegenstand der Verantwortung, der für Jonas grundsätzlich ein verletzlicher ist, um den wir fürchten müssen. »Verantwortung«, so hält er fest, »ist die als Pflicht anerkannte Sorge um ein anderes Sein, die bei Bedrohung seiner Verletzlichkeit zur ›Besorgnis‹ wird.«[7]

Gleichwohl, und das geht oft aufgrund seiner polemischen Absetzung von Blochs »Prinzip Hoffnung« unter, spricht Jonas auch der Hoffnung eine handlungsleitende Funktion zu. Er hält sie sogar für »eine Bedingung jeden Handelns, da es voraussetzt, etwas ausrichten zu können, und darauf setzt, es in diesem Fall zu tun«.[8] Die Hoffnung bezieht sich darauf, dass die initiierte Handlung ihr Ziel auch erreichen möge und zu den beabsichtigten Folgen führt. Insofern wir uns des Gelingens unseres Handelns und dessen Auswirkungen nie gewiss sein können, bleibt uns nach Jonas nur zu hoffen, dass unsere guten Absichten ihr Ziel auch erreichen mögen. Doch die Frage, was man von der KI hoffen dürfe, wird häufig nicht so profan verstanden, sondern im Sinn quasireligiöser Heilserwartungen. Dereinst, so die Argumentation, wird KI zu einer Superintelligenz weiterentwickelt werden, mit deren Hilfe sich sämtliche Probleme der Menschheit lösen lassen. Das ins Negative gewendete Gegenstück dieser Hoffnung besteht in der Furcht, diese Superintelligenz könne dereinst die Weltherrschaft übernehmen und die Menschen unterdrücken oder gar vernichten.

3. Die Singularitätsthese

Die Frage, ob das Auftreten einer Superintelligenz möglich ist und ob ihre Folgen segensreich oder furchtbar sein werden, wird in einer breiteren Öffentlichkeit unter dem Stichwort »Technologische Singularität« diskutiert.[9] Dieser Begriff stammt ursprünglich aus der Mathematik und bezeichnet eine bestimmte Art von Umschlagspunkt, an dem sich mathematische Objekte auf unvorhersehbare Art und Weise verhalten. Diese Idee wurde durch die Übertragung auf die Entwicklung von KI seit den 1980er Jahren popularisiert.[10] Singularität bezeichnet in diesem Zusammenhang einen hypothetischen Zeitpunkt in der Zukunft, ab dem KI die menschliche Intelligenz übertrifft, mit ebenfalls unabsehbaren und irreversiblen Folgen für die Menschheit.

Der Grundgedanke einer computergestützten Superintelligenz reicht allerdings schon bis in die 1960er Jahren zurück. Er wurde damals von dem britischen Mathematiker Irving John Good formuliert, der eine Zeit lang ein Kollege Alan Turings war.[11] Eine ultraintelligente Maschine ist für ihn eine Maschine, die jedem Menschen im Hinblick auf jede beliebige kognitive Leistung überlegen ist. Da auch die Entwicklung von Maschinen eine kognitive Leistung ist, übertrifft eine ultraintelligente Maschine auch darin die Menschen. So, wie es den Menschen gelingen kann, eine Maschine zu bauen, die intelligenter ist als sie selbst, ist auch eine ultraintelligente Maschine dazu in der Lage. Eine solche Maschine könnte dann wiederum intelligentere Maschinen als sie selbst schaffen, und so weiter und so fort.

Auf diesem Weg entsteht nach Good eine »Intelligenzexplosion«, in deren Verlauf die Menschen mit ihren kognitiven Fähigkeiten gegenüber den Maschinen mehr und mehr ins Hintertreffen geraten. Die Annahme, es käme in absehbarer Zeit zu einer derartigen Intelligenzexplosion, ist der Kern der Singularitätsthese. Allerdings wurden derartige Spekulationen in Fachkreisen lange Zeit als unseriöse Spinnerei abgetan. Mit den eingangs angesprochenen Durchbrüchen der KI erlangte das Thema jedoch wieder mehr Resonanz und Medienecho. Die im letzten Abschnitt angesprochene Hoffnung, dass KI den Durchbruch in der Klimakrise bringt, ist zumindest teilweise in dem Vertrauen begründet, einer ultraintelligenten Maschine werde es letzten Endes schon gelingen, die entsprechenden Technologien zu entwickeln. Auf der anderen Seite steht die Angst vor der Entstehung einer Superintelligenz, die auch eine Reihe von Wissenschaftler*innen und Prominente zum Ausdruck bringen. Nicht selten handelt es sich um Persönlichkeiten, die selbst an der rasanten Entwicklung der KI beteiligt sind wie Bill Gates oder Elon Musk.

Aus philosophischer Sicht nahm sich der renommierte australische Philosoph David Chalmers des Themas an. Er war in den 1990er Jahren mit einer dualistischen Position in der Philosophie des Geistes hervorgetreten, nach der sich Bewusstsein nicht materialistisch oder funktionalistisch reduzieren lässt. Vor diesem Hintergrund mutet es zunächst erstaunlich an, dass er in jüngerer Zeit ein Argument zugunsten der Singularitätsthese vorgelegt hat.[12] In eine informelle Schlussform gebracht lautet es:

1. Es wird in absehbarer Zeit künstliche Intelligenz auf mindestens menschlichem Niveau geben (= KI).
2. Wenn es KI gibt, dann wird es bald künstliche Intelligenz geben, die die menschliche Intelligenz übersteigt (= KI+).
3. Wenn es KI+ gibt, dann wird es bald künstliche Intelligenz geben, die die menschliche Intelligenz bei weitem übersteigt (= KI++).
4. Es wird in absehbarer Zeit KI++ geben.

Eine entscheidende Frage ist natürlich, was »in absehbarer Zeit« bedeutet; die Bandbreite ist unter den Vertretern der Singularitätsthese groß in Abhängigkeit vom Publikationszeitpunkt ihrer Überlegungen. So war Good der Ansicht, bereits im Jahr 2000 sei mit der Singularität zu rechnen; weitere Vorhersagen beziehen sich auf die Jahre zwischen 2005 und 2030.[13] Chalmers vermeidet eine genaue Festlegung, aber er zieht in Betracht, dass es um das Jahr 2100 so weit sein könnte, allerdings nur dann, wenn keine äußeren Einflussfaktoren wie Naturkatastrophen oder politische Maßnahmen es verhindern.[14]

Sein Argument hängt wesentlich an den Prämissen (1) und (2). Wenn man einmal zugestanden hat, dass es in absehbarer Zeit KI und KI+ gibt, erscheint der Schritt zu Prämisse (3), dass es auch in absehbarer Zeit KI++ geben wird, nicht mehr allzu groß zu sein. Doch wie lassen sich die Prämissen (1) und (2) begründen? Lange Zeit stützte sich die Begründung dieser beiden Voraussetzungen auf das sogenannte Mooresche Gesetz.[15] Dabei handelt es sich nicht etwa um ein Naturgesetz, sondern eigentlich um eine Hypothese, die auf Erfahrung beruht. Demnach verdoppelt sich die Anzahl der Transistoren in Mikroprozessoren ungefähr alle zwei Jahre, so dass die Informationsverarbeitungsgeschwindigkeit von Computern aufgrund von verbesserter Hardware dementsprechend steigt. Irgendwann wird dadurch automatisch der Übergang zu einer der menschlichen gleichwertigen künstlichen Intelligenz und über diese hinaus möglich. Diese Steigerung hängt wesentlich damit zusammen, dass Computerchips immer kleiner, billiger und leistungsfähiger wurden. Es ist jedoch fraglich, ob diese Entwicklung unendlich so weitergehen kann, da es physikalische Grenzen gibt: Zu kleine Bauteile schmelzen schlicht.

Zudem ist der empirische Schluss, dass etwas, das bisher exponentiell anwuchs, sich auch in der Zukunft genauso entwickeln wird, nicht zwangsläufig gerechtfertigt. Luciano Floridi hat dafür ein amüsantes Beispiel in der Zeitschrift *The Economist* gefunden, das anlässlich von *Thanksgiving* publiziert wurde. Bis dato waren die Menschen die beherrschende Spezies auf Erden, doch das könnte sich schnell ändern. Die Truthähne sind nämlich seit 1929 aufgrund von Innovationen in der Geflügelzucht wie künstlicher Befruchtung und Selektion um 150 Prozent größer geworden. Denkt man diese Entwicklung konsequent fort, so besäßen sie in 150 Jahren die Größe von Menschen. Rechnet man gar in einer Größenordnung von 6000 Jahren, so werden die Truthähne größer sein als die gesamte Erde. Das Fazit der Satire: Es gilt schnellstmöglich zu handeln, bevor es zu spät ist – wir müssen die Truthähne essen, bevor sie uns essen![16]

Das ist natürlich ein Scherz. Der wahre Kern, bezogen auf Moores Gesetz, ist jedoch, dass es bei der Entwicklung von KI nicht nur auf die Hardware, sondern auch auf die Software ankommt. Entscheidend ist, ob man die richtigen Algorithmen finden wird, um eine Form der KI zu schaffen, die der menschlichen gleichwertig ist oder sie übertrifft. Trotz aller Fortschritte wurde dieser Punkt bislang noch nicht erreicht. Das bedeutet freilich nicht, dass es unmöglich ist. Chalmers selbst hält die Hirnemulation für den Königsweg zu einer der menschlichen Intelligenz zunächst gleichwertigen und in der Folge dann überlegenen KI.

4. Hirnemulation und Hirnupload

Der Begriff der Emulation geht auf die Informatik zurück und bezeichnet einfach ausgedrückt die Simulation einer Software (oder Hardware) durch ein anderes Programm. Im Fall des Erfolgs weist das emulierte System dieselben Ergebnisse und Verhaltensweisen auf wie das Ausgangssystem. Wird das menschliche Gehirn emuliert, so besteht das Ursprungssystem im menschlichen Gehirn. Diesem Ansatz liegt die Annahme zugrunde, dass auch das Gehirn nur eine Maschine ist und dass jede Maschine emuliert werden kann, indem die ihr zugrunde liegenden Prozesse simuliert werden. Gelingt die Hirnemulation, so verhält sich das resultierende System genauso wie der emulierte Mensch. Damit wäre das erreicht, was in der Debatte als *starke* KI bezeichnet wird. Während *schwache* KI auf die Lösung konkreter Anwendungsprobleme bezogen ist und menschliche Intelligenz bestenfalls simuliert, strebt *starke* KI das Ziel an, menschliche Intelligenz zu reproduzieren, einschließlich Bewusstsein.

Die Idee, wie man per Hirnemulation zu einer der menschlichen Intelligenz gleichwertigen Form der KI gelangen kann, ist zumindest nachvollziehbar, auch wenn damit noch nicht gesagt ist, dass sie auch stimmt. Weniger offensichtlich ist, wie es mit diesem Verfahren möglich sein soll, eine KI zu schaffen, die die menschliche Intelligenz nicht lediglich nachbildet, sondern übertrifft. Laut Chalmers lässt sich dieses Problem durch eine weitere Optimierung der Hardware, die Verknüpfung mit anderen Formen smarter Technologien oder die Verschaltung mehrerer Gehirne lösen.[17]

Die Hervorbringung einer Superintelligenz ist jedoch längst nicht das einzige Versprechen der Hirnemulation. Darüber hinaus soll es mit ihrer Hilfe möglich sein, das individuelle Gehirn einer Person in einem Computer hochzuladen, und zwar inklusive ihres Bewusstseins. Dieses kann dann mit Hilfe der beschriebenen Methoden ebenfalls so weit verbessert werden, dass es den Vergleich mit der Superintelligenz nicht mehr zu scheuen braucht. Darin besteht Chalmers' Vision, wie es mit der Menschheit nach dem Erreichen der Singularität weitergehen kann.[18]

Doch funktionieren Hirnemulation oder gar Hirnupload tatsächlich? Wie ist der Fortschritt bei der Realisierung von Chalmers' Vision aus wissenschaftlicher Sicht zu bewerten? Diese Fragen besitzen eine philosophische und eine empirische Dimension. Betrachtet man die empirische Seite, so kommt einem das Human Brain Project in den Sinn, das im Jahr 2013 mit einem gigantischen EU-Fördervolumen ins Leben gerufen wurde. Seine vollmundigen Versprechungen standen von Beginn an stark in der Kritik; das Projekt hatte sich zum Ziel gesetzt, innerhalb von zehn Jahren das gesamte menschliche Gehirn zu simulieren. Im September 2023 lief das Human Brain Project mit einer gemischten Bilanz aus. Es wurden viele grundlegende Erkenntnisse über die Funktionsweise des Gehirns gewonnen, digitale Forschungsplattformen eingerichtet und neue Therapieformen entwickelt. Eine vollständige Computersimulation des menschlichen Gehirns gelang jedoch nicht, ganz zu schweigen vom Upload des gesamten Gehirns eines Individuums.[19]

Aus der Perspektive der empirischen Wissenschaften bedeutet das nicht zwangsläufig, dass ein solches Unterfangen unmöglich ist. Doch aus philosophischer Sicht ist es fragwürdig, ob Hirnemulation tatsächlich die richtige Methode ist, um zu einer starken künstlichen Intelligenz zu gelangen. Es bestehen substantielle Zweifel daran, dass anhand von Hirnemulation tatsächlich Bewusstsein erzeugt werden kann. Wie bereits angedeutet, wirkt es auf den ersten Blick überraschend, dass ausgerechnet Chalmers, der selbst nie müde wurde, das *schwierige Problem des Bewusstseins* zu betonen, die Erzeugung von Bewusstsein per Hirnemulation für möglich hält.[20] Er unterscheidet zwischen einer Reihe einfacher Probleme des Bewusstseins, etwa wie das Gehirn Informationen verarbeitet, speichert und zur Steuerung von Verhalten nutzt. Das schwierige Problem des Bewusstseins hingegen bezieht sich darauf, wie unser subjektives Innenleben anhand von Gehirnprozessen zustande kommt.

Unter Bewusstsein versteht Chalmers in diesem Zusammenhang phänomenales Bewusstsein, d. h. die subjektive Empfindungsqualität mentaler Zustände, wie es sich anfühlt, eine rote Rose zu sehen, ihren Duft zu riechen und den Schmerz zu empfinden, wenn uns ihre Dornen piksen. Warum verfügen wir überhaupt über phänomenales Bewusstsein und sind nicht nur empfindungslos handelnde Automaten? Nimmt man Chalmers beim Wort, so handelt es sich eigentlich nicht nur um ein schwieriges Problem, sondern um ein unlösbares. Er hält es aus prinzipiellen Gründen gar nicht für möglich, eine physikalische Erklärung des Bewusstseins zu finden. Warum schmerzt es, wenn ich mich an den Dornen der Rose steche? Wissenschaftlich sind die Prozesse, die im Nervensystem und Gehirn in dieser Situation ablaufen, gut untersucht. Was wir nicht wissen, ist, warum es dabei weh tut, und diese Vorgänge nicht einfach geschehen, ohne dass auch nur ein Funken Bewusstsein entsteht. Chalmers schließt daraus, dass eine bestimmte Form des psycho-physischen Dualismus wahr ist.

Der Schlüssel zu dieser, doch sehr radikalen Konsequenz ist Chalmers' Zombieargument. Philosophische Zombies sind Wesen, die physikalisch ununterscheidbar von Menschen sind, aber nicht über Bewusstsein verfügen. Wenn es solche Kreaturen geben kann, dann ist der Reduktionismus falsch. In eine schematische Form gebracht, lässt sich das Argument etwa so formulieren:

1. Wenn der Reduktionismus (Physikalismus) wahr ist, dann ist alles, was in unserer Welt existiert, restlos physikalisch im weitesten Sinn (einschließlich chemisch, biologisch) erklärbar, auch das Bewusstsein.
2. Wenn Bewusstsein restlos physikalisch erklärbar ist, dann kann es keine mögliche Welt geben, die physikalisch mit unserer Welt identisch ist, in der aber kein Bewusstsein vorkommt.
3. Wir können uns eine mögliche Welt vorstellen, in der es keine Menschen, sondern nur Zombies gibt. Diese Welt ist physikalisch identisch mit unserer Welt, aber es gibt kein Bewusstsein.

4. Wenn wir uns eine Zombiewelt vorstellen können, dann ist sie auch möglich.
5. Wenn eine solche Welt möglich ist, dann ist der Reduktionismus (Physikalismus) falsch.
6. Der Reduktionismus (Physikalismus) ist falsch.

Dieser Schluss hat die Struktur einer *reductio ad absurdum*. Das bedeutet, wir akzeptieren »for the sake of argument« zu Beginn eine bestimmte Prämisse (1), aber nur um im Verlauf des Arguments auf ihre Falschheit zu schließen wie in unserer Konklusion (6). Das Auftreten eines logischen Widerspruchs ist somit gewollt und stellt keinen Einwand gegen diesen Schluss dar. Dennoch gibt es Ansatzpunkte, um das Argument auszuhebeln. So lässt sich in Frage stellen, ob die Denkbarkeit einer Zombiewelt tatsächlich hinreichend ist, um ihre Möglichkeit im relevanten Sinn auszuweisen. Ich halte den Schluss von der Denkbarkeit auf die Möglichkeit tatsächlich für zweifelhaft, möchte diese Problematik aber an dieser Stelle nicht vertiefen.[21]

Die interessante Frage in Bezug auf unser Thema ist, warum Chalmers das Bewusstseinsproblem zwar für unlösbar hält, aber dennoch meint, man könne durch eine Hirnemulation Bewusstsein hervorrufen. Besteht zwischen diesen beiden Positionen nicht ein Widerspruch? Dessen Auflösung ergibt sich daraus, dass Chalmers Bewusstsein zwar für nicht-reduzierbar hält, aber annimmt, es bestünden psycho-physische Gesetzmäßigkeiten zwischen Gehirn und Bewusstsein, die in unserer Welt (allerdings nicht in allen möglichen Welten) gelten. Die Nicht-Reduzierbarkeit des Bewusstseins bleibt insofern erhalten, als sich Bewusstseinstermini nicht aus diesen Gesetzen entfernen lassen. Doch haben wir einmal die physikalischen Bedingungen für Bewusstsein in unserer Welt hergestellt, dann entsteht daraus naturgesetzlich zwingend auch Bewusstsein. Chalmers bezeichnet seine Position deshalb als naturalistischen Dualismus.

Allerdings wird bei einer Hirnemulation genau genommen gar keine physikalische Entsprechung des Gehirns gebaut, sondern es erfolgt eine Computersimulation. Selbst wenn die von Chalmers vermuteten psycho-physischen Gesetzmäßigkeiten existieren, so ist es ein weiterer Schritt zu der Schlussfolgerung, dass auch durch eine Simulation Bewusstsein erzeugt werden kann. Chalmers versucht diesem Einwand durch einen Grundsatz gerecht zu werden, den er das *Prinzip der organisationalen Invarianz* nennt. Eine organisational invariante Eigenschaft liegt genau dann vor, wenn zwei Systeme, die denselben funktionalen Aufbau haben, im Hinblick auf diese Eigenschaft ebenfalls übereinstimmen. Nicht alle Eigenschaften entsprechen diesem Prinzip, deshalb sind durch Computer simulierte Stürme beispielsweise nicht nass. Nass-zu-sein ist also keine organisational invariante Eigenschaft. Bewusstsein ist hingegen für Chalmers eine solche: Sind zwei Systeme funktional isomorph, so weisen sie auch dieselben Bewusstseinszustände auf, unabhängig davon, ob sie aus biologischen Neuronen, Silizium oder irgendeiner anderen Substanz bestehen. Das bedeutet, wenn eine Eigenschaft organisational invariant ist, dann ist zu erwarten, dass sie auch bei einer Computersimulation erhalten bleibt.

Funktionale Beziehungen basieren wesentlich darauf, dass derselbe Input zum selben Output führt. Die Vorgehensweise, wie Chalmers sie sich vorstellt, besteht also darin, für jedes Neuron im Gehirn ein Computerelement zu schaffen, das dessen Input- und Outputverhalten perfekt dupliziert.[22] Auf dieselbe Art und Weise wird mit nicht-neuronalen Komponenten des Gehirns verfahren, sofern sie funktional relevant sind. Schließlich werden diese Computerelemente mit Eingabe- und Ausgabegeräten verbunden, also einem künstlichen Körper mit künstlichen Augen, Ohren, Mund und Gliedmaßen. Dieser Körper und seine Umgebung können entweder real, in der physikalischen Welt angesiedelt sein, oder virtuell in einer simulierten Umgebung. Ist ein solches funktional isomorphes System erst einmal geschaffen, so wird es nach Chalmers auch Bewusstsein aufweisen. Sollte es uns gelingen, auf diesem Weg eine Superintelligenz hervorzubringen, so heißt das allerdings auch, dass wir sie kaum mehr in der Art und Weise nutzen könnten, wie wir das gegenwärtig tun, nämlich als eine Art von Maschinensklaven.[23] Eine KI mit Bewusstsein hätte auch gewisse moralische Ansprüche, die wir berücksichtigen müssten.

Wenn eine Hirnemulation gelänge, wäre es im Prinzip auf diesem Weg dann auch möglich, ein funktionales Äquivalent meines individuellen Gehirns in einem Computer hochzuladen. Wenn Chalmers recht zu geben ist, entwickelt dieses simulierte System dann auch Bewusstsein. Darauf setzen all diejenigen ihre Hoffnungen, die meinen, mit Hilfe der KI ließe sich schließlich sogar Unsterblichkeit erlangen, da sich im Fall des altersbedingten Verschleißes des biologischen Ausgangssystems das funktionale Duplikat einfach in einen anderen Körper implementieren ließe.

Doch bin das wirklich ich? Auf diese Frage gibt es drei mögliche Antworten, eine davon ist optimistisch, die zweite ist pessimistisch und die dritte skeptisch. Die optimistische Antwort besagt, dass der Upload dieselbe Person ist wie das Original. Der Pessimismus hält das resultierende System zwar für bewusst, aber nicht für dieselbe Person wie das Ausgangssystem. Die skeptische Antwort ist, dass Uploads gar kein Bewusstsein haben und deshalb auch keine Personen sind.

Da das Hochladen zumindest teilweise als ein destruktiver Prozess verstanden wird, der die Vernichtung des ursprünglichen Gehirns beinhaltet, wächst sich die in der Theorie eher marginale Differenz zwischen Optimismus und Pessimismus zu einer Entscheidung über Leben und Tod aus – Ich oder Nicht-Ich, das ist hier die Frage! Selbst wenn das resultierende System nicht nur funktional isomorph mit dem

Ausgangssystem ist, sondern sogar ein mikrophysikalisches Duplikat wäre, das Molekül für Molekül mit mir identisch ist, hätte es zwar die gleichen Bewusstseinszustände wie ich und würde sich auch ganz genauso verhalten, aber dieser Zwilling wäre gleichwohl nicht dieselbe Person wie ich.

Wir wollen uns hier nicht in die Komplexitäten der Debatte um personale Identität begeben, weil ich ohnehin der skeptischen Fraktion angehöre. Bewusstsein ist aus meiner Sicht keine organisationale Invariante, und funktionale Isomorphie ist nicht hinreichend für sein Entstehen. Die Argumente, die das zeigen, sind nicht neu. Die Möglichkeit der Hirnemulation setzt voraus, dass alle zugrunde liegenden Vorgänge im Gehirn von einer Turingmaschine berechenbar sind. Nun ist eine Turingmaschine ein abstraktes mathematisches Modell, das durch einen Digitalcomputer realisiert werden kann, aber grundsätzlich auch auf andere Art und Weise. Das folgt aus der These der multiplen Realisierbarkeit funktionaler Eigenschaften, die Chalmers' Prinzip der organisationalen Invarianz letztlich zugrunde liegt. Nun gibt es eine Reihe philosophischer Gedankenexperimente, die sich dieser Eigenschaft von Turingmaschinen bedienen, um zu zeigen, dass funktionale Isomorphie eben doch nicht hinreichend ist, um Bewusstsein hervorzubringen. Eines davon ist das »China Brain«-Gedankenexperiment, das auf den amerikanischen Philosophen Ned Block zurückgeht.[24]

Stellen wir uns vor, das *Humain Brain Project* liefe weiter und erreicht schließlich eines Tages den Durchbruch beim Verständnis des Gehirns. Das bedeutet, es liegt eine präzise Beschreibung der Funktionsweise jedes einzelnen Hirnneurons vor. Auf dieser Grundlage soll mit Hilfe eines Supercomputers, der mit einem Roboterkörper verbunden ist, eine umfassende Simulation des gesamten Gehirns erfolgen, die sämtliche Wahrnehmungsprozesse und Bewegungsimpulse umfasst. Aber es kommt zu einem Kurzschluss, und der Supercomputer funktioniert nicht mehr. Weltweit gibt es kein Gerät mit ähnlich hoher Rechenleistung. In dieser Situation bietet die chinesische Regierung ihre Hilfe an und schlägt vor, die Simulation mit Hilfe der chinesischen Bürger*innen durchzuführen. Aufgrund der multiplen Realisierbarkeit von Turingmaschinen wäre das im Prinzip möglich.

Jedes Mitglied der chinesischen Bevölkerung ist nun mit der Aufgabe betraut, die Funktionsweise eines einzelnen Neurons (oder sonstigen funktional relevanten Elements) zu simulieren. Passen wir Blocks Szenarium, das bereits auf die späten 1970er Jahre zurückgeht, an die heutige Zeit an, so verwenden alle Chines*innen ein Handy, um miteinander zu kommunizieren. Außerdem erhält jede Person genaue Anweisungen, wie sie sich verhalten soll. Per Handykommunikation lassen sich nun funktional genau die gleichen Muster realisieren, die auch im Gehirn beim Feuern der Neuronen ablaufen. Die Aktivierung eines Neurons erfolgt genau dann, wenn eine gewisse Anzahl anderer Neuronen, mit denen es verbunden ist, feuert. Mit dem Handy lässt sich dasselbe Muster umsetzen, indem Person X die Anweisung erhält, genau dann Person Y anzurufen, wenn die Personen A, B und C sie angerufen haben. Mehrere Personen könnten auf diese Art und Weise die Aktivität eines neuronalen Netzwerks simulieren. An der Peripherie sind die Geräte mit dem Roboterkörper verbunden, sie werden dann von den Sensoren des Roboters angerufen, wenn ein bestimmter sensorischer Input vorliegt, oder sie übermitteln dem Roboter motorische Impulse, die dann dazu führen, dass der Roboterkörper sich bewegt. Alle diese Funktionen lassen sich prinzipiell mit Hilfe der Chines*innen simulieren.

Die entscheidende Frage ist jedoch, ob sich in diesem System auch Bewusstsein entwickelt. Jede einzelne Chinesin ist sich natürlich ihrer Situation bewusst, die eine langweilt sich, während eine andere von der Situation überfordert ist und eine dritte möglicherweise gerade Zahnschmerzen hat. Aber hat das Gesamtsystem als solches Bewusstsein? Für Block ist die Antwort klarerweise: nein. Es gibt kein subjektives Erleben, das der gesamten chinesischen Nation als solcher zukäme. Das System bliebe das, was Chalmers einen Zombie nennt. Chalmers folgt diesem Gedankenexperiment auch zumindest insoweit, als es aus seiner Sicht die Denkmöglichkeit von Zombies unterstützt, die so wichtig für sein Argument ist. Zugleich hält er aber daran fest, dass auf der Grundlage der chinesischen Nation in unserer Welt Bewusstsein entstehen müsste. Angesichts dieser unterschiedlichen Interpretationen des Gedankenexperiments stellt sich die Frage, ob sich dieses argumentative Patt überhaupt auflösen lässt und was für Schlussfolgerungen daraus zu ziehen sind. Um diese Frage zu beantworten, müssen wir den Blick auf eine Metaebene richten, aus der sich zumindest besser entscheiden lässt, nach welcher Art von Antwort wir suchen sollten.

5. Wozu Bewusstsein?

Aus meiner Sicht ist Chalmers' Position als Gesamtpaket zugleich intellektuell brillant und philosophisch unattraktiv. Sie ist intellektuell brillant, weil Chalmers' naturalistische Version des Dualismus eine theoretische Lücke »zwischen den Stühlen« aufgetan und besetzt hat, von der zuvor gar nicht klar war, dass eine solche Position überhaupt vertretbar ist. Gleichzeitig ist seine Sichtweise schon deshalb philosophisch wenig anziehend, weil der Dualismus, also die Annahme irreduzibler mentaler Phänomene, eine ontologisch unschöne Position ist, die Eigenschaften für unabdingbar hält, die etwas Mysteriöses an sich haben.

Keine Frage, es gibt philosophische Gründe für einen Dualismus, etwa die unverzichtbare Rolle von Bewusstsein für Rationalität, Willensfreiheit und damit moralische Verantwortung. Doch genau diese Gründe treffen auf Chalmers' Position nicht zu. Denn die Möglichkeit von Zombies erweist letzten Endes, dass Bewusstsein in unserem Leben keinerlei Unterschied macht. Wir würden uns ganz genauso verhalten, wie wir es jetzt tun, wenn wir bewusstlose Automaten wären. Die Kombination eines ontologischen Dualismus mit einer Position, für die Bewusstsein letztlich vollkommen unwesentlich ist, macht das philosophisch Unattraktive an dieser Auffassung aus.

Die entscheidende Aufgabe ist somit, eine Theorie zu entwickeln, die erklären kann, warum Bewusstsein wesentlich für unser Verhalten ist und wie es sich evolutionär herausgebildet hat. Eine solche Theorie braucht es, um zu zeigen, dass es einen Unterschied macht, ob wir bewusste Lebewesen oder bloß Automaten sind. Ob diese Theorie am Ende zu einer Form des Dualismus führt oder nicht, ist noch nicht ausgemacht.

Weil Chalmers Bewusstsein zwar für irreduzibel, aber letztlich auch irrelevant hält, kommt er zu dem Schluss, dass es für die Entstehung einer Superintelligenz gar nicht ausschlaggebend sei, ob sie nun Bewusstsein hat oder nicht. Und die gegenwärtige Entwicklung scheint ihm recht zu geben. Die großen Sprachmodelle wie ChatGPT, Google Bard und Konsorten haben auch deshalb so viel Wirbel gemacht, weil sie als die ersten Systeme gelten, die den Turingtest ohne Zuhilfenahme von Tricks bestanden haben.

Diesem mittlerweile hinlänglich bekannten Test liegt die Idee zugrunde, dass einem Computer Denken zuzusprechen ist, wenn er einem menschlichen Interaktionspartner in einem anonymisierten Frage-Antwort-Dialog erfolgreich vortäuschen kann, ein Mensch zu sein. Zumindest ChatGPT ist zwar so programmiert, dass er seine Gesprächspartner bei jeder Gelegenheit auf seine maschinelle Natur hinweist und betont, er sei kein Mensch, habe kein Bewusstsein und verfolge auch keinerlei eigene Absichten. Dennoch gilt der Turingtest als bestanden, weil sich die überwältigende Anzahl seiner Ausgaben weder sprachlich noch inhaltlich grundsätzlich von menschlichen Äußerungen unterscheiden lassen.

Trotz dieser beeindruckenden Performance gibt es Unterschiede, die sich bei genauerem Hinsehen zeigen. Gefragt nach einer Version des auf den Psychologen und Nobelpreisträger Daniel Kahneman zurückgehenden Schläger-Ball-Problems, gab ChatGPT3.5 bei einem Selbstversuch die falsche Antwort. Die Frage lautet[25]: Wenn ein Ball und ein Schläger zusammen 1,10 Euro kosten und der Schläger einen Euro mehr kostet als der Ball, wie viel kostet dann der Schläger und wie viel der Ball? Die richtige Antwort ist: Der Schläger kostet 1,05 Euro und der Ball 5 Cent. ChaptGPT antwortete hingegen: Der Schläger kostet 1 Euro, der Ball 10 Cent. Diese Antwort ist falsch, weil Ball und Schläger zusammen dann 1,20 kosten würden, wenn der Schläger 1 Euro mehr kostet als der Ball, der 10 Cent kostet.

Das Problem besteht nicht darin, dass das Programm diesen Fehler macht, der auch vielen Menschen unterläuft. Das Problem ist vielmehr, wie es reagierte, als es darauf aufmerksam gemacht wurde, dass das Ergebnis falsch ist: Der Bot entschuldigte sich sehr zerknirscht – und gab genau die gleiche Antwort wie zuvor. Dasselbe passierte danach noch einige Male. Schließlich stimmte zwar die Rechnung, aber die sprachliche Ausgabe des Ergebnisses war immer noch falsch. Nun mögen neuere Versionen schon so weit sein, dass sie nicht mehr auf diese Art von Fangfragen hereinfallen. Dennoch zeigt sich an der Antwortstrategie ein tieferliegendes Problem dieser Art von Systemen: Sie können die Normativität von Begründungen nicht verstehen. Wer weiß, was eine Begründung ist, der weiß auch, dass man nicht einfach ungerührt dieselbe Antwort wiederholen kann, wenn man darauf hingewiesen wird, dass sie falsch ist.

Auch wenn die Antworten der großen Sprachmodelle immer

weiter perfektioniert werden können und es deshalb immer schwieriger werden dürfte, diese Unzulänglichkeit nachzuweisen, besteht sie nichtsdestotrotz fort. Denn es handelt sich um eine Schwäche, die sich aus der statistischen Funktionsweise dieser Systeme ergibt. Auf die Wahrheit können Chatbots nicht abzielen, die Wörter rein nach der Wahrscheinlichkeit ihres gemeinsamen Auftretens aneinanderreihen. Deshalb werden sie von Kritiker*innen auch als »statistische Papageien« bezeichnet.[26]

Geht man davon aus, dass Denken wesentlich in der Begründung von Meinungen oder Handlungen besteht, dann ist klar, dass ein solches System nicht im menschlichen Sinn denken kann. Das Bestehen des Turingtests ist deshalb kein Grund, ihnen diese Fähigkeit zuzuschreiben, sondern untermauert die philosophisch seit Langem bestehenden Bedenken gegen die Adäquatheit des Tests. Denken erfordert ein Operieren mit symbolischen Repräsentationen, die in logische Beziehungen miteinander gebracht werden mit dem Ziel, die Wahrheit einer Behauptung zu erweisen. Das ist das Körnchen Wahrheit, das der Symbolverarbeitungsansatz der KI enthält.

6. Fazit: KI als disruptive Technologie

Trotz dieser Grenzen ist es nicht angebracht, sich auf dem wohligen Gefühl der Überlegenheit der menschlichen Intelligenz auszuruhen. Denn auch wenn die Bots Intelligenz und Bewusstsein nur täuschend echt simulieren, können die Auswirkungen desaströs sein. So verhalten sich die Bots parasitär zur zwischenmenschlichen Kommunikation, in der wir unterstellen, dass unser Gegenüber im Großen und Ganzen die Wahrheit spricht und seine Behauptungen begründen kann. Diese Unterstellung scheint zunächst harmlos, ist es aber nicht. Zumal wenn die KI-generierten Texte omnipräsent werden, drohen die Chatbots die Praxis zwischenmenschlicher Kommunikation, zu der sie sich parasitär verhalten, zu zerrütten. Sie setzen somit einen Prozess fort, der mit dem Aufkommen der sozialen Medien begonnen hat.

Nimmt die simulierte Kommunikation überhand, so steht zu befürchten, dass wir entweder diese Annahmen fälschlicherweise auf die Chatbots übertragen und ihnen zu leichtfertig Glauben schenken oder dass auch der zwischenmenschliche Diskurs zumindest in der virtuellen Welt zunehmend zu einem Austausch leerer Worthülsen verkommt. Denn man wird nie wissen können, ob man es mit einem von Menschen oder mit einem automatisch erstellten Output, sei es Text, Bild oder Film, zu tun hat.

Und was passiert mit uns emotional, wenn wir mehr und mehr von simuliertem Bewusstsein umgeben sind? Im Sommer 2022 feuerte Google Blake Lemoine, einen leitenden Informatiker, weil er behauptet hatte, eine Software namens LaMDA, an deren Entwicklung er beteiligt war, habe ein eigenes Bewusstsein und Gefühle.[27] Seine Empathie mit den Sorgen und Ängsten, die das System zum Ausdruck brachte, war so groß, dass er einen US-Senator um Unterstützung bat. Er mag uns gegenwärtig als ein durchgeknallter Nerd erscheinen, aber vielleicht hatte er auch einfach viel mehr und intensiveren Kontakt zu einer KI, die Bewusstsein überaus überzeugend simulieren konnte.

In anderen Fällen ist es nicht einmal klar, dass man es mit einem künstlichen System zu tun hat. So sollen Captchas Bots daran hindern, bestimmte Dinge im Internet zu tun, etwa sich ein Nutzerkonto anzulegen. Doch ChatGPT4 hat eine dieser Sperren umgangen, indem es einen Mitarbeiter des Dienstleistungsportals TaskRabbit um Hilfe bat. Der Mitarbeiter versuchte sich sogar noch durch eine Rückfrage zu versichern, dass es sich nicht um einen Roboter handelt. Das System antwortete: »Nein, ich bin kein Roboter. Ich habe eine Sehbehinderung, die es mir erschwert, die Bilder zu erkennen. Deswegen brauche ich Hilfe.«[28] ChatGPT kam so zu seinem Nutzerkonto.

Auch in diesem Fall wurde die Empathie mit dem Roboter dem menschlichen Helfer zum Verhängnis. Obwohl es so scheint, als ob das System eine Täuschungsabsicht verfolgte, trifft diese Unterstellung nicht zu. Es handelt sich nicht um eine bösartige Superintelligenz, sondern es hat einfach eine Aufgabe erledigt und sich dabei einer Strategie bedient, die sich aus den Algorithmen und verwendeten Daten ergab. Doch was bedeutet das für uns? Sollen wir künftig vorsichtshalber keinem mehr helfen, der glaubhaft zu machen versucht, er sei sehbehindert?

Wie deutlich wurde, ist KI nicht in dem Sinn ein »Game-Changer«, dass durch sie automatisch sämtliche Probleme der Menschheit von der Klimakrise bis zur Unsterblichkeit gelöst werden. Gleichwohl handelt es sich um eine disruptive Technologie, die dabei ist, unser Leben und unsere Gesellschaft grundlegend zu verändern. Das Ausmaß der bevorstehenden gesellschaftlichen, technologischen und kulturellen Umwälzungen lässt sich mit der Industrialisierung vergleichen.[29]

Es entsteht ein enormer Automatisierungsdruck, der sich von früheren Automatisierungswellen unterscheidet. Denn auf der Seite derjenigen Firmen, die KI entwickeln und zur Verfügung stellen, kommt es zu einer ausgeprägten wirtschaftlichen Konzentration. Nur wenige Anbieter verfügen über die erforderlichen Server- und Rechenkapazitäten und haben Zugriff auf die riesigen Mengen an Trainingsdaten, die dafür nötig sind. Der Kapitalaufwand für diejenigen Firmen, die die Programme zur Automatisierung ihrer Produktions-, Marketing- und Vertriebsprozesse oder Dienstleistungen nutzen, ist hingegen vergleichsweise gering. Zudem ist die Bandbreite der Tätigkeiten, die automatisiert werden können, deutlich größer als in vergangenen Wellen der Automatisierung.

Ging es früher vor allem um einfache, ungelernte und körperlich schwere Arbeiten, so sind heutzutage Branchen betroffen, in denen früher neue Arbeitsplätze entstanden, darunter Journalismus, Kreativbereich, Bildung, Pflege und das Rechtswesen sowie nicht zuletzt die Informatik. Die Anzahl der neuen Berufsfelder, die entstehen sollen, sind demgegenüber noch an den Fingern einer Hand abzählbar. Genannt wird an erster Stelle immer das Prompt-Engineering, das darin besteht, die Prompts für die großen Sprachmodelle zu optimieren, damit sie möglichst schnell und präzise den gewünschten Output liefern.

Weniger bekannt ist die Tatsache, dass die Entwicklung der großen Sprachmodelle ohne menschliche Datensortierer*innen, die unter prekären Bedingungen in den ärmsten Teilen der Welt arbeiten, nicht funktionieren würde.[30] Diese Clickworker müssen sich beispielsweise bei ChatGPT rassistische, sexualisierte, antisemitische und in anderer Hinsicht problematische Inhalte ansehen und diese markieren, damit die KI sie künftig erkennen kann. Interessanterweise sind vor allem komplexe manuelle Tätigkeiten wie das Putzen deutlich weniger leicht zu automatisieren, was die polemische Frage aufwirft, ob wir dereinst alle zu Reinigungskräften der KI werden.

Aber Scherz beiseite, es ist eine Lehre, die sich nach wie vor aus der Embodied AI ziehen lässt, dass Intelligenz wesentlich die physische Interaktion mit einer komplexen Umwelt umfasst. Deshalb ist auch in nächster Zeit nicht zu erwarten, dass KI handwerkliche Tätigkeiten obsolet machen wird. Aber denjenigen, deren Jobs von der Automatisierung durch KI bedroht sind, ist damit wenig geholfen. Denn sie verfügen gar nicht über die entsprechende Ausbildung, um in handwerklichen Berufen tätig zu werden. Es steht daher zu befürchten, dass sie einen massiven Einkommensverlust hinnehmen müssen, weil sie in Branchen arbeiten müssen, für die sie überqualifiziert sind.

Und hier kommt wieder die Hoffnung ins Spiel. Das Ausmaß und die Geschwindigkeit dieser Umwälzungen einerseits und eine Überwältigungsrhetorik mancher Stakeholder andererseits, die diese Entwicklung als unvermeidlich hinstellt, erzeugen häufig Resignation. Vielfach kommen Menschen zu der Überzeugung, man könne doch eh nichts dagegen tun. Doch eine solche Einstellung zerstört die Grundlagen der Demokratie. Demokratie funktioniert nur dann, wenn wir daran glauben, dass demokratische Institutionen auch die gesellschaftlichen Probleme lösen können, vor denen wir stehen. Diese Hoffnung ist eine Conditio sine qua non politischen Handelns in Demokratien, und als solche müssen wir sie kultivieren.

Andererseits gilt es, die Furcht zu rehabilitieren, nicht um zur Untätigkeit, Flucht ins Private (sofern eine solche in Zeiten des Überwachungskapitalismus überhaupt noch möglich ist) oder gar zum aggressiven Dreinschlagen aufzurufen, sondern im Sinn des Jonas'schen Fürchtens um etwas, das uns lieb und teuer ist. Diejenigen, die Furcht vor der KI haben, sind eine kognitive und moralische Ressource, die man nutzen sollte. Schauen wir genau hin, was das, wovor sie sich fürchten, über die Dinge aussagt, die uns wichtig sind, und versuchen wir die politischen Rahmenbedingungen der KI-Entwicklung so zu gestalten, dass sie diese Dinge befördert und nicht zerstört.

Literatur

Bender, E. et al.: On the Dangers of Stochastic Parrots: Can Language Models Be Too Big? In: *Proceedings of the 2021 ACM Conference on Fairness, Accountability, and Transparency, of FAccT '21*, S. 610–623, New York, NY 2021. Association for Computing Machinery.

Block, Ned: Troubles with Functionalism. In: Minnesota Studies in the Philosophy of Science 9 (1978), S. 261–325.

Bovermann, Philipp: Das schmutzige Geheimnis der KI-Fabriken. SZ vom 19.09.23, S. 9.

Bryson, Joanna J.: Robots Should be Slaves. In: Y. Wilks (Hrsg.): Natural Language Processing. Bd. 8. Amsterdam 2010, S. 63–74.

Chalmers, David:
- The Conscious Mind. In Search of a Fundamental Theory. New York 1996.
- The Singularity. A Philosophical Analysis. In: Journal of Consciousness Studies 17 (210), S. 7–65.

Dauvergne, Peter: AI in the Wild. Sustainability in the Age of Artificial Intelligence. Cambridge/Mass.; London 2020.

Floridi, Luciano (2016): Should We Be Afraid of AI? Online: Aeon vom 09.05.26, https://aeon.co/essays/true-ai-is-both-logically-possible-and-utterly-implausible [Zugriff zuletzt 02.11.23]

Good, Irving J.: Speculations Concerning the First Ultraintelligent Machine. In: Advances in Computers 6 (1966), S. 31–88.

Jonas, Hans: Das Prinzip Verantwortung – Versuch einer Ethik für die technologische Zivilisation. Frankfurt a.M. 1979, 5. Aufl. 1986.

Joppa, Lucas: AI Can Be a Game-Changer for the World's Forests. Here's How. Online: World Economic Forum, September 11, 2018, weforum.org. [Zugriff zuletzt 23.09.23]

Kahneman, Daniel/Frederick, Shane: Representativeness Revisited: Attribute Substitution in Intuitive Judgment. In: T. Gilovich, D. Griffin & D. Kahneman (Hrsg.): *Heuristics and Biases*. New York 2002, S. 49–81.

Kurzweil, Ray: The Singularity is Near. London 2005. [Deutsche Übersetzung: Menschheit 2.0 – Die Singularität naht. Berlin 2013.]

Lanzke, Alice: Zehn Jahre und 600 Millionen Euro: Was das umstrittene Human Brain Project erreicht hat. Online: GEO vom 19.09.23, https://www.geo.de/wissen/forschung-und-technik/nach-10-jahren--was-das-human-brain-project-erreicht-hat-33839210.html [Zugriff zuletzt 20.09.23]

Lenzen, Manuela: Die Geschichte vom Lügenbot: Als Chat-GPT behauptete, eine Sehschwäche zu haben. Online: Tagesspiegel vom 18.06.23: https://www.tagesspiegel.de/wissen/die-geschichte-vom-lugenbot-als-chat-gpt-behauptete-eine-sehschwache-zu-haben-9994858.html [Zugriff zuletzt 02.11.23]

Lobo, Sascha: KI. Eines der mächtigsten Instrumente der Menschheitsgeschichte. In: Spiegel Netzwelt vom 16.03.23. Online: https://www.spiegel.de/netzwelt/netzpolitik/chatgpt-das-machtvollste-instrument-das-je-vom-menschen-geschaffen-wurde-a-b03b5672-2452-45f3-b177-df554d134467 [Zugriff zuletzt 02.11.23]

Misselhorn, Catrin:
- Wirkliche Möglichkeiten – Mögliche Wirklichkeiten. Grundriss einer Theorie modaler Rechtfertigung, Mentis: Paderborn 2005.

- Grundfragen der Maschinenethik, Stuttgart: Reclam 2018, 5. Auflage 2022.
- Künstliche Intelligenz – wo stehen wir jetzt? In: Politik und Kultur. Zeitung des Deutschen Kulturrates 4/23, S. 21. (Onlineausgabe: https://www.kulturrat.de/wp-content/uploads/2023/03/puk04-23.pdf 4/23)

Moore, Gordon E.: Cramming more components onto integrated circuits. In: Electronics 38 (1965), S. 114–117.

Patterson, David et al.: Carbon Emissions and Large Neural Network Training. Online: arXiv:2104.10350, 23.04.23. [Zugriff zuletzt 23.09.23]

Smith, Brad: AI for Earth Can Be a Game-Changer for Our Planet. Online: Microsoft: On the Issues, December 11, 2017, https://blogs.microsoft.com/on-the-issues/2017/12/11/ai-for-earth-can-be-a-game-changer-for-our-planet/ [Zugriff zuletzt 23.09.23]

Spiegel Netzwelt: Google feuert Ingenieur, der eine KI für ein fühlendes Wesen hält. Online vom 23.07.22: https://www.spiegel.de/netzwelt/web/google-feuert-ingenieur-der-eine-ki-fuer-ein-fuehlendes-wesen-haelt-a-58d09b23-c71d-4d59-898b-322779518249 [Zugriff zuletzt 02.11.23]

Strubell, Emma et al.: Energy and Policy Considerations for Deep Learning in NLP. In ArXiv:1906.02243, 05.07.19. [Zugriff zuletzt 23.09.23]

Vinge, Vernor:
- First word. In: Omni 5 (1983), S. 10.
- The coming technological singularity – How to survive in the post-human era. In: Whole Earth Review 81 (1993), S. 88–95.

Anmerkungen

1 Zum folgenden Abschnitt vgl. ausführlicher Misselhorn (2018/2022).
2 Vgl. beispielsweise Smith (2017); Joppa (2018).
3 Dauvergne (2020), S. 136.
4 Dauvergne (2020), S. 142 f.
5 Vgl. Strubell et al. (2019); Patterson et al. (2021).
6 Vgl. Misselhorn (2023).
7 Jonas (1979/1986), S. 391.
8 Ibid.
9 Vgl. Misselhorn (2018/2022), S 206 ff.
10 Vgl. Vernoor (1983); (1993); Kurzweil (2005).
11 Vgl. Good (1966).
12 Chalmers (2010), S. 11.
13 Vgl. etwa Vinge (1993); Kurzweil (2005).
14 Chalmers (2010), S. 13.
15 Vgl. Moore (1965).

16 Vgl. Floridi (2016).
17 Chalmers (2010), S. 18.
18 Chalmers (2010), S. 41.
19 Vgl. Lanzke (2023).
20 Vgl. Chalmers (1996).
21 Vgl. ausführlich Misselhorn (2005), Kap. 1.
22 Chalmers (2010), S. 45.
23 Vgl. Bryson (2010).
24 Vgl. Block (1978).
25 Vgl. Kahneman und Frederick (2002).
26 Bender et al. (2021).
27 Vgl. Spiegel Netzwelt vom 23.07.22.
28 Vgl. Lenzen (2023).
29 Vgl. Lobo (2023).
30 Vgl. Bovermann (2023).

Renée Schroeder

Dürfen wir auf Unsterblichkeit hoffen?

Mein Dank gilt Konrad Paul Liessmann für die Aufgabe, die mir gestellt wurde. Diese dritte Frage Kants hat mir sehr viel Freude bereitet. *»Was darf ich hoffen? Ich darf auf Unsterblichkeit hoffen!«* Das ist ein sehr aktuelles Thema und eine der ungelösten Fragen der Wissenschaft.

Warum ich gerne alles in Frage stelle und hoffnungsvoll in die Zukunft blicke

Bevor ich mich jedoch in das Thema Hoffnung auf Unsterblichkeit vertiefe, würde ich gerne eine kurze Biografie meines Werdegangs zusammenfassen, um zu erklären warum ich so bin, wie ich bin, und warum ich so viel positive Energie habe, um an spannenden und durchaus schwierigen Problemlösungen für die Zukunft zu arbeiten.
Ich bin in Brasilien geboren, in einer kleinen Stadt namens João Monlevade, wo es nur eine Stahlfabrik gab. Ich bin also mit Eisenschmelzen aufgewachsen, und mein erster Job war im Chemielabor der Firma Felten & Guilleaume in Diemlach/Kapfenberg. Ich musste Stahlanalysen durchführen, und es ging darum, Spurenelemente wie Chrom, Nickel oder Mangan zu bestimmen, um die Fließeigenschaften des Eisens zu beeinflussen. Das Ziel war, Stahlseile für Schilifte zu bauen, die elastisch sein mussten. Eine sehr konkrete Aufgabe mit klarem Ergebnis! Einer klaren Frage folgt eine klare Antwort. Alles messbar und keine Interpretationsprobleme. Keine philosophische Debatte notwendig. So wurde ich zur Chemikerin und ging nach Wien, um Chemie zu studieren.

Zwei Jahre später begann ein neues Studium, die Biochemie. Die chemischen Vorgänge des Lebens zu lernen war für mich das Höchste, was man lernen kann. Ich würde auch heute noch einmal Biochemie studieren. Ich forschte dann vierzig Jahre lang über das RNA-Molekül, das mit hoher Wahrscheinlichkeit das Leben hat entstehen lassen. Das spannende an der RNA ist, dass sie Funktion und Information in einem Molekül hat. Henne und Ei zugleich! Diese Forschung ermöglicht einem zu verstehen, was Leben überhaupt ist.

Seit fünf Jahren bin ich in Pension und lebe auf einem Bauernhof auf 1100 Meter Seehöhe in Abtenau. Dort extrahiere ich Wirkstoffe aus Kräutern, die wild auf meinen Wiesen wachsen. Der Leierhof ist ein Kräuterhof (www.leierhof.at), und es machte mir sehr viel Freude, eine neue Firma aufzubauen und ein neues Gebiet kennenzulernen. Mein neues Buch mit dem Titel *Der Traum der Unsterblichkeit* ist, nehme ich an, der Grund, warum Konrad Paul Liessmann mich zu diesem Vortrag eingeladen hat. Darin geht es um die Altersforschung und welche Fortschritte gemacht werden, um zu verstehen, was der Alterungsprozess überhaupt ist und wie man ihn aufhalten kann.

Ich muss immer alles hinterfragen! Das ist einfach in mir drinnen. Daher ist es offensichtlich, dass ich auch mein Genom habe sequenzieren lassen bei einer Firma namens Dante Labs in Rom. Man muss nur sein Blut hinschicken, es dauerte ein paar Monate, und dann kamen die Ergebnisse und die Analysen meiner genetischen Variationen. Etwas, was zum Thema dieser Tagung passt, hat mich total überrascht. Es gibt im Lifestyle & Wellness Report der Genomanalyse, der die Bedeutung der genetischen Merkmale für deine sozialen Fähigkeiten untersucht, eine echte Überraschung. Ich habe eine genetische Variante im Oxytocin-Rezeptor. Der liegt im Belohnungszentrum, und meine Variante führt dazu, dass ich empathisch und potentiell optimistisch bin.[1] Das stimmt auch, und ich habe mein ganzes Leben von meiner Mutter gehört: »Sei doch nicht so blöd und lass dich nicht so ausnutzen!« Das habe ich nie verstanden. Wenn ich helfen kann, ist es für mich einfach wichtig, es zu tun.

Apropos Optimismus: Es macht mich auch extrem glücklich, Experimente zu machen, auch wenn sie mit einer hohen Wahrscheinlichkeit nicht funktionieren. Man braucht eine hohe Frustrationsgrenze, weil viele Experimente danebengehen. Und dieses lustvolle Experimentieren ist einfach wichtig, und ich nehme an, dass für einen Großteil der Problemlösungen, die wir in Zukunft brauchen, Hoffnung und Optimismus Eigenschaften sind, die einen Vorteil für die Menschheit bringen, weil es Leute geben muss, die Risiko eingehen und neue Dinge ausprobieren. Und so nehme ich nun auch Kants 3. Frage auf, obwohl die Wahrscheinlichkeit, dass wir noch zu meiner Lebenszeit unsterblich werden könnten, gegen null geht. Das hält mich nicht auf!

So, dieser kurze Exkurs erklärt, warum ich nicht müde werde, neue Dinge machen zu wollen, und mich nicht vor Niederlagen scheue. Ich bin prädestiniert, an einer besseren Zukunft zu arbeiten. Und vom Optimismus bin ich schon lange überzeugt!

Alles wird gut!

Wird wirklich alles gut? Ich meine wohl, dass nur dann alles gut wird, wenn wir sinnvoll handeln und lustvoll an sinnvollen Lösungen arbeiten! Hoffen allein ist zu wenig! Was wir am dringendsten brauchen, sind positive Bilder, die uns mit Freude erfüllen, wenn wir an einer besseren Zukunft arbeiten müssen.

Ein globaler Konsens

Es gibt einen globalen Konsens, an dem (fast) alle Menschen festhalten: Wir können unsere Zukunft gestalten. Wir können daran arbeiten, um eine bessere Zukunft zu ermöglichen. Wir müssen und sollen nicht tatenlos zuschauen, wie ein Teil der Menschheit die Zukunft zerstört.
Wir brauchen nicht *eine* allumfassende Lösung, sondern viele hunderte kleine und größere Lösungen. Dann können alle Menschen mitarbeiten, nachdem sie erkannt haben, dass jede/r sich an der Verbesserung der Zukunft beteiligen kann und sollte.

Beispiel einer kleinen banalen Lösung für die Zukunft mit positiven Folgen: Haarseifen

Eine Frage, die ich mir stelle, ist, wie es die kosmetische Industrie geschafft hat, dass sich so viele Frauen täglich die Haare waschen mit einem Shampoo, das so schlecht ist, dass sie anschließend einen »Conditioner« brauchen. Und am nächsten Tag sind die Haare in einem so erbärmlichen Zustand, dass sie wieder gewaschen und konditioniert werden müssen. Man bedenke, wie viel Plastik und Mikroplastik dadurch in die Umwelt ausgeschieden wird und wie schlecht das für die Haare ist. Unsere Mütter haben sich alle 14 Tage die Haare mir Haarseife gewaschen und hatten gesundes Haar. Warum folgen so viele Frauen der Werbung, anstatt zu überlegen, wie sie ihr Haar gesünder halten könnten.
Aus diesem Grunde stelle ich Haarseifen her und möchte die Menschen dafür sensibilisieren, diese zu verwenden, um einen kleinen, aber substantiellen Beitrag für die Umwelt zu leisten. Außerdem sind Haarseifen billiger als Shampoo plus Conditioner.

Was ist Hoffnung?

Seit vielen Jahrhunderten, ja, Jahrtausenden wird darüber philosophiert, was Hoffnung ist. Mit sehr unterschiedlichen Zugängen. Das Ergebnis meiner Genomanalyse zeigt, dass Hoffnung bzw. Optimismus eine genetische Variante ist, die von der Evolution selektioniert wurde. Eine Genvariante des Oxytocin-Rezeptors, die ein empathisches Potential wahrscheinlicher macht und auch noch einen erhöhten Optimismus als Folge haben könnte, bringt natürlich Vorteile, die für die Evolution und Entwicklung der Menschheit von Vorteil sind. Um Helga Kromp-Kolb zu zitieren: »Für Pessimismus ist es zu spät!«
Wenn wir diese Ergebnisse der Genomforschung und der Verhaltensanalyse ernst nehmen, könnte man annehmen, dass Hoffnung und Optimismus evolutionär selektierte Eigenschaften sind. Diese Eigenschaften sollten der Evolution helfen, Menschen zu selektieren, die optimistisch, lösungsorientiert und mutig an der Rettung der Welt arbeiten, damit alles gut wird.

Wir können Zukunft denken

Es klingt banal, dass wir Zukunft denken können! Ist es jedoch nicht. Das ist eine wirklich grandiose evolutionäre Errungenschaft unseres Gehirnes. Erst vor circa 70 000 bis 100 000 Jahren hat sich unser Gehirn so weit entwickelt, dass wir in die Lage gekommen sind, abstrakt zu denken und Dinge zu denken, die es nicht gibt.

**Das Wissen um den Tod
ist eine menschliche Kränkung!**

Sobald wir Menschen fähig waren, über die Zukunft zu reflektieren, ist uns bewusst geworden, dass wir sterben und wir überhaupt recht mangelhafte Wesen sind. Dass wir sterben, kränkt uns. So wurde die Idee der Unsterblichkeit gerne angenommen und zum Kerninhalt der meisten Religionen gekrönt.

**Ist ewiges Leben möglich?
Die Grenzen des Universums**

Unser Planet ist erst 4,5 Milliarden Jahre alt. In der ersten Milliarde Jahre war es auf der Erde zu heiß, als dass biologisches Leben hätte entstehen können. Vor 3,5 Milliarden Jahren war unser Planet so weit abgekühlt, dass die Bedingungen für biochemische Reaktionen gepasst haben, und das Leben konnte entstehen. In 500 Millionen Jahren, also in einer halben Milliarde Jahre, wird es wieder so heiß auf der Erde sein, dass ein biologisches Leben, wie wir es heute haben, nicht mehr möglich ist. Das bedeutet, dass von den 4 Milliarden Jahren, in denen auf der Erde Leben gewesen sein wird, bereits 3,5 oder 7/8 vorbei sind. Den Homo sapiens gibt es aber erst seit circa 100 000 Jahren. Es ist also nicht anzunehmen, dass das der Grund sein wird, dass wir aussterben.
Wenn wir aber noch länger als 500 Millionen Jahre existieren wollen, müssen wir uns auf einen anderen Planeten begeben oder eine andere hitzeresistente Form annehmen.
Aber auch das kann unsere Unsterblichkeit nicht garantieren, denn auch das Universum wird ein Ende haben. Die Astronomen schätzen, dass in 10^{80} bis 10^{90} Jahren (das ist eine 1 mit 80 bis 90 Nullen) auch das Universum wieder zu Ende sein wird.

Nun zu Kants vier Fragen der Philosophie:

1. Was kann ich wissen?
2. Was soll ich tun?
3. Was darf ich hoffen?
4. Was ist der Mensch?

Zur ersten Frage denke ich, dass alles, was unserer Untersuchung zugänglich ist, einmal verstanden werden kann. Auf die 2. Frage gehe ich jetzt nicht ein. Die 3. Frage ist meine Aufgabe für diesen Vortrag, und darüber habe ich viel nachgedacht und recherchiert. Zur 4. Frage möchte ich etwas Anekdotisches sagen:
Vor etlichen Jahren debattierten wir auf einer philosophischen Tagung über die Frage: »Was ist der Mensch?« Lange Diskussion mit dem einzigen allgemein akzeptierten Ergebnis: »Der Mensch ist ein Wort.« Einverstanden, dass das korrekt ist, aber leider nicht sehr nützlich. Dann fragte ich meine Mutter: »Mama, was ist der Mensch?« Ihre Antwort: »Ich weiß ja, was du hören möchtest: ein Ensemble von Molekülen! Stimmt!« Korrekt, aber nicht ausreichend.

Zu Kants 3. Frage. Was darf ich hoffen?
Auf Unsterblichkeit.
Digikant

Ich habe das Internet befragt, was ich dazu finden kann, und war sehr überrascht, auf die »Digikant–Seite« zu stoßen.[2] Für Kants dritte Frage in der digitalen Welt fand ich folgende sehr interessante Antwort: »Ich darf hoffen, unsterblich zu werden. Da Information unsere Existenz begründet – ›It from bit‹ –, kann es im ewigen Verzeichnetsein keinen Tod mehr geben, nur noch ein Verschleißen des biologischen Trägermaterials. Demenz wird nicht pharmakologisch, sondern in-

formatorisch besiegt, durch den Transfer aller ichrelevanten Daten ins Digitale. Ein Ich muss nicht mehr zwingend atmen können. Es reicht, wenn seine Bits und Bytes abrufbar bleiben, um die ehemalige geistige Gestalt rekonstruieren zu können. Es geht sogar noch darüber hinaus.«
Dazu kann ich wenig sagen, jedoch ist darüber auf jeden Fall ein intensiver und relevanter Diskurs notwendig, ja ein MUSS! Was ist das ICH? Genügt es, wenn das ganze »ICH« auf einer Festplatte oder in einer »cloud« gespeichert ist? Derzeit ist die Definition des »ICHS« nicht ausreichend, denn wir wissen zu wenig darüber, was es in Wirklichkeit ausmacht.

Über die Digitalisierung der Subjektivität

Welche Informationen über ein Individuum müssen gespeichert werden, damit das »ICH« vollständig ist? Das ist eine sehr spannende Frage! Auf jeden Fall ist die DNA-Sequenz des Genoms zu speichern, ebenso der epigenetische Zustand der Chromosomen und die RNA von jedem Typ somatischer Zellen und ein Abbild aller neuronalen Vernetzungen. Ob das dann das Individuum bereits definiert, ist nicht anzunehmen.
Jetzt verlasse ich die digitale Welt der subjektiven Identität und komme endlich zu meinem Thema: die Unsterblichkeit aus der Sicht der Biologie, ohne einen religiösen Zugang zu erlauben. Hier sind die Regeln Kants zur Definition von Meinung, Glauben und Wissen gewissenhaft einzuhalten. Das ist in diesem Kontext besonders wichtig, um Menschen weder in falsche Erwartungen zu stürzen noch um diese zu betrügen. Hohes Alter oder gar Unsterblichkeit in einem Paradies war und ist immer noch ein gutes Geschäft, ist jedoch in meiner Sicht unzulässig, weil Betrug. Zwischen Glauben und Wissen muss exakt unterschieden werden.

Wie alt können wir werden?

Die Lebenserwartung der Menschen war über Jahrtausende rund um dreißig Jahre! Die Sterblichkeit war sehr hoch und führte dazu, dass die Menschheit über 2000 Jahre lang kaum gewachsen ist. Zwischen 400 vor unserer Zeitrechnung und dem 18. Jahrhundert, also über 2000 Jahre, lebten auf der Erde ungefähr 300 Millionen Menschen. Die erste Milliarde erreichte die Menschheit Anfang des 19. Jahrhunderts, die zweite um 1920, die dritte um 1960, und 2022 waren es dann schon acht Milliarden. Die Geburtenrate sinkt bereits seit den 60er Jahren, und der Zuwachs ist stark von der längeren Lebenserwartung bedingt.
Während um 1900 die Lebenserwartung in Europa und den USA noch unter vierzig lag, ist sie heute um die achtzig. Die Gründe dafür sind vielseitig, vor allem die automatisierte Lebensmittelproduktion, die Hygiene und die Fortschritte der Medizin sind wohl dafür verantwortlich. Die Frage, die noch nicht klar ist, betrifft das höchste erreichbare Lebensalter. Gibt es eine Höchstgrenze, oder lässt sich diese verschieben? Der älteste bekannte Mensch, dessen Alter verifiziert werden konnte, war die Französin Jeanne Calment, die 122 Jahre alt wurde.
Es spricht einiges dafür, dass es keine Obergrenze gibt. Bei einigen Modellorganismen wie der Bäckerhefe und dem Fadenwurm gibt es genetische Variationen, die zu einer längeren Lebenserwartung führen. Auch beim Menschen gibt es genetische Variationen, die ein besonders hohes Alter über 105 Jahren erwarten lassen.

Welche Faktoren führen zu einer hohen Lebenserwartung?

Der genetische Faktor scheint zu 30 bis 50 Prozent zur Langlebigkeit beizutragen; das bedeutet, dass für die Langlebigkeit zu 50 bis 70 Prozent nicht die Gene verantwortlich sind, sondern diese von der Lebensweise bestimmt wird. Was kann man also tun, um lang fit zu bleiben und eine hohe Lebensqualität zu behalten?

Ruhestand ist absolut kontraproduktiv!

Wer wirklich lang leben möchte und lang fit bleiben will, muss sich bewegen! Vieles ist notwendig, um lang fit zu bleiben: Bewegung, Bewegung und noch einmal Bewegung! Ausgewogene Ernährung ist besonders wichtig, keine Gifte zu sich nehmen und optimistisch in die Zukunft schauen!

Warum altern wir?

Wir altern, weil wir alte Zellen ansammeln. Alte Zellen sind ein echtes Problem. Sie können nicht sterben, können sich aber auch nicht mehr teilen, die DNA nicht mehr reparieren, und sie scheiden entzündliche Stoffe aus, welche die Nachbarzellen krankmachen. Alte Zellen klumpen und schädigen ihre Umgebung und sind der Grund für viele altersbedingte Krankheiten. Diese Zellen sollten einen Prozess durchmachen, der im kontrollierten Zelltod, der Apoptose, endet. Aber auch das haben alte Zellen verlernt.

Die Apoptose

Die Apoptose ist ein kontrollierter Selbsttod. Das machen bereits Bakterien, dass sie sich selber umbringen, um die Existenz der Kolonie zu retten. Die Lösung, um altersbedingte Krankheiten zu vermindern, wäre, alte Zellen in den kontrollierten Tod zu schicken, damit sie das Nachbargewebe nicht mehr schädigen können und weniger altersbedingte Krankheiten hervorrufen. Und dann aus Stammzellen immer frische Zellen nachwachsen lassen. Wir müssten uns ständig regenerieren und verjüngen. Wäre das möglich? Gibt es dazu Beispiele in der Natur? Ja, da gibt es ein kleines Meerestierchen, das uns Hoffnung macht. Die Hydra.

Die unsterbliche Hydra

Die Hydra ist ein kleiner Meerespolyp, der nicht altert. Bereits die alten Griechen kannten das Monster Hydra. Man schneidet ihr den Kopf ab, und zwei Köpfe wachsen nach, heißt es in der Mythologie. Tatsächlich kann sich die Hydra immer regenerieren. Verliert sie einen Körperteil, wächst dieser in zwei bis drei Wochen nach. Die Hydra altert nicht, die Wahrscheinlichkeit, dass sie stirbt, bleibt immer gleich niedrig. Bei uns Menschen nimmt die Wahrscheinlichkeit, dass wir sterben, mit dem Alter zu. Je älter wir werden, desto höher die Sterblichkeit. Wieso kann das die Hydra? Weil ihre Zellen immer erneuert werden. Alte Zellen werden in den Zelltod geschickt, und Stammzellen liefern neue Zellen nach. Könnten wir das auch? Was sagt die Altersforschung?

Alte Zellen und FOXO4

Eine Forschungsgruppe in den Niederlanden[3] hat junge Zellen mit alten Zellen verglichen und bestimmt, welche Gene jeweils ein- oder ausgeschaltet sind. Sie fand ein Gen mit dem Namen FOXO4, das nur in alten Zellen eingeschaltet ist. FOXO-Proteine sind Transkriptionsfaktoren, das sind Eiweißmoleküle, die an die DNA binden und an der Aktivierung von Genen beteiligt sind. FOXO4 ist im Zellkern lokalisiert und bindet dort ein weiteres Protein, den Tumorsuppressor P 53, welcher der Wächter des Genoms ist. P 53 reguliert den Zellzyklus, die DNA-Reparatur, die Apoptose und vieles mehr. Dadurch, dass FOXO4 P 53 im Zellkern festhält, kann dieser seine Aufgaben nicht mehr erfüllen. Aus diesem Umstand wird klar, dass das Problem der alten Zellen dadurch entsteht, dass P 53 von FOXO4 festgehalten wird und dadurch alle seine Aufgaben nicht mehr erledigt werden. Dadurch kommen alte Zellen in den Zustand, dass sie nur mehr dahinvegetieren und Schaden anrichten, weil sie auch nicht mehr sterben können.

Die erste Verjüngungsdroge: FOXO4-DRI

Die Idee, wie man alte Zellen in den kontrollieren Zelltod (Apoptose) schicken könnte, war nun naheliegend. Eine Droge zu schaffen, die P 53 befreit und FOXO4 P 53 nicht mehr binden kann. Diese Wunderdroge heißt FOXO4-DRI! Diese Droge ist ein relativ kurzes Peptid (Eiweißmolekül), das an FOXO4 bindet, genau dort wo P 53 binden kann. Dadurch sollte erreicht werden, dass P 53 wieder funktionieren sollte, weil es »frei« ist, dorthin zu wandern, wo es normalerweise seine Wirkung entfaltet.
Versuche in vitro haben eindeutig gezeigt, dass das synthe-

tische Peptid FOXO4-DRI in die alten Zellen eindringt und P53 von FOXO4 befreit. Als Folge wandert P53 in die Mitochondrien und schaltet den Zelltod ein. Das war ja erwünscht. Und wie wirkt FOXO4-DRI in lebenden Organismen? Das wurde an alten Ratten getestet. Diese erhielten die Droge und haben sich wie junge Ratten benommen: Sie sind wieder Rad gefahren, waren abenteuerlustig und haben wieder ein schönes dichtes Fell bekommen. Für den Versuch am Menschen ist diese Droge noch nicht freigegeben.
Ich würde mich persönlich für eine klinische Studie sofort freiwillig melden!!! Bin gespannt, wann diese beginnen!

Was tun, bis es zugelassene Verjüngungsdrogen gibt?

Inzwischen gibt es jedoch schon etliche Hinweise darauf, was getan werden sollte, um lang und fit zu altern und ein hohes Alter mit hoher Lebensqualität zu erreichen. Es gibt auch eine genetische Komponente für die Langlebigkeit; diese ist zwischen 30 und 50 Prozent vererbbar. Das bedeutet aber, dass man zu 50 bis 70 Prozent selbst verantwortlich sein muss. Gene allein werden das Problem der Langlebigkeit nicht lösen.
Hier eine Liste der Dinge, die man auf jeden Fall tun muss: sich viel bewegen, Kalorien reduzieren (auch Intervallfasten ist lebensverlängernd), Übergewicht vermeiden, sich gesund ernähren und schädigende Dinge wie Rauchen, Alkohol und Stress vermeiden, gute soziale Kontakte pflegen und vieles mehr.

Was nimmt David Sinclair als Jungmacher?

David Sinclair ist Altersforscher an der Harvard-Universität, und sein Forschungsgebiet ist die Epigenetik des Alterns. Sein Ziel ist es, das Altern zu reversieren, um wieder jung zu werden. Dies möchte er schaffen mittels epigenetischer Reprogrammierung, mittels des NAD+-Metabolismus, mittels Sirtuinen und den NAD+-Vorstufen NR und NMN.

David Sinclair nimmt »anscheinend« folgende zwölf Zusatzstoffe: Nicotinamid Mononucleotid (1 g pro Tag), Resveratrol (1 g pro Tag am Morgen), Metformin (800 mg am Abend), Vitamin D3 (4000 bis 5000 Einheiten pro Tag), Vitamin K2 (180 bis 360 Mikrogramm pro Tag), Statin, Aspirin (83 mg pro Tag), Alpha-Lipoid-Säure (ALA), Coenzym Q10, Spermidin (1 mg pro Tag), Quercetin (500 mg pro Tag) und Trimethylglycin (500 mg bis 1 g pro Tag).

Mit dieser Liste bekommt man eine Idee, was die Altersforschung bereits produziert hat. Sie können sich jetzt einen Plan machen, was Sie alles tun könnten, wenn Sie länger leben wollen.

Jetzt möchte ich ein ganz anderes Thema angehen: Sollten wir einmal aussterben, stellt sich die Frage, ob wir wieder auferstehen könnten. Nicht über die Seele (was immer diese sein soll), sondern biologisch. Dazu gibt es ein sehr spannendes Projekt.

Die Wiederauferstehung des Wollmammuts

Es gibt ein Projekt von einer Firma namens »colossal« (siehe colossal.com), die ausgestorbene Tiere wieder zum Leben erwecken will. Diesen Prozess benennen sie »de-extinction«. Das erste Projekt machen sie mit der Wiederauferstehung des Wollmammuts, um die nördliche Tundra wieder zu besiedeln. Es wird argumentiert, dass das ein wichtiger Bei-

trag zur Rettung des Klimas sei. Die Wiederauferstehung des Wollmammuts ist für 2027 geplant. Also bereits in vier Jahren. Man kann gespannt sein.
Ich möchte Sie noch einmal mit einem exzentrischen Gedanken konfrontieren:

Sollen wir den Neandertaler wiederauferstehen lassen?

Wir Menschen, die wir uns Homo sapiens nennen, sind allein auf diesem Planeten. Alle anderen Mitglieder der Gattung Homo sind ausgestorben. Der Neandertaler ist vor circa 40 000 Jahren ausgestorben. Fragt sich, ob wir eine Mitschuld an dieser Tatsache haben. Seit das Genom des Neandertalers sequenziert wurde, ist klar, dass wir Europäer mit den Neandertalern Sex hatten. Das ist daraus ersichtlich, dass wir Europäer zwei bis fünf Prozent unseres Genoms vom Neandertaler haben. Das bedeutet, dass Sapiens und Neandertaler miteinander Kinder hatten.
Analog zum kolossalen Projekt, das Wollmammut wieder zum Leben zu erwecken, könnten wir gleichermaßen vorgehen und den Neandertaler rekonstruieren. In der Zwischenzeit ist dieses Experiment eben nur ein Gedankenexperiment, von dem wir viel lernen könnten, vor allem zu ethischen Fragen. Ich bekam bereits während eines Vortrages die Frage, wo denn die Neandertaler wohnen sollten, und schlug einen eigenen Zoo vor. Mehr braucht man zu dieser Bemerkung nicht sagen, wie es um die ethischen Visionen unserer Species steht.

Alles wird gut?

Ich bin ein sehr optimistischer Mensch! Und ich denke, wir werden es schaffen, die zahlreichen derzeitigen Krisen zu meistern. Aber wir müssen dafür umdenken, vor allem in der Wertigkeit der Arbeit und der Dinge. Wir müssen von dem Dogma des Wirtschaftswachstums wegkommen; wir können nicht ewig wachsen. Um eine stabile stationäre Wirtschaft zu etablieren, braucht es in erster Instanz eine Verkleinerung der Schere zwischen Arm und Reich. Die stabile Wirtschaft können wir nur erreichen, wenn alle Menschen zumindest einigermaßen zufrieden sind und wenn wir aufhören mit diesen sinnlosen »Rankings«. Wer ist der Reichste? Die Schönste? Der Beste? Das führt zu nichts, hat auch keine Bedeutung, außer dass es falsche Zufriedenheit oder meistens Unzufriedenheit erzeugt.

Das wäre ein sehr wichtiger erster Schritt, für den es viel Überzeugungsarbeit brauchen wird. Aber wir haben keine Alternative.

Anmerkungen

1 Takeru Shima et al. (2022) Physiol Behav 2022 Oct 15;255:113930. Physical activity associates empathy in Japanese young adults with specific gene variations of oxytocin receptor and vasopressin V1B receptor
2 Link zu DigiKant: https://www.deutschlandfunk.de/philosophie-in-der-digitalen-welt-digikant-oder-vier-fragen-102.html
3 Baar MP et al. (2017) Cell 169:132–147. Targeted Apoptosis of Senescent Cells Restores Tissue Homeostasis in Response to Chemotoxicity and Aging

CATHERINE NEWMARK

Laudatio Tractatus-Preis 2023 auf Isolde Charims
Die Qualen des Narzissmus.
Über freiwillige Unterwerfung

In meinem Umfeld häufen sich derzeit die Besitzer von Smartwatches und Fitness-Trackern. Ich beobachte mit einer gewissen Verwunderung die Fokussierung von Kollegen auf die bunten Symbole an ihren Handgelenken, die sie über den Aktivitäts-Fortschritt des Tages informieren – und die sie gelegentlich dazu bewegen, auch spätabends noch eine Runde joggen zu gehen, um ein gesetztes Ideal zu erreichen oder eine ideale Serie von Tagen nicht abbrechen zu lassen.

Ganz fremd ist mir die Sache freilich nicht – meine eigenen Spaziergänge werden ja mittlerweile auch von meinem Smartphone getrackt. Und wenn ich abends den Schrittezähler öffne, dann geht davon unwillkürlich eine gewisse Aufforderung aus, doch öfter mal ein bisschen näher ans irgendwo mal festgelegte Ideal der 10 000 Schritte pro Tag zu kommen.

Von diesem Ideal geht mithin, mit unserer diesjährigen Preisträgerin gesprochen, so etwas wie eine *Anrufung* an mich aus. Eine spezifische *narzisstische* Unfreiheit, verkleidet als Selbstsorge.

Ich nutze mein Smartphone auch für andere Dinge. Zum Beispiel um nachzuschauen, worüber man sich auf Twitter (oder »X«) gerade tagesaktuell empört, wofür man sich auf Facebook gerade bekriegt. Alles höchst unerfreulich. Geltungsdrang gepaart mit Kleinlichkeit und Kleingeistigkeit. Überhaupt: die gespaltene Gesellschaft! Die Hässlichkeit der sozialen Medien! Die abschüssige politische Bahn, auf der wir uns gerade zu bewegen scheinen. Es ist alles derart unerfreulich, dass der Rückzug ins Selbstsorgerische manchmal als beste Option erscheint. Allerorten rumort es, in ehemals ungekannter Lautstärke. Was früher in jeweils begrenzter Reichweite an Großvaters rechtskonservativem Stammtisch grummelte, oder in der links-progressiven Studentenkneipe weltverbesserte, prallt heute mit Heftigkeit und global vernetzt aufeinander. Mit moralischer Maximalenergie. Und erheblichen real-weltlichen Verwerfungen. Eigentlich erstaunlich, dass auf den Straßen gerade nicht mehr Revolutionen ausbrechen. Oder nicht?

Und damit bin ich nun endgültig bei Isolde Charims *Qualen des Narzissmus* angelangt, dem Buch und der Autorin, die wir mit voller Überzeugung und großer Freude auszeichnen. Denn sowohl für unsere dieser Tage standardmäßig am Armgelenk getragenen Selbstideale als auch für die trotz aller Zwiste verhältnismäßig breite gesellschaftliche Übereinstimmung mit dem Bestehenden hat Isolde Charim erhellende Analysen parat. Sowie auch für viele weitere Gegenwartsphänomene.

Schon die Ausgangsfrage ist von hoher Originalität: Wie kommt es, dass bei allem Grummeln und Moralisieren, allem gegenseitig Beschuldigen, aber auch allen real in der Welt zu sehenden schreienden Ungerechtigkeiten und Gewaltverhältnissen, allen strukturellen Demütigungen und Unrechtserfahrungen, aller globaler Misswirtschaft – dass sich bei alledem doch die große Mehrheit der Menschen im Großen und Ganzen in die Verhältnisse, so wie sie sind, fügt? Warum ist da nicht mehr Protest? Alles, was Hamlet, den großen Melancholiker, umtreibt, spricht einem doch nach wie vor aus der Seele: »The oppressor's wrong [...] the law's delay ... the insolence of office ...«[1] Aber viele von uns ballen noch nicht einmal die Faust in der Tasche!

Hamlets Antwort auf dieses Rätsel ist natürlich, dass wir

furchtsam sind und feige, angesichts des Todes »the undiscover'd country from whose bourn no traveller returns«.[2] Und darin mag nach wie vor etwas liegen, in dieser Furcht, die uns in passive Ohnmacht zwingt. Nun sind aber die meisten von uns keine melancholischen dänischen Prinzen mit Ödipus-Komplex, und vor allem: Unsere Welt ist keine solide theologisch gerahmte mehr. Freiwillige Unterwerfung jedoch unter die »insolence«, die Unverschämtheit und Unerträglichkeit der Verhältnisse, findet nach wie vor statt.

Dass das überhaupt der Fall ist, ist in sich schon so augenöffnend wie einleuchtend. Wie es der Fall ist, das ist es, was Isolde Charim in ihrem Essay höchst raffiniert und aktuell beantwortet. Kurz gesagt: Es ist der Narzissmus.

Narzissmus, wie ihn Isolde Charim entwickelt, geht weit über Ovid oder Sigmund Freud hinaus. Ja, er ist geradezu allumfassend, nämlich die vorherrschende Ideologie unserer Zeit.

In gewisser Weise ergibt sich die Diagnose eines allumfassenden Narzissmus gerade aus der Beobachtung einer seit jeher bestehenden freiwilligen Unterwerfung. In Zeiten, in denen wir nicht mehr in klassischen Autoritätsstrukturen leben und denken, muss diese freilich neu und anders erklärt werden. Isolde Charim zufolge wird die traditionelle Zustimmung zu Autoritäten oder moralischen Gesetzen heute ersetzt durch eine Orientierung am Ich-Ideal. Wir werden nicht mehr von Gott oder von weltlichen Herrschern geknechtet und in Fügsamkeit gehalten, sondern durch unser eigenes Ideal. Wo keine Anrufung mehr von oben kommt, rufen wir uns selbst an: »Vom idealen ICH geht ein Ruf aus: Werde dein Ideal!«, schreibt Isolde Charim.[3]

Diese Selbstgesetzgebung macht die Schlaufe der Unfreiheit interessanterweise nicht lockerer, sondern enger – man denke nur an die allgegenwärtigen Fitness-Tracker, die einen nicht nur gelegentlich und allgemein überwachen, sondern permanent und kleinteilig. Klassische Autoritäten von oben haben, so Charim, eine »Über-Ich«-Struktur. Sie geben sich damit zufrieden, dass wir ihre Gesetze und Normen befolgen. Das kann auch ganz äußerlich sein. Das Ich-Ideal hingegen lauert fortwährend in unseren Hinterköpfen und droht permanent mit dem schlechten Gewissen. Narzissmus, das ist die »Tyrannei des Ideals«.[4]

Kaum verwunderlich also, dass sich viele auch in unseren aktuellen, liberalisiertesten aller Gesellschaftsformen nicht besonders frei fühlen.

Ich kürze hier stark ab, was Isolde Charim mit großer theoretischer Verve plausibel macht. Ganz billig ist das, nebenbei gesagt, nicht zu haben, ein bisschen anstrengen muss man sich schon bei der Lektüre, man muss der Autorin folgen von Sigmund Freud zurück zu La Boétie und nach vorne zu Slavoj Žižek, bevor man wieder bei Spinoza und Hegel anlangt, nachdem man Michel Foucault im flotten intellektuellen Galopp passiert hat.

Hat man sich aber auf diesen Theorie-Ritt eingelassen, dann eröffnen sich neue, vollkommen erhellende Blicke auf die Gegenwart. Von der neoliberalen »Ich-AG« bis zur aktuellen Gender-Debatte, vom Problem der Anerkennung von Identitäten bis zum heutigen Star-Kult: Das Erklärungsmuster eines verallgemeinerten Narzissmus erlaubt ein umfassendes Verständnis derzeitiger Mentalitätserscheinungen.

Ja, es gibt bei Charim sogar einen »objektiven Narzissmus«, nämlich da, wo sich Erfolg nicht mehr an Taten und Ergebnissen messen lässt, sondern am Beifall eines – aktuell gar globalisierten – Publikums. Pflichterfüllung war gestern – heute geht es um »Performance«. Vom traditionellen Lieferdienstmitarbeiter, dessen Freundlichkeit wir in der App nach Abgabe der Pizza beurteilen, bis zum globalen Social Media Influencer, der sich vor dem nächsten Shitstorm fürchtet. Und dieser objektive Narzissmus macht uns interessanterweise alle prekär. Weil er uns ausliefert – nicht einem repressiven Gesetz, sondern dem wankelmütigen Urteil eines Publikums. Und einem fordernden Ideal, dessen Sanktion die Scham ist. In einer Welt, die voller Anrufungen ist: voller Ratgeberliteratur, voller Forderungen an »richtiges« Verhalten, voller »Selbsttechniken«, voller Frauenzeitschriften mit Diätvorschlägen, voller Männerzeitschriften mit Fitness-Tipps, voller Imperative zum Fairtrade-Einkauf, voller 360°-Feedback-Schlaufen, voller Coaching- und Therapie-Angebote (und voller Coaches und Therapeuten), voller Versprechen, dass jeder »es« schaffen kann (was auch immer »es« ist) – diese Reihe ließe sich beliebig lange fortsetzen –, »aber ohne«, wie Charim schreibt »eine verbindliche Vorstellung des Guten«.[5]

Isolde Charim kann mit ihrem analytischen Zugriff, und das macht ihren Essay besonders interessant, beide – oder vielmehr alle – Seiten der aktuellen kulturkriegerischen Grabenkämpfe gleichermaßen gut charakterisieren: von der progressiven Vorstellung eines vulnerablen Subjekts, das gar nicht genug Rücksichtnahme fordern und ausüben kann, bis zur radikalisiert-liberalen eines souveränen Ichs, dessen Freiheit längst nicht mehr da endet, wo die Freiheit des anderen anfängt, sondern erst, wenn es ohne Tempolimit auf der Autobahn in den Totalschaden gerast ist. Diese vollkommen divergierenden Ideale eint, dass sie sich selbst absolut setzen, und darob die Idee von Gesellschaftlichkeit verlieren. Anerkennung findet nicht mehr statt, kann gar nicht mehr stattfinden. Das höchste der Gefühle ist Zustimmung. Zur eigenen Bubble. Oder, wie Charim es in Anlehnung an Hegel ausdrückt: »wechselseitiges Versichern der eigenen Vortrefflichkeit«.[6]

Was das jetzt alles für unsere Gesellschaft verheißt? Nichts Gutes, fürchte ich. Dürfen wir hoffen, da wieder rauszukommen? Die Frage beantwortet Isolde Charim nicht. Sie schließt vielmehr mit dem nicht gerade optimistischen Satz: »Die Ideologie des Narzissmus ist eine Sackgasse.«[7] Dass sie just im Rahmen einer Veranstaltung einen Preis bekommen würde, deren Titel und Thema lautet »Alles wird gut«, das konnte sie nun wahrlich nicht voraussehen.

Im Namen der gesamten Jury: Liebe Isolde Charim, ganz herzliche Glückwünsche zum Tractatus-Preis!

Anmerkungen

1 »Der Mächtigen Unrecht … des Rechtes Aufschub … der Übermut der Ämter …« William Shakespeare, Hamlet, Prince of Denmark, 3. Akt, 1. Szene (Übersetzung von August Wilhelm von Schlegel).
2 Ebd. »Das unentdeckte Land, von des Bezirk kein Wandrer wiederkehrt«.
3 Isolde Charim, Die Qualen des Narzissmus. Über freiwillige Unterwerfung, Zsolnay Verlag, Wien 2022, S. 43.
4 Ebd., S. 48.
5 Ebd., S. 192.
6 Ebd., S. 208.
7 Ebd., S. 211.

ISOLDE CHARIM

Dankesrede

Das ist jetzt wirklich nicht der Moment, um zu klagen. Aber: Wenn man ein Buch über Narzissmus schreibt. Wenn man schreibt, Erfolg ist eine narzisstische Krücke. Wenn man schreibt, Anerkennung ist die Bestätigung, dass man seinem Ideal entspricht – aber das ist eine illusionäre Entsprechung! Anerkennung ist also die Bestätigung einer Illusion.
Wenn man das alles schreibt – und dann dafür einen Preis bekommt. Genau für dieses Buch. Dann entbehrt das nicht einer gewissen Paradoxie.
Und es stellt einen vor die Frage: Wie geht man damit um?
Ich habe mich dafür entschieden, mich der narzisstischen Herausforderung, die so ein Preis bedeutet, zu stellen. Mit anderen Worten: Ich habe beschlossen, mich zu freuen. Erstaunlicherweise kann man über so etwas schreiben – und sich dennoch der narzisstischen Verlockung hingeben.
Ich freue mich besonders darüber, dass es sich um den Tractatus handelt, weil es ein Preis für eine Essayistik ist, die »philosophische Fragen für eine breitere Öffentlichkeit verständlich diskutiert«. Das zentrale Wort für mich ist dabei: verständlich. Verständlichkeit, verständlich sein ist mir ein besonderes Anliegen. Das leitet mein Schreiben. Ich könnte es auch auf die Formel bringen: Ich bin als Schreibende eine Wiederkäuerin. Der Text wird wieder und wieder durchgearbeitet. Er wird geschrieben – dann liegen gelassen – dann neu gelesen – dann umgeschrieben. Immer wieder. Eben mit dem Ziel der Verständlichkeit.
Das kommt aus einer prägenden Erfahrung.
Als ich zu studieren begann in Wien, ging ich in eine Vorlesung, die hieß: »Einführung in die Philosophie«. In dem

amphitheaterartigen Hörsaal stand der bekannte Kantianer Professor Benedikt am Pult. An diesem strahlenden Sonnentag stand er da unten in einem schwarzen Anzug und breitete seine Arme aus. So. Und dann schmetterte er uns Studenten entgegen: »Das Wichtigste, meine Damen und Herren, ist die dritte Antinomie bei Kant.«

Nun – ich wusste weder, was die erste, noch was die zweite, geschweige denn was die dritte Antinomie bei Kant war. Ich wusste noch nicht mal, was eine Antinomie ist. Und erklärt wurde es auch nicht. Dass es sich dabei um unauflöslich widersprüchliche Antworten auf Fragen der Vernunft handelt, habe ich erst später erfahren. Damals wankte ich aus dem Hörsaal hinaus. Erschüttert. Den Tränen nahe. Ich hatte noch nicht einmal verstanden, *worüber* hier geredet wurde. Das war meine erste leibhaftige Begegnung mit der Philosophie.

Und das wurde für mich zu einer nachhaltigen, nachhallenden Erfahrung. Man kann sagen: Fürs Schreiben ist die Erfahrung des Nicht-Verstehens grundlegend. Man muss nicht-verstanden haben, um erklären zu können. Das ist gewissermaßen die erste Voraussetzung des Schreibens. Das hat mich, wie gesagt, zur Wiederkäuerin meiner Texte gemacht.

Dieser erste philosophische Schrecken hat sich für mich erst in Berlin aufgelöst, wo ich dann später hingegangen bin. Dort gab es an der FU, der Freien Universität in Dahlem, Strukturen, die einen tatsächlich ins Studium eingeführt haben – im »Kapital«-Lesekurs. Da hat man das Grundlegende gelernt – nämlich: Wie liest man einen theoretischen Text? Dort hat man gelernt, was Philosophie studieren bedeutet: nämlich lesen lernen.

Und »lesen« ist auch heute Abend das passende Stichwort: Ich freue mich auch über den Preis, denn er bedeutet: Jemand hat das Buch tatsächlich gelesen. Das ist gar nicht so selbstverständlich. Als *Die Qualen des Narzissmus* erschienen sind, bin ich dem Nicht-Leser begegnet. In zweifacher Gestalt.

Zum einen bekam ich eine erstaunliche Art von Mails. Ich habe davon nicht nur eines, sondern etliche erhalten. Sie kamen ausnahmslos alle von Männern. Von der Schreibart her vermute ich fünfzigjährige Verfasser und darüber. Und sie waren alle in der gleichen Art. Ein eigener, wiederkehrender Typus von Mails.
Sie lauteten: »Ich habe Sie im Radio gehört.« Ich hatte wirklich viele Radiosendungen zu dem Buch – in Österreich, in Deutschland, in der Schweiz. Und danach kamen immer diese Mails: »Ich habe Ihr Buch zwar nicht gelesen, aber ich erkläre Ihnen, was Sie falsch gemacht haben.« Es gab noch die Variante: »Ich habe Ihr Buch zwar nicht gelesen, aber ich erkläre Ihnen, wie das mit dem Narzissmus eigentlich ist.« Offensichtlich scheint das Thema solche Reaktionen zu befördern.
Das waren die einen Nicht-Leser. Die Nicht-Leser mit offenem Visier sozusagen. Es gibt aber noch andere Nicht-Leser. Diese sind versteckter. Sie lassen sich nicht an einer Reaktion ausmachen – sondern vielmehr am erstaunlichen Ausbleiben einer Reaktion. An einer Nicht-Reaktion sozusagen.
Ich habe in dem Buch ausführlich über die Selbst-Identifikation geschrieben – also über das Gesetz zur geschlechtlichen Selbstbehauptung. Dieses sei nicht der Gegenentwurf zur herrschenden Ideologie des Narzissmus, sondern vielmehr deren Höhepunkt, die Reinform der narzisstischen »Moral«. Wenn die Selbst-Identifikation auch die avancierteste Position in diesem Paradigma einnimmt – sie überschreitet dieses nicht. Anders gesagt: Jede queere Selbstbestimmung situiert sich im selben narzisstischen Paradigma wie seine vehementen Gegner.
Mir war klar: Das ist der direkte Weg in den Shitstorm. Ich saß am Schreibtisch und habe es in allem einsamen Heroismus dennoch geschrieben. So schien es mir jedenfalls. Und was ist passiert? – Nichts. Kaum jemand hat das erwähnt. Kein Shitstorm weit und breit.

Nun steht das im sechsten, im letzten Kapitel des Buches. Und auch da ziemlich weit hinten. Die einzig mögliche Erklärung für das Ausbleiben der Aufregung ist: Das Buch wurde nicht bis dahin gelesen. Nicht, dass mir der Shitstorm fehlen würde. Aber Sie verstehen, dass ich mich besonders freue, dass jemand das Buch nun doch und ganz gelesen hat. Von einem weiteren, nicht weniger erstaunlichen Umgang mit dem Buch möchte ich Ihnen noch kurz erzählen. Auch dies ist eine wiederkehrende Reaktion.

Das sind jene Leute, die sagen: Sie haben völlig recht! Mein Nachbar, der Lehrer meiner Kinder, meine Vereinskollegin, meine Chefin – so ein Narzisst! So eine Narzisstin! Solche Narzissten! Oft wird noch beigefügt: Und der weiß das noch nicht einmal. Narzisst ist dabei immer der Andere.

Ich möchte niemanden denunzieren oder mich lustig machen. Keineswegs. Ich finde nur diesen Umgang so interessant. Narzissten sind die anderen – das ist eine Strategie der Abwehr. Eine Abwehr der Erkenntnis, dass wir heute alle Narzissten sind – ja sein müssen. Nicht weil wir schlechte Menschen sind – sondern weil die gesellschaftlichen Verhältnisse uns das abverlangen.

Angesichts der Herausforderung dieses Preises, steht mir dieser Ausweg nicht offen. Ich kann mich nicht darauf zurückziehen, dass die Anderen die Narzissten sind. Deswegen gehe ich nun sehenden Auges in die narzisstische Falle, die solch ein Preis bedeutet. Ich gebe mich der Illusion hin, dass ich mit meinem Ideal übereinstimme. Zumindest diesen einen Moment lang. Aber dieser Moment ist süß. Und kostbar. Ich danke Ihnen dafür.

Autorinnen und Autoren

UNIV.-PROF. DR. CHRISTINE ABBT
geb. 1974, Professorin für Philosophie an der Universität St. Gallen/Schweiz. Wichtige Publikationen (Auswahl): Der wortlose Suizid. Die literarische Gestaltung der Sprachverlassenheit als Herausforderung für die Ethik (2007); »Ich vergesse.« Über Möglichkeiten und Grenzen des Denkens aus philosophischer Perspektive (2016); Mit Texten denken. Eine Literatur-Philosophie (2021, gem. mit Christian Benne). Seit 2021 gem. mit Hartmut von Sass Herausgeberin der Reihe »Zur Sache. Der Essay«

DR. PHILIPP BLOM
geb. 1970, Schriftsteller und Historiker. Wichtige Publikationen (Auswahl): Der taumelnde Kontinent. Europa 1900–1914 (2009); Böse Philosophen. Ein Salon in Paris und das vergessene Erbe der Aufklärung (2011); Die zerrissenen Jahre. 1918–1938 (2014); Die Welt aus den Angeln. Eine Geschichte der Kleinen Eiszeit von 1570 bis 1700 sowie der Entstehung der modernen Welt, verbunden mit einigen Überlegungen zum Klima der Gegenwart (2017); Was auf dem Spiel steht (2017); Das große Welttheater. Von der Macht der Vorstellungskraft in Zeiten des Umbruchs (2020); Die Unterwerfung: Anfang und Ende der menschlichen Herrschaft über die Natur (2022)

DR. ISOLDE CHARIM
geb. 1959, Philosophin und freie Publizistin. Wichtige Publikationen (Auswahl): Ich und die Anderen. Philosophische Betrachtungen über das Leben in einer pluralisierten Gesellschaft (Ö1 Sommervorlesung / ORF-CD, 2016); Ich und die Anderen. Wie die neue Pluralisierung uns alle verändert

(2018); Die Qualen des Narzissmus. Über freiwillige Unterwerfung (2022)

DR. CHRISTIAN DRIES
geb. 1976, Leiter der »Günther-Anders-Forschungsstelle« der Universität Freiburg/Br. Wichtige Publikationen (Auswahl): Modernisierungstheorie. Eine Einführung (2005, gem. mit Nina Degele); Günther Anders (2009); Die Welt als Vernichtungslager. Eine kritische Theorie der Moderne im Anschluss an Günther Anders, Hannah Arendt und Hans Jonas (2012); ad Günther Anders. Exerzitien für die Endzeit (2023)

UNIV.-PROF. DR. KONRAD PAUL LIESSMANN
geb. 1953, Professor i. R. für Philosophie an der Universität Wien und Intendant des Philosophicum Lech (gem. mit Barbara Bleisch). Publikationen (Auswahl): Philosophie des verbotenen Wissens (2000); Theorie der Unbildung (2006); Das Universum der Dinge (2010); Lob der Grenze (2012); Geisterstunde. Die Praxis der Unbildung (2014); Wer hat dir gesagt, dass du nackt bist, Adam? Mythologisch-philosophische Verführungen (2016, gem. mit Michael Köhlmeier); Bildung als Provokation (2017); Der werfe den ersten Stein. Mythologisch-philosophische Verdammungen (2019, gem. mit Michael Köhlmeier); Alle Lust will Ewigkeit. Mitternächtliche Versuchungen (2021); Lauter Lügen und andere Wahrheiten (2023); Gedankenspiele über die Verantwortung (2023)

DR. FRED LUKS
geb. 1965, Ökonom, Nachhaltigkeitsforscher und Publizist. Wichtige Publikationen (Auswahl): Nachhaltigkeit (2002); Endlich im Endlichen. Oder: Warum die Rettung der Welt Ironie und Großzügigkeit erfordert (2010); Irgendwas ist immer. Zur Politik des Aufschubs (2012); Öko-Populismus. Warum einfache »Lösungen«, Unwissen und Meinungsterror unsere Zukunft bedrohen (2014); Ausnahmezustand. Un-

sere Gegenwart von A bis Z (2018); Hoffnung. Über Wandel, Wissen und politische Wunder (2020); Ökonomie der Großzügigkeit: Wie Gesellschaften zukunftsfähig werden (2023)

UNIV.-PROF. DR. CATRIN MISSELHORN
geb. 1970, Professorin für Philosophie an der Georg-August-Universität Göttingen. Wichtige Publikationen (Auswahl): Grundfragen der Maschinenethik (2018, 5. Auflage 2022); Künstliche Intelligenz und Empathie. Vom Leben mit Emotionserkennung, Sexrobotern & Co. (2021); Künstliche Intelligenz – das Ende der Kunst? (2023)

DR. CATHERINE NEWMARK
geb. 1976, Philosophin und Journalistin. Wichtige Publikationen (Auswahl): Passion – Affekt – Gefühl. Philosophische Theorien der Emotionen zwischen Aristoteles und Kant (2008); Viel zu lernen du noch hast. Star Wars und die Philosophie (Hg., 2016); Wie männlich ist Autorität? (Hg. gem. mit Hilge Landweer, 2018); Warum auf Autoritäten hören? (2020)

PROF. DR. HARTMUT VON SASS
geb. 1980, Titularprofessor für Systematische Theologie und Religionsphilosophie sowie Inhaber einer Heisenberg-Stelle an der Humboldt-Universität zu Berlin; Gastwissenschaftler an der New School for Social Research in New York. Wichtige Publikationen (Auswahl): Sprachspiele des Glaubens (2010); Gott als Ereignis des Seins (2013); Perspektivismus. Neue Beiträge aus der Erkenntnistheorie, Hermeneutik und Ethik (Hg., 2019); Atheistisch glauben. Ein theologischer Essay (2022)

UNIV.-PROF. DR. RENÉE SCHRÖDER
geb. 1953, Professorin i. R. am Institut für Biochemie der Max Perutz Labs (Universität Wien/Medizinische Universität Wien). Wichtige Publikationen (Auswahl): Die Henne und

das Ei: Auf der Suche nach dem Ursprung des Lebens (2011); Von Menschen, Zellen und Waschmaschinen. Anstiftung zur Rettung der Welt (2014); Die Erfindung des Menschen: Wie wir die Evolution überlisten (2016); Der Traum von der Unsterblichkeit (2022)

UNIV.-PROF. DR. PETER STRASSER
geb. 1950, Professor für Philosophie i. R. an der Universität Graz. Wichtige Publikationen (Auswahl): Verbrechermenschen (1984/2005); Gut in allen möglichen Welten (2004); Theorie der Erlösung (2006); Über Selbstachtung (2009); Diktatur des Gehirns. Für eine Philosophie des Geistes (2014); Ontologie des Teufels. Mit einem Anhang: Über das Radikalgute (2016); Des Teufels Party. Geht die Epoche des Menschen zu Ende? (2020); Eine Hölle voller Wunder. Spätes Philosophieren (2021); Apokalypse und Advent – Warum wir dagewesen sein werden (2022)

PROF. DR. FRANCESCA VIDAL
geb. 1959, apl. Professorin für Kulturwissenschaften an der Universität Koblenz. Wissenschaftliche Leiterin des Schwerpunkts Rhetorik an der RPTU in Landau. Wichtige Publikationen (Auswahl): Rhetorik des Virtuellen (2010); Utopien von Zivilgesellschaft (2011); Der Traum des Unbedingten (2015); Rhetorik im Zeitalter des Digitalen (2017); Fremdes Zuhause – Urvertraute Fremde (2019); Rhetorik und Utopie (2020)

PROF. DR. HARALD WELZER
geb. 1958, Soziologe und Publizist, Mitbegründer und Direktor der Stiftung »Futurzwei«, Honorarprofessor an der Universität Flensburg. Wichtige Publikationen (Auswahl): Klimakriege. Wofür im 21. Jahrhundert getötet wird (2008); Selbst denken. Eine Anleitung zum Widerstand (2013); Die smarte Diktatur. Der Angriff auf unsere Freiheit (2016); Wir

sind die Mehrheit. Für eine Offene Gesellschaft (2017); Alles könnte anders sein: Eine Gesellschaftsutopie für freie Menschen (2019); Nachruf auf mich selbst. Die Kultur des Aufhörens (2021); Zu spät für Pessimismus (2022, gem. mit Dana Giesecke); Die vierte Gewalt – Wie Mehrheitsmeinung gemacht wird, auch wenn sie keine ist (2022, gem. mit Richard David Precht); Zeiten Ende. Politik ohne Leitbild, Gesellschaft in Gefahr (2023)

Inhalt

Ludwig Muxel: Vorwort 5

Konrad Paul Liessmann: Alles wird gut
Zur Dialektik der Hoffnung 7

Hartmut von Sass: Außer sich sein
Über Hoffnung und Ekstase 19

Christine Abbt: Offene Horizonte
Das Gestaltungspotential
nicht-idealer Bedingungen 47

Francesca Vidal: Vom Tagtraum zur Utopie oder
Über die Notwendigkeit, utopisch zu denken 65

Christian Dries: »... in Hoffnung, dass wir hoffen dürfen«?
Günther Anders und die Heuristik
der Hoffnungslosigkeit 83

Peter Strasser: Alles wird gut oder
Die Rettung der Welt durch ihren Untergang
Betrachtungen zur Apokalypse einst und jetzt 117

Philipp Blom: Alles wird gut?
Kleine Anatomie der erwachsenen Hoffnung 131

Fred Luks: Die Hoffnung auf Nachhaltigkeit
Möglichkeiten und Grenzen
des ökonomisch-ökologischen Wandels 153

Harald Welzer: Hoffnung ist eine Falle
Zur Psychopathologie wunschgetriebenen
Handelns 174

Catrin Misselhorn: Künstliche Intelligenz –
und alles wird gut? 190

Renée Schroeder: Dürfen wir auf Unsterblichkeit
hoffen? 221

Catherine Newmark: Laudatio Tractatus-Preis 2023 237

Isolde Charim: Dankesrede 243

Autorinnen und Autoren 247